中國學術思想 研究輯刊

三六編

林慶彰 主編

第 20 冊

枝條再榮：陽明學書籍世界的研究（下）

向 輝 著

花木蘭文化事業有限公司

國家圖書館出版品預行編目資料

枝條再榮：陽明學書籍世界的研究（下）／向輝 著 -- 初版
-- 新北市：花木蘭文化事業有限公司，2022〔民111〕
目 2+164 面；19×26 公分
（中國學術思想研究輯刊 三六編；第 20 冊）
ISBN 978-626-344-063-0（精裝）
1.CST：（明）王守仁 2.CST：學術思想 3.CST：陽明學
030.8   111010202

ISBN-978-626-344-063-0

中國學術思想研究輯刊
三六編　第二十冊　　　　　　　ISBN：978-626-344-063-0

枝條再榮：陽明學書籍世界的研究（下）

作　　者　向輝
主　　編　林慶彰
總 編 輯　杜潔祥
副總編輯　楊嘉樂
編輯主任　許郁翎
編　　輯　張雅淋、潘玟靜、劉子瑄　美術編輯　陳逸婷
出　　版　花木蘭文化事業有限公司
發 行 人　高小娟
聯絡地址　235 新北市中和區中安街七二號十三樓
　　　　　電話：02-2923-1455／傳真：02-2923-1452
網　　址　http://www.huamulan.tw 信箱 service@huamulans.com
印　　刷　普羅文化出版廣告事業
封面設計　劉開工作室
初　　版　2022 年 9 月
定　　價　三六編 30 冊（精裝）新台幣 83,000 元

枝條再榮：陽明學書籍世界的研究（下）

向輝　著

第五章　聖賢須有秘：陽明年譜與陽明學

　　　　　岸遠沙平，日斜歸路晚霞明。孔雀自憐金翠羽，臨水，認得行
人驚不起。

——歐陽炯《南鄉子》

　　對歷史人物的研究離不開年譜。年譜所載為一人生平事蹟，以此可見其
人、其事、其學，所以古人對此極為珍重。司馬遷云：「周室既衰，諸侯恣行。
仲尼悼禮廢樂崩，追修經術，以達王道，匡亂世反之於正，見其文辭，為天下
制儀法，垂六藝之統紀於後世。作《孔子世家》第十七。」〔註1〕（《史記》
卷一百三十）又云：「《詩》有之：『高山仰止，景行行止。』雖不能至，然心
嚮往之。余讀孔氏書，想見其為人。適魯，觀仲尼廟堂車服禮器，諸生以時習
禮其家，余祇回留之不能去云。天下君王至於賢人眾矣，當時則榮，沒則已
焉。孔子布衣，傳十餘世，學者宗之。自天子王侯，中國言六藝者折衷於夫
子，可謂至聖矣！」〔註2〕（《史記》卷四十七）後世史書多以太史公為典範，
故而年譜之作亦多以之為鵠的，特別是儒者之譜，多以儒者生平見其修經術、
達王道之志，於其文辭則多以可為後世法則為取捨準繩。此一年譜精神，直
到近代仍為學者所服膺。

　　曾國藩《經史百家雜鈔序例》將年譜歸於「記載門」之「傳志類」，並
認為：「傳志類，所以記人者。經如《堯典》《舜典》，史則本紀、世家、列
傳，皆記載之公者也。後世記人之私者，曰墓表，曰墓誌銘，曰行狀，曰家

〔註1〕〔漢〕司馬遷：《史記》，北京：中華書局，2011年，第2866頁。
〔註2〕〔漢〕司馬遷：《史記》，第1741頁。

傳，曰神道碑，曰事略，曰年譜，皆是。」〔註3〕誠如梁啟超所說：「居恒服
膺孟子知人論世之義，以謂欲治一家之學，必先審知其人身世之所經歷，蓋
百家皆然，況於陽明先生者，以知行合一為教，其表見於事為者，正其學術
精詣所酵化也。綜其出處進退之節，觀其臨大事所以因應者之條理本末，然後
其人格之全部，乃躍如與吾儕相接，此必非徒記載語錄之所能盡也。」〔註4〕
（《王陽明全集（新編本）》卷五十二）胡適《章實齋先生年譜序》也說：「我
是最愛看年譜的，因為我認定年譜乃是中國傳記體的一大進化。最好的年譜，
如王懋竑的《朱子年譜》，如錢德洪的《王陽明先生年譜》，可算是中國最高
等的傳記。」〔註5〕陽明年譜之編，可謂陽明學確立之憑藉，為後學入門之
途轍，故自來為學者所重。明末清初儒者孫奇逢在其日記《日譜》有如下記
錄：

> （康熙四年四月初五。）讀《陽明年譜》。先生在滁，而門人日
> 益進。然遊學之士亦多放言高論，漸背師教者。因思之，閑邪存誠
> 之外別無學術，事親從兄之外別無事務。各人著力，彼此不相假貸，
> 真所謂歸而求之有餘師也。則講學之名可不立。鳥相忘於林麓，魚
> 相忘於江湖，豈不妙哉。受教者與立教者，各不可不慎也。〔註6〕
> （清孫奇逢《孫徵君日譜錄存》卷二十三）

對學者而言，陽明年譜既是一種學術之資料，更是一種修身垂範的典
型。宋明以來，年譜之學日漸繁盛，它事實上成為性理學家彰顯其學術主張
的一個最佳窗口。今日治陽明學之學者亦重視陽明年譜，並對早期年譜多
有考訂、正誤、辯證，如陳來《有無之境》之附考有《年譜箋證》，對錢德
洪《年譜》考證十八條之多，李丕洋《王陽明年譜史料及刻印勘誤》（《陽明
學刊》，2009）、楊正顯《王陽明年譜與從祀孔廟之研究》（《漢學研究》，2011
年第 1 期）、孫躍與張世敏《王陽明年譜訂補》（《求索》，2013 年第 1 期）、
永富青地《王文成公年譜訂補》（《版本目錄學研究》，2013 年）等對陽明年
譜進行考訂、補正，於陽明學研究頗具參考價值。其中，永富青地以鄒守益

〔註3〕〔清〕曾國藩：《經史百家雜鈔》，北京：中華書局，2013 年，第 2 頁。
〔註4〕〔明〕王陽明：《王陽明全集（新編本）》，第 2147 頁。
〔註5〕胡適：《章實齋先生年譜序》，歐陽哲生編《胡適文集》（第 2 版）第 7 卷，北
　　　京大學出版社，2013 年，第 24 頁。
〔註6〕張顯清主編：《孫奇逢集下冊‧日譜》，鄭州：中州古籍出版社，2003 年，第
　　　1020 頁。

《王陽明先生圖譜》《新鐫武經七書》《弘治十二年進士登科錄》《居夷錄》《新刊陽明先生文錄續編》《王陽明法書集》等原始史料，對錢德洪《年譜》做了較為細緻地考察；楊正顯則比較了嘉靖本與全書本兩種陽明年譜的內容差異，認為其中的修訂是為了讓陽明能夠從祀孔廟。此二位博士論文課題均為陽明學，用力甚深。那麼，從書籍史的角度，我們如何認識陽明年譜呢？陽明年譜的編纂、刊行又有何種書籍史的意義呢？我們可以從版本目錄學和文獻考證的角度，從陽明年譜與陽明學學術關係這一視角，對此予以概要的說明。

一、蜂蝶絳霞：年譜之品種

謝國楨云：「年譜家乘，可以因其人而窺見當日之時事。」〔註7〕年譜之編纂，宋明以來極為繁盛，為書籍史中一重要的部門。來新夏說「可以認為，年譜從明以來已在史籍中由附屬於傳記類、譜系類之下，而逐漸自成專目專類，取得了獨立類目的地位，成為史籍分類中的一個組成門類。這種獨立地位正反映了年譜所達到的發展程度。」〔註8〕陽明先生為一代儒宗，其歿後未久，門弟子即相約纂集，闡明師說，彰顯宗旨，以陽明一生詮儒者求聖為聖成聖之跡。後之學者，往往能以其為入門之資，其功可謂巨矣。此事初由鄒守益任總裁，陽明門人相約分頭編寫，分年分地整齊排比，錢德洪、薛侃等各負責其中部分。然經三十餘年，薛氏未成稿而卒。其後錢德洪籌畫統編，嘉靖二十九年（1550）在嘉義書院草擬若干卷次，又經羅洪先考訂，復與王汝中等陽明門人相與校訂，於嘉靖四十二年癸亥（1563）始成其功，次年刊行。胡松〔註9〕《刻陽明先生年譜序》云：「緒山錢子，先生高第弟子也，編有先生年譜，舊矣，而猶弗自信，……就正於念庵諸君子。念庵子為之刪繁舉要，潤飾是正，而補其闕佚，信乎其文則省，其事則增矣。計為書四卷。」此本除單行外，又收入《全書》卷三十二至卷三十八之附錄七卷，即《年譜》一至三及《年譜附錄一、二》《世德記》和《世德記附錄》，胡松序中四卷亦相

〔註7〕謝國楨：《增訂晚明史籍考》，北京：北京出版社，2014年，第880頁。

〔註8〕來新夏：《近三百年人物年譜知見錄（增訂本）》，北京：中華書局，2010年，第892頁。

〔註9〕胡松（1503～1566）字汝茂，號柏泉。安徽滁州人。嘉靖八年（1529）進士，歷任東平知州、南京兵部員外郎、山西參政、陝西參政，官至南京兵部尚書部、吏部尚書。嘉靖四十年（1561）任江西左布政使右副都御史。著有《胡莊肅公文集》。《明史》有傳。

應改為七卷。〔註10〕其後作陽明年譜者多有其人，然均無超越此譜者，至近年有日本陽明學者岡田武彥積廿餘年之力，以花甲之歲動筆至鮐背之年始克成書之《王陽明大傳》出，一時洛陽紙貴，風行知識界。最新成果則當屬於束景南《王陽明年譜長編》（上海古籍出版社，2017 年），該書煌煌巨製，足以稱之為新世紀之新成果也。

時至今日，陽明之年譜可謂夥矣。民國時期，學者已將陽明年譜情況進行詳細著錄，並做了初步的提要。民國十八年（1929）《北平圖書館月刊》第三卷第 2 號（第 269 頁）刊發梁廷燦《年譜考略（續）》一文，其中著錄陽明年譜七種：

> 《王文成公年譜》五卷。著者錢德洪字洪甫、王畿字汝中，俱譜主弟子。所記陽明事實皆親見親聞。讀斯譜者，不惟可見陽明之學術，其敘述陽明之事功亦詳贍也。《王文成全書》附刊本。
>
> 又，《陽明先生年譜》二卷。著者明李贄字卓吾，溫陵人。卓吾年十四始讀陽明書，喜其學，於是編其年譜。有後語一篇以代本書之序。道光湖南刻《王文成全集》附刊本。
>
> 又，一卷。著者施邦曜字爾韜，四明人。爾韜刪撮陽明之文為集要，復刪前譜附刊之。《陽明先生集要》附刊本。
>
> 又，又。著者清俞璘字嵩庵。嵩庵重編王集而刪前譜之繁以成之，與施本同一用意也。《王陽明全集》附刊本。
>
> 又，刪定一卷。刪定者清唐鑄，見《孝慈堂書目》。
>
> 又，《王文成公年譜》二卷。著者清楊希閔。《四朝先賢六家年譜》本。
>
> 又，《王文成公年紀》不分卷。著者清陳澹然。石印本。
>
> 王守仁，字伯安，小名雲。因築室陽明洞，故學者稱陽明先生。餘姚人。生於明成化八年（1472）九月三十日，卒於嘉靖七年十一月二十九日（1529），得年五十七，諡文成。

其後，杭州大學圖書館資料組編印《中國歷代人物年譜集目》（1962）著錄 21 種，謝巍編纂《中國歷代人物年譜考》（中華書局，1992）著錄 34 種，《中國古籍總目・史部》著錄 12 種，張克偉《王陽明年譜問題瑣議》（《古籍

〔註10〕浙江古籍出版社 2012 年版《王陽明全集（新編本）》（第 1278 頁）和中華書局 2016 年《中華國學文庫》本《王陽明集》（第 1153 頁）均為七卷。

整理研究學刊》，1992 年第 4 期）著錄 42 種，湯志波等《明人年譜知見錄》
（中西書局，2020）著錄 31 種。這些書目式著錄，對於學界進一步深入研究
陽明學起到了導引的作用。

　　單行本《陽明年譜》現存的早期刻本多種。其一為錢德洪、王畿編纂之
《陽明先生年譜》七卷，嘉靖四十二年（1614）漳浦王健天真書院刊本，二
冊，日本蓬左文庫藏。此係明正天皇寬永六年（1629）自中國購入，鈐有「尾
陽內閣」印。〔註 11〕永富青地《王守仁著作之文獻學的研究》（東京汲古書院，
2007 年）認為，此天真書院刊本乃羅洪先考訂本。此本半葉六行，行十七字，
小字雙行同，四周單邊，白口，單魚尾。內容包括嘉靖四十二年癸亥胡松《刻
陽明先生年譜序》，嘉靖癸亥錢德洪《陽明先生年譜序》。正文《陽明先生年
譜》卷之一自成化八年至正德十年；卷之二自正德十一年至十三年；卷之三
自正德十四年至十五年七月；卷之四自正德十五年八月至嘉靖二年；卷之五
自嘉靖三年至五年；卷之六自嘉靖六年至七年六月；卷之七自嘉靖七年七月
至嘉靖八年。卷一書名下方題「天真書院版」，卷端題「門人餘姚錢德洪編述、
山陰王畿補輯，後學吉水羅洪先刪正，滁上胡松、江陵陳大賓、揭陽黃國卿
校正，漳浦王健校刻。」〔註 12〕此本尚不為學界所熟知。

　　其一為錢德洪編、羅洪先考訂之《陽明先生年譜》三卷，明嘉靖四十三
年（1564）周相、毛汝麒刻本，國家圖書館、浙江省圖書館、天一閣博物館、
安徽省圖書館藏。〔註 13〕其中，國家圖書館藏本訂為四冊（國家圖書館「中
華古籍資源庫」已公布數字版本）。冊一，首嘉靖四十三年甲子（1564）周相
《刻陽明先生年譜引》、次嘉靖四十二年癸亥（1563）胡松《刻陽明先生年譜
序》、次嘉靖四十二年癸亥羅洪先《陽明先生年譜考訂序》，次年譜正文上卷
成化八年至正德十二年閏十二月；冊二，中卷，自正德十三年正月至正德十
五年六月；冊三，中卷，自正德十五年七月至嘉靖三年十月；冊四，下卷，自
嘉靖四年正月至嘉靖八年十一月，末有陸穩《陽明王公年譜跋》。每半葉九行，

〔註 11〕嚴紹璗：《日藏漢籍善本書錄》上冊，北京：中華書局，2007 年，第 542〜543
　　　　頁。
〔註 12〕〔日〕永富青地：《王守仁著作之文獻學的研究》，東京：汲古書院，2007 年，
　　　　第 444〜445 頁。
〔註 13〕湯志波等《明人年譜知見錄》中將嘉靖四十三年（1564）周相、毛汝麒刻本
　　　　《陽明年譜》與《王文成公全書》本年譜視為同一書（即《王文成公年譜三
　　　　卷附錄二卷》）的不同版本。（見：湯志波等：《明人年譜知見錄》，上海：中
　　　　西書局，2020 年，第 79 頁）

行十八字，小字雙行同，左右雙邊。卷端署：門人錢德洪編次，後學羅洪先考訂。版心下有刻工名姓：徐升、升、湛、李葵、葵禾、劉凰、言、月、明、肖、昌、徐三等；《陽明先生年譜考訂序》第一葉版心下有：省城鄧班寫、吉豐徐升刊；中卷首葉版心下有：鄧班寫、李葵刊。可知，此書寫工為鄧班，而刊工則為徐升、李葵等。對於此書刊刻情形，陸穩跋有較為詳細的說明：

> 陽明王公，功在虞臺。虞之人既已家祀而戶祝矣，又梓其文以傳。惟年譜未之有也。往緒山錢公述其歲月大略，圖其像於石，刻之吉州。然其文未備，學士大夫有餘憾焉。今念庵羅公始匯為書，提綱分目，列為三卷而年譜始完。羅公居石達洞二十年，於茲矣學益深而道益升。是書成亦竭終歲之力云。……穩雖不肖，位次王公之後，又有大賢如羅公者之言以傳。韓愈所謂有餘榮焉，非耶。譜成，羅公以書來屬穩梓之，以有留都新命，不及親董其事，轉屬郡佐毛君汝麒終之。毛亦吾浙之賢者也。嘉靖癸亥九月二日吳興陸穩跋。

陸穩此跋對錢德洪所著年譜事的描述表明：第一，錢德洪先編有年譜簡編本，並在吉安府刊行；第二，錢氏初刊本較為簡略，陽明學人認為與師說未備，故羅洪先加以重整校訂，這與羅洪先《陽明先生年譜考訂序》所說羅氏「自始至卒，手自更正，凡八百數十條」相一致；第三，此嘉靖四十三年刻本是羅洪先主持，他囑託陸穩刊行，陸氏因有新的任命故託毛汝麒完成該事。陸穩寫完跋文的次年刊刻工作得以完成，故首列周相之引文。周相《刻陽明先生年譜引》云：

> 嘉靖戊子（七年，1527）春正月，相以知臨川縣被召選河南道監察御史。二月，奏疏請皇上稽古修德以答天眷，端好尚杜倖倖。咎涉浚恒，落職，謫領表。時陽明先生正有討田州之役。聞得相報，亟檄促我，曰：「平田州易，集眾思善後難。檄至，輒行。」又曰：「俗心以謫官事事為俗吏。余謂此正俗吏之談，全不省如何是俗，如何是不俗。道眼能自得之。」相被檄，矍然，遂就道。及豐城而報先生卒南安矣，本年十一月丁卯也。嗟乎，相將及門，卒不得一稟業以聞性與天道之說。雖然，檄數語，固性與天道之說也。先生年譜成，胡柏泉檄贛州佐毛汝麒刻之。未登梓，柏泉以少司馬召，不俟駕行，囑相促之。訖工薦帙展，無檄我數語，偶脫之耶？抑誤

謂遁言漫脫之耶？因足之，以確於緒山、龍溪、念庵。嘉靖甲子（四十三年，1564）首夏九日，巡撫江西等處地方兼理軍務、都察院右副都御史、明郡後學周相識。〔註14〕

按：周相此序文所述一為陽明佚文，即陽明與周相之檄文，該檄文除了邀請周相至陽明幕府之外，另有其學術之表達，即道與俗之關係，陽明認為俗學即使號稱正學，實際上無關道統之延續和傳承，道在人心。周氏文中提到的胡柏泉（胡松）時任江西巡撫，令毛汝麒負責刊刻陽明年譜事宜。據前述陸穩跋可知，羅洪先校訂完成錢德洪纂輯之年譜後，通過江西官方使之在贛州刊行。「以確於緒山、龍溪、念庵」一語表明，此譜之纂，錢德洪、王畿與羅洪先為主要負責寫作者。

前述兩則序跋同時也說明了一個版本學上的問題，即何以全書本年譜與此嘉靖四十三年刻本有文字上的差異、內容上的出入以及主張上的不同，此本應該是羅洪先修訂錢氏之本，而其後的全書本則是錢德洪對羅氏某些校訂加以吸取之後的新版本。由此亦可見古人著述往往會一改再改，經多人之手，而最後成於某氏。

有明一代，陽明年譜除此錢德洪所編、羅洪先校訂之單行本和謝廷傑全書本之外，尚有：鄒守益編《王陽明先生圖譜》一卷（有嘉靖三十六年（1557）年序抄本，清抄本、民國三十年（1941）程守忠石印本），耿定向《新建侯文成王先生世家》（耿定向《耿定向集》卷十三），雷禮《陽明先生傳》（雷禮《鐔墟堂稿》卷十二）、雷禮《南京兵部尚書王陽明行實》（雷禮《國朝列卿記》），楊起元《王陽明年譜》不分卷（楊起元《證學編》），周汝登《陽明先生譜略》一卷（萬曆四十二年（1614）《陽明先生祠志》三卷之卷中），王畿編、李贄刪訂《王文成公年譜》二卷（或為託名），李贄編《陽明先生年譜》二卷，陳龍正編《陽明先生年譜》三卷（《陽明先生要書》八卷附），闕名編《陽明先生年譜》十卷附《遺事》一卷（焦竑《國史經籍志》《千頃堂書目》載、萬斯同《明史》載），施邦曜編《陽明先生年譜》一卷（施邦曜《陽明先生集要》本），張國輔補編《重修陽明先生年譜》（明刻本），王應昌編《王文成年譜》一卷（《年譜纂要》一卷），佚名編《王陽明先生年譜》一卷（康熙十二年俞氏自公堂重刊本《王陽明全集》）等。

〔註14〕 北京圖書館：《北京圖書館藏珍本年譜叢刊》第 42 冊，北京：北京圖書館出版社，1999 年，第 469～473 頁。

　　清人所編陽明年譜有：佚名編《王陽明先生年譜》一卷（康熙十九年刊本《王陽明先生全集》本），俞嶙編《陽明先生年譜》（康熙間刻本《陽明先生全集》），王文鈞《陽明先生年譜》（康熙間刻本），張問達《王陽明先生年譜》（康熙間刻本《王陽明先生文鈔》卷二十）、李元《王陽明年譜》（《湖北通志》卷八），陶濬霍編《陽明先生年譜》二卷（清道光二年刻本），張炳英《姚江年譜》二卷（同治二年刻本），唐鑄萬《刪訂陽明先生年譜》一卷、楊希閔《王文成公年譜節鈔》（《五朝先賢十九家年譜》），劉原道《陽明先生年譜》一卷（光緒三十三年明明學社排印《陽明先生集要》三種），陳澹然《王文成公年紀》不分卷（光緒間石印本）等。

　　近代以來，學人所作陽明傳記類著述頗夥，據俞樟華《王學研究論著知見錄》（俞氏《王學編年》，吉林大學出版社，2010）、《百年明史論著目錄》（安徽教育出版社，2012）著錄有：余重耀《陽明先生傳纂五卷（附陽明年譜）》（中華書局1923、1924），孫毓修《王陽明》（商務印書館，1924），胡越《王陽明》（中華書局，1925），陳築山《王陽明年譜節本一卷附傳習錄節本一卷》（中華平民教育促進會，1928），錢穆《王守仁》（商務印書館，1945），王勉三《王陽明生活》（世界出版社，1930），張衣萍《王陽明》（上海兒童，1936），馬宗榮《王陽明及其思想》（文通書局，1942），王宇卿《王陽明之生平及其學說》（正中書局，1943），鄭繼孟《王陽明傳》（臺北書局，1957），楊天石《王陽明》（中華書局，1972），王熙元《王守仁（中國歷代思想家34）》（臺北），秦家懿《王陽明》（東大圖書有限公司，1987），鄭吉雄《王陽明：躬行實踐的儒者》（幼獅文化事業公司，1990），張君勱《王陽明：中國十六世紀的唯心主義哲學家》（東大圖書公司，1991），方國根《王陽明評傳：心學巨擘》（廣西教育出版社，1996），竇應泰《王陽明大傳》（吉林人民出版社，1998），周月亮《心學大師王陽明大傳》（中華工商聯合會出版社，1999），李金松《王陽明》（海天出版社，1999），俞樟華《王學編年》（吉林大學出版社，2010），方志遠《王陽明評傳》（中國社會出版社，2010），樂文城《哲人王：心學大師王陽明傳》（江蘇文藝出版社，2013），王冠輝《王陽明評傳》（華中科技大學出版社，2013），高瀬武次郎《知行合一：王陽明詳傳》（趙海濤譯，北京時代華文書局，2013年），楊東標《此心光明：王陽明傳》（作家出版社，2014），岡田武彥《王陽明大傳：知行合一的心學智慧》（重慶出版社，2015），束景南《王陽明年譜長編》（上海古籍出版社，2017）、《陽明大傳：心的救贖之路》

（復旦大學出版社，2020）。上述著作中，以傳統年譜方式出現的只有余重耀《陽明先生傳纂五卷（附陽明年譜）》、陳築山《王陽明年譜節本》一卷、俞樟華《王學編年》和束景南《王陽明年譜長編》等。

二、棲鳥鳴蛙：諸子之集成

　　陽明年譜因其記載陽明一生學行與學術精神，故對於後學來說是一學為聖賢的樣本和師範，故在陽明學的傳播中有其獨特作用。錢德洪、王畿、羅洪先等陽明門人以及其他諸多陽明學人為陽明年譜做出了各自的貢獻。學者們對這些有名的陽明學人多有論說，此不贅。值得注意的是，陽明學人的學術主張並不相同，他們在尊崇陽明這一點是一致的，但對於如何理解陽明學，如何體貼陽明學，各有異詞。而正是他們的各自不同的學術主張的交鋒、爭論和嚴肅地辯難，使得陽明學不斷發展，並成為一種時代思潮。張學智說：「王陽明一生講學宗旨幾次發生變化，他的弟子也因根器利鈍，及門早晚，性情趨向不同，對王陽明學說的吸收有不同的側重。因此陽明歿後，王門弟子的學說呈現出很不同的面貌。他們之間的辯駁構成了明中期以後的主要學術內容。王龍溪和錢德洪是王陽明的高第弟子，他們的學術宗旨有較大不同。這個不同，開啟了王門後學的不同路徑。」〔註15〕陽明學在很大程度上就是在這些各執一說的學者間傳承和發展的，因有其異說，方有其成說。後儒或以為此陽明學分裂之象徵，誠然。更關鍵的是，如果沒有這些討論，陽明學豈能延續數百年而不衰？

　　錢德洪說：「師既歿，吾黨學未得止，各執所聞以立教。……未及一傳而淆言亂眾，甚為吾黨憂。邇年以來，亟圖合併，以宣明師訓，漸有合異統同之端，謂非良知昭晰，師言之尚足徵乎？譜之作，所以徵師言耳。」〔註16〕在錢德洪，編纂陽明年譜除了表彰陽明一生真精神之外，尚有統合陽明後學諸說的意思。在某種意義上說，錢德洪的主張得到了一定程度上的實現，此書也成為錢德洪的代表作，〔註17〕研究錢氏思想亦可以此書作為重要參考資料。陽明歿後，錢氏學術生涯主要以傳播、堅持師說為己任，他也自認為年譜一

〔註15〕張學智：《明代哲學史》（修訂版），北京：中國人民大學出版社，2012年，第126頁。

〔註16〕〔明〕錢德洪：《陽明先生年譜序》，王守仁：《王陽明集》，第1148頁。

〔註17〕鍾彩鈞：《錢緒山及其整理陽明文獻的貢獻》，《中國文哲研究通訊》第八卷，1998年第3期，第80頁。

編「其事則核之奏牘，其文則稟之師言，罔或有所增損。若夫力學之次，立教之方，雖因年不同，其旨則一。洪竊有取而三致意焉。」〔註18〕（《全書卷三十六・陽明先生年譜序》）錢氏所致意的在於不失陽明學術宗旨，不改陽明學術之實，不避陽明學術之諱，故陽明門人及後世學者多稱之，如王畿云：「友人錢洪甫與吾黨二三小子慮學脈之無傳而失其宗也，想與稽其行實終始之詳，纂述為譜，以示將來。其於師門之秘，未敢謂盡有所發；而假借附會，則不敢自誣，以滋臆說之病。」〔註19〕（《全書卷三十六・刻陽明先生年譜序》）無論錢德洪、王畿都希望後世學者通過陽明年譜以為學行之資，以之起振學者，進而使儒學真傳不至於流蕩無歸。

我們看到，陽明年譜並非僅有錢氏一家之說，而是諸子各有所述，各有所重，各有所承。陽明年譜也正是在這些學人的努力下不斷推進的。其中也包括了大量不知名的陽明學人，比如毛汝麒、張元沖、崔振橐、莊誠等等，或相與討論，或襄贊刻書，或另輯新譜，正是他們的努力，讓陽明年譜傳諸久遠。

嘉靖四十三年刊刻陽明年譜的毛汝麒是陽明學人，明萬廷謙云：

> 毛汝麒字伯祥，嘉靖丁未（二十六年，1647）〔註20〕進士，出瞿文懿公門。令番禺，善撫字，加意興文。以忤監司左遷常德判。未幾，補廣平署、五邑篆，全活饑民萬計。升贛州同知，賊首章埂亂，時比之寧庶人之害，麒練兵討之直搗穴，平焉。以功加四品俸，隨擢江右兵備僉事，尤多擒撲之勳。倡明理學，謀於中丞陸穩刊布陽明年譜，盛傳海內。尋投劾東歸，極意興起後學。議建龍洲塔、造鳳翔洲神宇，以鎖水口。草昧之功，蓋匪細也。番禺、廣平俱祠名宦，豫章則祀之三賢祠云。〔註21〕（〔明〕萬廷謙《〔萬曆〕龍游縣志》卷之八，民國十二年排印本）

林應翔亦云：「毛汝麒……倡明理學，慫恿中丞陸公刊布《陽明年譜》，為士人模楷。居鄉議建龍洲塔，起鳳翔洲神廟，為水口障，邑士人深利賴焉。」（〔明〕林應翔《〔天啟〕衢州府志》卷之九，明天啟二年刊本）

〔註18〕〔明〕王守仁：《王陽明集》，第1149頁。
〔註19〕〔明〕王守仁：《王陽明集》，第1152頁。
〔註20〕應為嘉靖二十九年庚戌（1550）科。
〔註21〕〔明〕萬廷謙：《〔萬曆〕龍游縣志》卷之八，《中國方志叢書・華中地方》影印民國十二年重刊排印本，臺北：成文出版社有限公司，1983年，第106～107頁。

　　在史傳作者看來，毛汝麒刊刻陽明年譜，是其倡明理學的重要佐證，且此譜傳播海內，為士人楷模，有功陽明學。參與編輯陽明年譜的「王汝中、張叔謙、王新甫、陳大賓、黃國卿、王健」〔註22〕（錢德洪《陽明先生年譜序》）等人均得以之成為陽明學中值得一書的儒者。如劉宗周《大中丞張浮峰先生暨配胡淑人合葬墓誌銘》云：

　　　　先生固文成高弟子也。文成以良知之說教天下，一洗學者訓詁支離之習，返之踐履，而要歸於當念，卓然孔孟之旨也。乃學焉者，往往不得其說，動求之狂慧，不免轉增玄解。解愈玄，而知之良愈晦，浸淫趨於邪說，下者仍不離訓詁而已。文成在日，目擊及門之士固已知其不免，明示詆訶。獨橫山、東郭、中離數君子佩其師說不忘，而在越復有先生云。文成常曰：「吾門不乏慧辨士，至於真切純篤，無如叔謙。」叔謙，先生字。則先生之學於文成可知也。居恒每謂學者曰：「孔子之道一以貫之，孟子之道萬物我備，良知之說，如是而已。」又曰：「學先立志，不學為聖人，非志也。聖人之學在戒懼謹獨，不如是為學非學也。」其發明師旨類如是。迨文成沒，而慧辨之業日新月盛，先生獨以反躬鞭闢卓立其間，使後學有所持循，則良知一脈傳之至今，不盡為邪說所蝕，先生力也。先生宦轍前後在江西最久，政事之暇，日與東郭、念庵、洛村、楓潭諸公聯講會以訂證文成之學，因闢正學書院於省，會群彥士而修業焉。先生歲時進考其成，喁喁如也。異時名世鉅儒多出其中。已又建懷玉書院於信州，以處湖東諸郡士，且特迎龍溪、緒山兩先生遞主講席，江右宗風丕振。遂留緒山，卒《文成年譜》之役，相與上下其議論，逾年而竣。先生之有功於師門如此。〔註23〕（劉宗周《大中丞張浮峰先生暨配胡淑人合葬墓誌銘》）

黃宗羲《明儒學案》以之入「浙中王門」，並說：

　　　　先生（張元沖字叔謙，號浮峰）登文成之門，以戒懼為入門，而一意求諸踐履。文成嘗曰：「吾門不乏慧辨之士，至於真切純篤，無如叔謙。」先生嘗謂學者曰：「孔子之道，一以貫之；孟子之道，

〔註22〕〔明〕王守仁：《王陽明集》，第 1149 頁。
〔註23〕〔明〕劉宗周：《劉宗周全集》第六冊《文編七》，吳光主編，杭州：浙江古籍出版社，2012 年，第 673〜674 頁。

萬物我備。良知之說，如是而已。」又曰：「學先立志，不學為聖人，非志也。聖人之學，在戒懼慎獨，不如是學，非學也。」揭坐右曰：「惟有主，則天地萬物自我而立；必無私，斯上下四旁咸得其平。」前後官江西，闢正學書院，與東廓、念庵、洛村、楓潭聯講會，以訂文成之學，又建懷玉書院於廣信，迎龍溪、緒山主講席，遂留緒山為《文成年譜》，惟恐同門之士，學之有出入也，其有功師門如此。〔註24〕（黃宗羲《明儒學案》卷十四《浙中王門學案四》）

張元沖在全書本陽明年譜中出現三次，分別見於嘉靖二年十一月，問二氏與聖人之學；嘉靖五年四月和嘉靖六年九月壬午。其中嘉靖六年九月涉及到的是陽明學爭議較大的四有四無之論。張氏為陽明晚年門生，在陽明學人中有其獨特地位，見證了陽明晚年的學術活動。劉宗周、黃宗羲所記錄的張氏關於良知之說與孔孟學說的一貫之道和萬物皆備於我相一致的說法應該反映了陽明學人對於陽明良知學的學術自信，即相信陽明學是孔孟學說的承續和復興。

除了上述陽明門人之外，亦有私淑陽明的學者刊刻陽明年譜者，如明吳學周《〔萬曆〕象山縣志》卷之十四載：

崔振臬別號淑寰，番禺人。初任懷遠令，後補象山。政平訟簡，不事苛察，小民戴若慈母。值海上戒嚴，公訓練土著，葺除戎具，立辦勁弩千餘，分給守陴者，躬自賈勇，為士卒先，孤城恃以無恐。捐俸刻《王文成年譜》，風起邑人士。忽聞左遷報，徐謂西席邵生曰：昔居蠻瘴，今作波臣，勞苦逢謗，豈非命歟。丞某攝篆遇公不復謹，公無幾微動顏色。臨岐，舉象事，未竟者悉心以告，依然揮淚而別。其去不忘象如此。象為勒碑建祠，報之。歲時老稚羅拜祠下云。（〔明〕吳學周《〔萬曆〕象山縣志》卷之十四，明萬曆三十六年刻本）

崔振臬刊刻的《王文成年譜》未知是何人所纂，刊刻時間是其任象山令期間。刊刻此書同樣在於起振士人風氣，所謂士人之風氣，不外乎聖人之學，即是陽明學。

另外，高攀龍在其文集中也記載了其友人所撰之陽明年譜，高氏序稱：

嗚呼。道之不明也，支離於漢儒之訓詁；道之明也，剖裂於朱

〔註24〕〔明〕黃宗羲：《明儒學案（修訂本）》，沈芝盈點校，中華書局，2013（2008）年，第300～301頁。

陸之分門。程子之表章《大學》也，為初學入德之門。今之人人自為《大學》也，遂為聚訟之府，何天下之多故也。國朝自弘、正以前，天下之學出於一。自嘉靖以來，天下之學出於二。出於一，宗朱子也；出於二，王文成公之學行也。朱子之說《大學》多本於二程；文成學所得力，蓋深契於子靜，所由以二矣。夫聖賢有外心以為學者乎？又有遺物以為心者乎？心非內也，萬物皆備於我矣；物非外也，糟粕煨燼無非教也。夫然，則物即理、理即心，而謂心理可析，格物為外乎。天下之道貞於一，而所以害道者二。高之則虛無寂滅，卑之則功利詞章。朱子所謂其功倍於小學而無用，其高過於大學而無實者也。蓋戒之嚴矣。而謂朱子之學為詞章乎，善乎。莊渠魏氏曰：「陽明有激而言也。彼其見天下之弊於詞章記誦，而遂以為言之太詳，析之太精之過也。而不知其弊也，則未嘗反而求之朱子之說矣。」當文成之身，學者則已有流入空虛，為脫落新奇之論，而文成亦悔之矣。至於今，乃益以虛見為實悟，任情為率性。易簡之途誤認，而義利之界漸夷。其弊也滋甚，則亦未嘗反而求之文成之說也。良知乎？夫乃文成所謂玩弄以負其知也乎？高攀龍曰：吾讀譜而知文成之學有所從以入也，其於象山曠世而相感也，豈偶然之故哉。時攀龍添注揭陽，典史莊大夫致庵公以茲譜示，而命攀龍為之言。攀龍不敢，而謂公之文章、事業蔑以尚矣，學士所相與研究公之學也，故謹附其說如此焉。〔註25〕（〔明〕高攀龍《高子遺書》卷九上《王文成公年譜序》）

「典史莊大夫致庵公」為莊誠，四川成都人，號致庵，隆慶元年（1567）舉人，歷官公安縣教諭、豐縣知縣，萬曆十二年（1584）升趙州知州，萬曆十九年（1591）擢廣東潮州府海防同知。著《韓山匯稿》二卷，參與刊刻楊慎《升菴文集》、胡直《衡廬精舍藏稿》《趙州志》等。《雲南通志》載：

> 「莊誠，四川成都人。萬曆間，任趙州知州，以興廢為己任。凡典禮、器物，整飭不遺。麗江、瀾滄二土司構訟，各懷金行賄。誠執使封金，聞於當路，俱置之法。永平汰兵作亂，所過殘掠，誠百計周防，賴以無事。清浮糧，釐差發，疏水利，修舉鄉射，

〔註25〕〔明〕高攀龍：《高子遺書》，《景印文淵閣四庫全書》第 1292 冊，臺北：臺灣商務印書館，1986 年，第 1292～545 頁。

　　禁食毒草，凡利民生全民命者，無不力行。州志之修，自誠始。」
　　〔註26〕（清鄂爾泰《〔雍正〕雲南通志》卷十九）

《大清一統志》載：

　　「莊誠，成都人，萬曆中知趙州。時麗江瀾滄二土司構訟，各
　　懷金行賄。誠封金，間於當路，俱論如法。永平汰兵作亂，誠計防
　　之，賴以無事。清浮糧，疏水利，至今稱之。」〔註27〕（清穆彰阿
　　《〔嘉慶〕大清一統志》卷四百七十八）

莊氏所著此陽明年譜今未見，或已佚。在這篇序文中，高氏敏銳地指出嘉靖
之後陽明學的興盛和風行，以至於他認為此後天下之學或出於朱子學或出於
陽明學。在他看來，陽明宗陸九淵而非朱熹。這就涉及到陽明學與朱子學之間
複雜關係問題，它與陽明學術發展及不同時代學術思潮的變遷有著密切關係。

　　在陽明年譜中，明末李贄是另一關鍵學者。清人劉原道跋俞嶙《陽明先
生年譜》云：「陽明先生年譜之作，昉自明溫陵李卓吾贄，析為上下兩卷，稍
失煩碎。嗣後刊先生集者，必補錄年譜於卷首，大率以溫陵為先河。惟互有
增損，莫衷一是。茲刻參校諸本，缺者補之，訛者正之，務期詳確而無凌雜，
俾學者先得綜觀先生之生平而後循其年而讀其書，庶易曉然於聖人入德之序
云。」〔註28〕年譜之繁簡，確屬不易把握者。從劉原道此種說法中，我們可
以知道，李贄所編纂之陽明年譜在後世是較為風行的，甚至成為學者競相仿
傚的對象，當然也是批評的目標。

　　李氏《陽明先生年譜後語》云：「是春（萬曆二十八年，1600），予在濟上
劉晉川公署，手編《陽明年譜》自適，黃與參見而好之，即命梓行以示同好，
故予因復推本而並論之耳。要以見余今者果能讀先生之書，果能次先生之譜，
皆徐（徐用檢，號魯源）李（李逢陽，號翰峰）二先生之力也。若知陽明先生
不死，則龍溪先生不死；魯源、翰峰二先生之與群公於余也，皆不死矣。譜其
可以年數計耶。同是不死，同是不死真人，雖欲勿梓，焉得勿梓。」〔註29〕
李贄編纂陽明年譜，不止是為了將其生平做一系年式的排列，而是為了讓人

〔註26〕〔清〕鄂爾泰：《〔雍正〕雲南通志》，《景印文淵閣四庫全書》第569冊，第
　　　　668頁。
〔註27〕〔清〕穆彰阿《〔嘉慶〕大清一統志》，《續修四庫全書》，第623冊，第444頁。
〔註28〕北京圖書館：《北京圖書館藏珍本年譜叢刊》第43冊，北京：北京圖書館出
　　　　版社，1999年，第736頁。
〔註29〕北京圖書館：《北京圖書館藏珍本年譜叢刊》第43冊，第332～333頁。

由其譜而讀其書，由其譜而知其人，李氏對此也是頗具信心的，其與友人書信中多次提及，稱之為「至妙」：

> 雪松昨過此，已付《焚書》《說書》二種去，可如法抄校付陳家梓行。如不願，勿強之。《陽明先生年譜》及《抄（即陽明先生道學鈔）》在此間梓，未知回日可印行否，想《年譜》當有也。此書之妙，千古不容言。《抄選》一依《年譜》例，分類選集在京者，在龍場者，在南贛者，在江西者，在廬陵者，在思、田者，或書答，或行移，或奏請謝，或榜文，或告示，各隨處附入，與《年譜》並觀，真可喜。士大夫攜之以入扶手，朝夕在目，自然不忍釋去，事上使下，獲民動眾，安有不中者乎？唯十分無志者乃不入目，稍有知覺能運動，未有不發狂欲大叫者也。待我回日，決帶得來。〔註30〕（《續焚書·與方伯雨》）

> 我於三月二十一日已到濟寧，暫且相隨住數時，即返舟來矣。家中關門加謹慎為妙，爾方先生要為我蓋佛殿及淨室，此發心我當受之，福必歸之，神必報之，佛必佑之。我於《陽明先生年譜》，至妙至妙，不可形容，恨遠隔，不得爾與方師同一絕倒。然使爾師弟欠得十分十二分亦快人，若照舊相聚，爾與令師亦太容易了也。〔註31〕（《續焚書·與汪鼎甫》）

從書籍流傳而論，明末以來，李氏之譜行而錢氏之譜閱者稀；至近世陽明全集行，而李氏譜又漸隱矣。梁啟超為民國時余重耀《陽明先生傳纂》所作序稱：「陽明先生，百世之師，去今未遠，而譜傳存世者，殊不足以靨吾儕望。集中所附年譜，諸本雖有異同，率皆以李卓吾所編次為藍本。卓吾之雜駁誕詭，天下共見。故譜中神話盈幅，尊先生而適以誣之。若乃事之犖犖大者，則泰半以為粗跡而不屑意也。」〔註32〕（《王陽明全集》卷五十二）梁氏雖搏擊李卓吾，由此可見李氏譜影響之大。李氏譜尚有題山陰王畿編訂、溫陵李卓吾刪訂者，《中國歷代人物年譜考錄》云：「此譜署王畿編，恐是後人所託。蓋當時王之名較離為著，取李之刪本，而冠王氏之名。」「李卓吾有後

〔註30〕張建業等編：《李贄全集注》第 3 冊，北京：社會科學文獻出版社，2010 年，第 37 頁。

〔註31〕張建業等編：《李贄全集注》第 3 冊，第 140 頁。

〔註32〕〔明〕王陽明：《王陽明全集》，杭州：浙江古籍出版社，2010 年，第 2147 頁。

語一篇代序，其云：『年十四始讀陽明書，喜其學，於是編其年譜。』由此可見，崇禎本署王畿編，實是後人所託。此本實係改編錢德洪本。」〔註33〕我們可以說，陽明年譜是在陽明學人的幾代努力之下接續完成的。這些學人之間的學術主張有極為明顯的差異，所以諸人所作陽明之譜也就有了千姿百態的樣貌。

三、種果移花：內容異與同

我們知道，陽明年譜種類既多，內容差異在所難免；即便是同一版本，在流傳中也輾轉翻刻而出現錯訛，更會因讀者閱讀而產生新的內容，故而校勘之學在年譜學研究的一個不可或缺方面。當然，首先是書目著錄要有所區分，如謝巍《中國歷代人物年譜考錄》即將全書本和嘉靖四十三年單刻本視為同一部書的不同版本：

> 《王文成公年譜》三卷《附錄》二卷。
>
> 【編者】餘姚（明）錢德洪（洪甫）編，吉水（明）羅洪先（念庵）考訂。
>
> 【版本】1. 嘉靖四十三年（1564）贛州佐毛汝麒刊本（見存）（北京、浙江）。按，此本首有周相刻年譜引，次羅洪先序，又次胡松序。每葉十八行，行十八字，小字雙行十八字，版心下記刻工姓名，潔白皮紙印。浙圖書目作嘉靖四十二年刻，誤。此本無附錄。
>
> 2. 隆慶二年（1568）周恪等刊《王文成公全書》附（見存）（北大、復旦、華師大、吉大、甘肅、南京、武大）。按，此本有附錄二卷，為王畿輯。
>
> 3. 隆慶六年（1572）新建謝廷傑於浙江刊本（見存）（浙江）。按，此本原附《王文成公全書》，疑與主書分離。涵芬樓曾藏有一部。〔註34〕

這裡，作者提醒我們陽明年譜存在兩個不同版本的全書本和一個早期的單刻本。而且早期的單刻本和其後的全書本存在著版本內容上的差異。所以，從書目著錄的一般規則來說，我們當然可以將全書本和單刻本分開著錄，因為單刻本與全書本異同頗多，著者和版本均不相同。

〔註33〕謝巍：《中國歷代人物年譜考錄》，北京：中華書局，1992 年，第 274 頁。
〔註34〕謝巍：《中國歷代人物年譜考錄》，第 273 頁。

民國以來，已有諸多學者注意到了此種情形，如古籍研究者毛春翔曾作《陽明先生年譜校記》一文刊於《浙江省立圖書館館刊》（1935 年 10 月第 4 期），今收入賈貴榮、耿素麗編《名人年譜》第 5 冊（國家圖書館出版社，2010 年）。毛氏云，民國時浙江省圖書館曾印行過「浙江官書局版《王文成公全書》附錄《陽明先生年譜》。善本書庫另藏有明隆慶六年新建謝廷傑本及嘉靖四十三年毛汝麒刻本，取以互校，同異殊多。」（3092 頁）據毛氏所言，當年浙江省立圖書館所刊行的官書局本出自謝廷傑全書本，而毛汝麒刻本即是錢德洪編訂本。毛氏以全書本和嘉靖本對勘，得兩本差異處凡 112 條，除了版式差異、文字差異或錯訛之外，毛氏對年譜內容方面出校記按語稱：「《明儒學案》姚江學派僅有劉晴川先生魁而無姓周名魁者，自以作劉魁為是。」「嘉靖五年十一月無庚申，十二月十二日為庚申，應從嘉靖本。」「嘉靖七年十一月廿九日丁卯下文云暝目而逝，二十九日辰時也，則為丁卯無疑。蓋丁卯乃十一月十七日也。」「陽明先生卒於南安，其輿櫬登舟必自南安而至贛後，其所如必為南康，蓋南康為由贛至南昌必經之路也。此本與原本作南安均誤，應從嘉靖本改定。」凡此種種，可見在毛氏看來，毛汝麒刻本較之全書本較優。當然也有三種版本均為錯誤者。

又，據黃秀文《中國年譜辭典》載，馬敘倫曾作《王陽明先生年譜校錄》（浙江省立圖書館報第 2 卷，1928 年 8 月）。馬氏以浙江書局藏明新建謝氏原本、貴州祠堂明施邦曜《集要三編》本、餘姚黃氏刻陶潯霍批註本校錄。「謝本出錢緒山先生，最詳；陶本出李卓吾，次之；施、俞皆簡略。校錄以謝本為主，因緒山手纂聞見親切，詳略中宜，凡一事各本概著錄者，惟校其訛字；凡謝本有別本無者，則書某無；別本有謝本無者拈出之。謝本訛字或別本訛字，無疑者書某訛某，或書某某之訛；有疑者，書某作某。謝本有確係脫缺非簡略者，據別本補正，間從他書取證以期詳實。」〔註35〕則毛氏校訂謝本與嘉靖本文字異同及內容差異，可能因馬氏之文而來。另，《中國歷代人物年譜考錄》（276 頁）載「《毛長水先生文鈔》卷三有《讀文成侯陽明先生年譜》，也可參。」筆者未見。

時過境遷，上述論文皆頗不易得，故無論是馬氏還是毛氏之校勘，在今日陽明學研究中似乎少有提及者。學術之進步有賴於歷代學者之努力，以及學術資料之搜集，信然。

〔註35〕黃秀文：《中國年譜辭典》，上海：百家出版社，1997 年，第 247 頁。

　　嘉靖四十三年單行本和全書本之不同，為我們研究陽明學術提供了絕佳的資料。但是，如果我們將兩種形態的陽明年譜視為同一書的不同版本，即將兩書視為同一學者為了不同目的而作，我們就可能會根據目的論來解釋其中的差異。比如楊正顯《王陽明年譜與從祀孔廟之研究》比對了單行本與謝廷傑全書本，認為後者是「錢德洪等人為了陽明從祀孔廟的目的，將陽明事功、思想與行履的敘述往符合當時從祀標準的方向修改與塑造。」全書本通過種種巧妙的文字改寫與說法隱晦了社會對陽明的質疑，「使得看年譜之人所接受到的陽明形象，不但是文武合一，且是行履端正、不愧屋漏的，亦是達到程敏政所要求的無疵於公議從祀標準。因此，在往後有關陽明的傳記中，不論是官方撰述抑或是私家著述，對陽明的生平事蹟與形象都只能有一種想像。全書本中的王陽明是一個合格於當時從祀標準的真儒，而不是陽明自己所認為的自反不縮、雖千萬人吾往矣的豪傑。」〔註36〕作者說：「究竟是為了什麼目的，需要對年譜做刪改呢？確實的理由與證據，筆者尚未尋找到，但仔細考察比對前後兩個版本，從祀孔廟這個目的的確相當明顯。假設真是為了從祀，那麼謝廷傑所上的奏疏就相當重要了，因為後來的版本必定參照奏疏內容中所提到的標準進行刪改。」〔註37〕作者何以有如此看法呢？因為在他看來，無論是嘉靖四十三年單刻本還是全書本，都出自錢德洪之手，也就如前述年譜專家所載一樣，將其書視為一個書的不同版本形態。這樣，其內容的改變就不能從個人學術出發找原因，而社會政治原因就可以輕而易舉地將其中的某些差異予以解決了。不可否認的是，陽明全書的出版與陽明從祀有著密切關係。全書本年譜所確立的陽明圖像僅僅是為了符合從祀標準的真儒？以政治意圖來考察書史當然沒有問題，但前提是要確定同一作者對同一文本做了較大的改動，否則容易流於一般性的解說，而無法說明其他的問題。比如，若以從祀的標準來考量陽明年譜的文字內容的改變，顯然無法說明前述崔氏、莊氏刊刻陽明年譜的行動，也無法解釋高攀龍所謂讀年譜而知陽明宗主陸九淵的學有所入的種種論說，更無法理解李贄對陽明年譜的那種至妙感受。

　　政治的意圖和讀者的想像對於作品的產生及其理解有著至關重要的作用。如前文所論，嘉靖四十三年刊本並非是錢德洪主導，而是另有其人，我

〔註36〕楊正顯：《覺世之道‧王陽明年譜與從祀孔廟之研究》，北京：北京師範大學出版社，2015 年，第 322 頁。
〔註37〕楊正顯：《覺世之道‧王陽明年譜與從祀孔廟之研究》，第 296 頁。

們甚至可以說此毛汝麒刻本的主導者為羅洪先，所以該書特別標明「羅洪先考訂」並非無關宏旨。而全書本為錢德洪主導或者謝廷傑主導，暫無證據標明羅氏參與其中。羅洪先與錢德洪兩人雖然均為陽明後學，其學術取向不同或為文字差異的一個重要原因。故而，有必要對前人所著陽明年譜作更大範圍的比較分析，以見陽明學風之變遷。此種分析的第一步則需要對年譜之纂集有一歷史的瞭解，並對相關文字有所校勘，否則容易以讀者的想像代替作者的苦心經營，或者以政治意圖來說明學術異同。

單純的文字內容的校勘尚不足以回應何以不同的問題。因此，我們需要注意到年譜的編纂者在纂集年譜時所持的立場問題，因為作者的意圖往往會在文字中呈現出來。比如，有的年譜或者只是為了簡要呈現譜主的一生大概的情形，所以紀事極為精簡，這在諸多陽明年譜中對其生平事蹟多簡略記載的情形非常明顯，如施邦曜《陽明先生集要・年譜》、〔註38〕俞嶙《陽明先生年譜》〔註39〕載：「（正德十三年）七月，刻《古本大學》、刻《朱子晚年定論》。」張問達《王陽明先生文鈔》卷二十《年譜》載：「七月，刻《古本大學》、刻《朱子晚年定論》，序之。」〔註40〕此處僅僅紀刊書一事，看不出編纂者的明確寫作意圖，也無從考察刊書之背景與相關情形。從讀者角度而言，是較為粗略的，或許正因為此這三種年譜均未成為陽明年譜的典型。與此不同的是，單刻本、全書本與李贄本則因為紀事與文辭兼備，思想與歷史並全，廣為流傳。

關於《古本大學》《朱子晚年定論》刊刻，在陽明學中至為關鍵，我們可以從此條記錄一窺陽明年譜之內容差異、學者本人所持的理念與學術觀念之演化。李贄《王陽明先生年譜》云：

> （正德十三年）七月，刻古本，序之。按：先生在龍場時，疑朱子《大學章句》非聖門本旨，手錄古本，伏讀精思，始信聖人之學簡易明白。其書止為一篇，原無經傳之分；格致本於誠意，原無缺傳可補；以誠意為主而為致知格物之功，原不必增以敬字。〔註41〕

此處，李贄不僅交代了陽明刊刻《古本大學》的時間，而且將朱子學與陽

〔註38〕〔明〕施邦曜：《陽明先生集要》，王曉昕、趙平略點校，北京：中華書局，2008年，第13頁。

〔註39〕北京圖書館：《北京圖書館藏珍本年譜叢刊》第43冊，北京：北京圖書館出版社，1999年，第705頁。

〔註40〕北京圖書館：《北京圖書館藏珍本年譜叢刊》第43冊，第404頁。

〔註41〕北京圖書館：《北京圖書館藏珍本年譜叢刊》第43冊，第117頁。

明學對立起來，以彰顯陽明學術。這表明陽明後學的一種學術態度，即自覺將其學派與當時的官方主流的朱子學相區別。此種表述和全書本有著密切關係：

> （正德十三年）七月，刻《古本大學》。先生出入賊壘，未暇寧居。門人薛侃、歐陽德、梁焯、何廷仁、黃弘綱、薛俊、楊驥、郭治、周仲、周沖、周魁、郭持平、劉道、袁慶麟、王舜鵬、王學益、余光、黃槐密、黃鑾、吳倫、陳稷劉、魯扶敝、吳鶴、薛僑、薛宗銓、歐陽昱，皆講聚不散。至是回軍休士，始得專意於朋友，日與發明《大學》本旨，指示入道之方。先生在龍場時，疑朱子《大學章句》非聖門本旨，手錄古本，伏讀精思，始信聖人之學簡易明白。其書止為一篇，原無經傳之分；格致本於誠意，原無缺傳可補；以誠意為主而為致知格物之功，故不必增一敬字；以良知指示至善之本體，故不必假於見聞。至是錄刻成書，傍為之釋，而引以敍。〔註42〕

何以要將陽明在龍場時思想變化置於正德十三年呢？錢德洪跋《大學問》說：「《大學》之教，自孟氏而後，不得其傳者幾千年矣。賴良知之明，千載一日，復大明於今日。茲未及一傳，而分錯若此，又何望於後世耶。」〔註43〕在錢德洪看來，陽明學的良知之教，本於《大學》。在陽明學術活動中，關於《大學》特別是《古本大學》的記錄頗為重要，故有必要加以詳細表彰一番。錢德洪是陽明門人中極為重要者，他接觸陽明時間較久，影響也最大。他的學術工作在很大程度上就是推重師說，把師說與當時的最主流的學術相提並論是一個很方便的選擇。彼時，朱子學是學界所推重的，因此，錢氏將陽明學與朱子學加以對比，也就在情理之中。

這種將朱子學與陽明學二元對峙的學術主張，並不見得是所有陽明學人的共識，至少羅洪先就不這樣看。羅洪先並未在陽明生前納贄稱弟子，故其論陽明之學更多的採用陽明著述原文。羅洪先曰：「其見聞可據者，刪而書之；歲月有稽，務盡情實；微涉揚詡，不敢存一字。大意貴在傳信，以俟將來。（而提督歸安陸汝成梓於贛，是時亦有南京少司馬命，年譜適傳。）洪先因訂年譜，反覆先生之學，如適途者，顛仆沉迷泥淖中，東起西陷，亦既困矣。然卒不為休也，久之得小蹊徑免於沾塗，視昔之險道有異焉。」〔註44〕在《全

〔註42〕〔明〕王守仁：《王陽明集》，第1054頁。
〔註43〕〔明〕王守仁：《王陽明集》，第1149頁。
〔註44〕北京圖書館：《北京圖書館藏珍本年譜叢刊》第43冊，第484～485頁。

書》本《年譜》中，「而提督」云云已刪去。此句說明了年譜早期在江西贛州刊刻之事。而「年譜適傳」改為「於是年譜可觀」。「其見聞可據」云云者，則表明了羅氏對於陽明年譜的編纂意旨，即重在事實的準確性和思想表述的真實性，故單刻本載：

> （正德十三年）七月，刻《古本大學》。先生出入賊壘，未暇寧居。門人薛侃、歐陽德、梁焯、何廷仁、黃弘綱、薛俊、楊驥、郭治、周仲、周沖、劉魁、郭持平、劉道、袁慶麟、王舜鵬、王學益等講聚不散。至是回軍休士，始得專意於朋友，日與發明《大學》本旨，指示入道之方。始刻古本，自為序，略曰：「大學之道，誠心而已矣。誠意之功，格物而已矣。誠意之極，止至善而已矣。止至善之則致知而已矣。正心，復其體也；修身，著其用也。以言乎己，謂之明德；以言乎人，謂之親民；以言乎天地之間則備矣。是故，至善也者，心之本體也。……聖人懼人之求之於外也，而反覆其辭。舊本析而聖人之意亡矣。」〔註45〕

顯然，這一記錄嚴格遵照了羅氏對年譜的主張，交代了《古本大學》刊刻的基本情形，即該書是陽明在於諸門人弟子講學過程中，為闡明其學說而作。此處並沒有一句提及陽明學與朱子學之間的競爭關係，更沒有前述錢德洪所謂陽明長期質疑並最終突破朱子學的描述。

相較三種版本的文字，我們可以看到，在嘉靖四十三年毛汝麒刻本中，編纂者並未專門強調陽明學與朱子學的差異，而是以其發明大學本旨作為主要論述原則，全書本則將陽明的對朱子《大學章句》的反思時間回溯至龍場時期，並且將其主張直接與朱子學對峙展現。全書本增加了若干陽明門人弟子名姓，又刪去前一版本直接引用的陽明序文，增加了新的內容，概述性地表達了陽明學對於朱子《大學章句》的看法。後一種版本的文字對李贄年譜的影響是極為顯著的。由此，我們也可以推知，李贄在纂集陽明年譜時，所本者為全書本。

四、在水兼葭：年譜影與跡

事實上，如果我們進一步考察陽明年譜，就可以看到，在陽明門人及其後學中，存在者上述三種不同的學術取向或者學術主張：

〔註45〕北京圖書館：《北京圖書館藏珍本年譜叢刊》第42冊，第591～592頁。

一種主張陽明學與朱子學對立，故而年譜要揭示這種差異性；一種主張陽明學與朱子學融貫，故而年譜要呈現此種融洽感；一種主張陽明學本身就存在爭議性，由此導致了學派的攻訐，甚無謂也，故年譜實事求是即可。

首先，主張陽明學是朱子學對立之學，陽明學之所以成為陽明學即在於其取代或者至少是破除了朱子學的某些基本預設。如耿定向《耿天台先生文集》卷十三《新建侯文成王先生世家》云：

> 先生在事，燕居則挽強習勞，出兵則躍馬先驅。即倥傯中，時時朋來問學，揮塵談道，其任事何動，而神情又何暇裕耶。……其年（正德十三年）刻《古本大學》《朱子晚年定論》。《報太和少宰羅整庵欽順書》，論格致甚辨；後《報顧華玉璘書》尤辨。而《拔本塞源論》發千古萬物同體旨，針砭俗習相沿痼弊，可俟百世者。二書具《傳習錄》中。薛侃等刻《傳習錄》，修濂溪書院以待四方來學。〔註46〕

錢德洪《瀛山三賢祠記》云：「余少業舉子，從事晦庵《集注》《或問》諸說，繼見吾師陽明夫子，省然有得於良知，追尋朱子悔悟之言，始信朱子學有原本，達聖道之淵微矣。故嘗增刻《朱子晚年定論》，使晦庵之學大顯於天下。觀其《方塘》之詠，一鑒澄清，雲影天光，上下掩映，想見其胸中空洞，萬象森列。噫，亦何自而得此哉？源頭活水，流而不息，言有本也。夫學莫貴乎自得，斯逢源資深，道義之出無窮。」〔註47〕又云：「先師始學，求之宋儒。不得入，因學養生，而沉酣於二氏，恍若得所入焉。至龍場，再經憂患，而始豁然大悟「良知」之旨。自是出與學者言，皆發誠意格物之教，病學者未易得所入也。每談二氏，猶若津津有味，蓋將假前日之所入，以為學者入門路徑。辛巳以後，經宸藩之變，則獨信良知，單頭直入，雖百家異術，無不具足。自是指發道要，不必假途傍引，無不曲暢旁通。故不肖刻《文錄》，取其指發道要者為《正錄》，其涉假借者，則釐為《外集》。譜中所載，無非此意。蓋欲學者志專歸一，而不疑其所往也。」〔註48〕（《全書》卷三十六）在錢德洪看來，陽明學與世俗所謂朱子學截然不同，如有其所同，只不過是儒門一貫宗旨之

〔註46〕〔明〕耿定向：《耿定向集》，傅秋濤點校，上海：華東師範大學出版社，2015年，第528頁。

〔註47〕〔明〕錢德洪：《錢德洪集》，南京：鳳凰出版社，2007年，第169頁。

〔註48〕〔明〕王守仁：《王陽明集》，第1167頁。

所通，與世俗所謂宋儒之說大異旨趣，最低限度而言其所同者為朱子晚年定論，而非其他。

另外一種看法認為，陽明學的成就在於其獨立思考，在於其回顧經典，並且以經典為依據，提出了頗有時代性和個性化的學術主張，正是這樣的精神方才使陽明學得以挺立。如鄒守益《王陽明先生圖譜》云：

> （正德）十四年己卯，先生至虔臺。作《三箴》自儆。干戈倥傯中，日出射圃，切磋歌詩習射，若事無。門人王思、李中、鄒守益、郭持子、楊鳳、楊鸞、梁焯及冀元亨等偕至軍中。致書楊士德、薛尚謙曰：「破山中賊易，破心中賊難。區區剪除草竊何足為異，諸君掃蕩心腹之寇，以收廓清本定，此誠大丈夫不世偉績。」嘗注《大學》《中庸》，自以所養未純，不免務外，欲速毀。至是始出《古本大學》，為之序，及《修道說》。嘗曰：「致知二字，在虔時終日論此。」序文嘗三易稿。〔註49〕

鄒氏圖譜將時間滯後一年。值得注意的是，鄒氏譜中所提到同至軍中講學論道者與錢譜所列舉不同，這些人應是先後至陽明軍中者。

第三種主張，認為前述兩種態度多是陽明門人弟子或者陽明學人的信仰，事實上陽明學對於後世思想造成了混亂、爭議，甚至是攻訐，對此而言僅僅年譜紀事即可，無用贅詞。在他們看來，陽明首倡的《古本大學》不僅是後世學術分裂的源頭，也是學派分崩離析的緣由，故可以略去不談，如楊希閔《明王文成公年譜節鈔》於正德十三年條按語云：

> 又案：原譜於是年又有數目，曰刻《古本大學》，曰刻《朱子晚年定論》，曰刻《傳習錄》。此無關功業踐履之要，徒生門戶枝葉之辨。學究習氣，互相攻訐，三四百年於茲，謂宜一切芟除，公之真面目、真骨髓乃益光瑩精實。〔註50〕

楊氏所謂原譜指的是全書本的錢氏譜。楊氏並不贊同陽明關於《大學》的闡釋，這與清代學風相關，經過明末清初的社會思想動盪和轉型，陽明之說即不再富有新意，故年譜編纂者不以為然。

再舉一例，有關知行合一論，今人每每視為口頭禪，然陽明當年提出學說卻並非一蹴而就者。李贄本云：

〔註49〕北京圖書館：《北京圖書館藏珍本年譜叢刊》第43冊，第46頁。

〔註50〕北京圖書館：《北京圖書館藏珍本年譜叢刊》第43冊，第507頁。

正德四年（1509）己巳，先生三十八歲，在貴陽。提學副使席
書聘主貴陽書院，因修葺書院而身率諸生事先生以師禮，舍見成宗
師不敢居，而乃以驛丞為師。鳴呼，以若所為，席元山後必待有李
卓吾，千載真難匹矣。○徐愛因未會先生知行合一之旨。先生曰：
「《大學》言如『如好好色』，見好色屬知，好好色屬行，只見色時
已是好，非見後而始立心去好也。今人卻謂必先知而後行，且講習
討論以求知，俟知得其真時方去行，故遂終身不行，亦遂終身不知。」
蓋知行合一，先生在龍場悟後教人語也。故附於此。〔註51〕

年譜的寫作，並非是完全地替古人做傳記，讓古人在文字中再活一遍，
而是要作譜之人與之互通聲氣，互感互進，在此譜主成為寫作者所師範和友
朋，同樣，讀者也能從中感受到作者的苦心。在李贄的陽明年譜中，他往往
以自己的體會融入其中，故而一再稱之為妙不可言，此處即一明證。李贄說，
知行合一論是陽明在龍場悟道之後提出的學術主張，也以此來引導其門人與
後學。不過，李贄更看重的是席殊師事陽明。我們也可以說，在李氏所處時
代，經過陽明學人的大力推廣，知行合一論已經成為人所共知者，無需多費
口舌。但在此前，陽明學人卻對此說破費周章，他們需要對相關的文字和故
事進行細緻地處理，以滿足不同人群的需要。

我們看到，嘉靖四十三年單刻本與全書本文字關於此年的論述差異非常
大，不僅僅有文字修潤，還有其他一些可供我們思考的細節。以下用下劃線
形式標示其不同處。單刻本云：

四年己巳，先生三十八歲，在貴陽。提學副使席書聘主貴陽書
院。【是年先生始悟知行合一】始，席元山書提督學政，問朱陸同
異之辨。先生不答，而告以所悟，元山懷疑去。明日復來，證之五
經諸子，漸覺有省。繼是往複數四，乃豁然大悟，謂：「聖人之學
復睹於今，朱陸異同，各有得失，無事辨詰。」遂與毛憲副修葺書
院，身率貴陽諸生以所事師禮事之。○後徐愛因未會先生知行合一
之訓，決於先生。先生曰：「試舉看。」愛曰：「如今人盡有知得父
當孝，兄當弟，卻不能孝不能弟，便是知與行分明是兩件。」先生
曰：「此已被私欲隔斷矣。聖賢教人知行，正是要復那本體。不是
著你只恁的便罷，故《大學》指個真知行與人看，說如『好好色』

〔註51〕北京圖書館：《北京圖書館藏珍本年譜叢刊》第43冊，第98～99頁。

『如惡惡臭』。見好色屬知，好好色屬行，只見那好色時，已自好了，不是見了後又立個心去好；聞惡臭屬知，惡惡臭屬行，只聞那惡臭時已自惡了，不是聞了後別立個心去惡。就如稱某人知孝、某人知弟，必是其人已曾行孝行弟，方可稱他知孝知弟；又如知痛必已自痛了方知痛，知寒必已自寒了方知寒。此便是知行的本體。不然只是不曾知，此是何等緊切著實的工夫。」愛曰：「古人說知行做兩個，亦是要人見個分曉，即工夫始有下落。」先生曰：「此卻失了古人宗旨也。某嘗說『知是行的主意，行實知的工夫；知是行之始，行實知之成。』若會得時，只說一個知已自有行在。古人所以既說一個知，又說一個行，只為世間有一種人，懵懵懂懂的任意去做，全不解思惟省察也，只是個冥行妄作，所以必說個知方才行得是；又有一種人，茫茫蕩蕩，懸空去思索，全不肯著實躬行也，只是個揣摸影響，所以必說一個行，方才知得真。此是古人不得已補偏救弊的說話。若見得這個意時，即一言而足。今人卻就將知行分作兩件去，故以為必先知了然後能行。我如今且去講習討論、做知的工夫，待知得真了方去做行的工夫，故遂終身不行，亦遂終身不知。此不是小病，其來已非一日矣。某今說個知行合一，正是對病的藥，又不是某鑿空杜撰。知行本體原是如此。今若知得宗旨時，即說兩個亦不妨，亦只是一個。若不會宗旨，便說做一個，亦濟得甚事，只是閒說話。」〇書院舊有妖，守者以告。先生藏燈按劍坐後堂，將二鼓，黑氣撞門入，拔劍腰斬之，血淋淋逾牆，大喊去。妖遂息。〔註52〕

而《全書》本云：

四年己巳，先生三十八歲，在貴陽。提學副使席書聘主貴陽書院。【是年先生始論知行合一】始，席元山書提督學政，問朱陸同異之辨。先生不語朱陸之學，而告之以其所悟，書懷疑而去。明日復來，舉知行本體證之五經諸子，漸有省。往復數四，豁然大悟，謂「聖人之學復睹於今日；朱陸異同，各有得失，無事辯詰，求之吾性本自明也。」遂與毛憲副修葺書院，身率貴陽諸生以所事師禮事之。〇後徐愛因未會先生知行合一之訓，決於先生。先生曰：「試舉

〔註52〕北京圖書館：《北京圖書館藏珍本年譜叢刊》第 42 冊，第 513～515 頁。

看。」愛曰：「如今人已知父當孝，兄當弟矣，乃不能孝悌，知與行分明是兩事。」先生曰：「此被私欲隔斷耳，非本體也。聖賢教人知行，正是要人復本體，故《大學》指出真知行以示人，曰『如好好色，如惡惡臭。』夫見好色屬知，好好色屬行，只見色時已是好矣，非見後而始立心去好也；聞惡臭屬知，惡惡臭屬行，只聞臭時，已是惡矣，非聞後而始立心去惡也。又如稱某人知孝，某人知弟，必其人已曾行孝行弟，方可稱他知孝知弟：此便是知行之本體。」愛曰：「古人分知行為二，恐是要人用工有分曉否？」先生曰：「此正失卻古人宗旨。某嘗說『知是行之主意，行實知之工夫；知是行之始，行實知之成』，已可理會矣。古人立言所以分知行為二者，緣世間有一種人，懵懵然任意去做，全不解思惟省察，是之為冥行妄作，所以必說知而後行無繆；又有一種人，茫茫然懸空去思索，全不肯著實躬行，是之為揣摸影響，所以必說行而後知始真。此是古人不得已之教，若見得時，一言足矣。今人卻以為必先知然後能行，且講習討論以求知，俟知得真時方去行，故遂終身不行，亦遂終身不知。某今說知行合一，使學者自求本體，庶無支離決裂之病。」〔註53〕（《全書》卷三十二）

上述兩種年譜此一處文字差異極大，內容也相應有了變化，基本上每一句話都有所改動。我們以為這樣的差異至少說明了三個問題：

第一，單刻本所堅持的是一種口語化和故事性的表達，而全書本則傾向於學術性和典雅化。明代印刷事業發達，士子們對於讀物的需求在不斷提升，一般的知識人對於故事性的書籍的興趣遠大於學術性的著作，這一點直到今日也是如此。因此，我們可以大膽推測單行本的編輯者所設想的年譜讀者是社會上的一般知識人，所以文字儘量具有時代的特色，故事儘量生動有趣。事實上，這也是陽明學的一個特點，余英時稱之為覺民行道，「這可以說是儒家政治觀念上一個劃時代的轉變，我們不妨稱之為覺民行道，與兩千年來得君行道的方向恰恰相反。他的眼光不再投向上面的皇帝和朝廷，而是轉注於下面的社會和平民。」〔註54〕通過年譜來讓更多的人知曉陽明其人、其事，

〔註53〕〔明〕王守仁：《王陽明集》，第 1032 頁。
〔註54〕余英時：《宋明理學與政治文化》，桂林：廣西師範大學出版社，2014 年，第 45～69 頁。值得注意的是，余英時在論述陽明關於龍場悟道相關細節時，所

讓人產生一種神秘感、親切感和認同感。

第二，按照單刻本的說法，則陽明知行合一說是在與人討論中不斷深化的，也是在經典的講習中不斷深入的，更是得到了諸如席殊等人辯難的助益；而全書本修訂後則看不到此種辯難的效果，或者至少是在一定程度上弱化了陽明學在創立時期諸友之間思想激蕩的情形。

第三，單刻本對引文的處理儘量保持完整性，故事保持時代性；而全書本則對引文進行了一定程度的刪改，並對某些故事性的文字進行了處理。後者的處理工作是否為了從祀的需要，我們不得而知。因為全書中在它處已收錄全文，年譜中作省略處理也是再正常不過的。但一個明顯的企圖應是為了學術的純正性和嚴肅性，而非以此來吸引一般士人的注意力。事實上，全書卷帙浩繁，倘若非為學術，或心向陽明之學，估計少有問津者。相反，單刻本則並不以學術嚴肅性作為第一要務，誠如羅洪先《陽明先生年譜考訂序》所說：「善學者竭才為上，解悟次之，聽言為下。蓋有密證殊資，嘿持妙契，而不知反躬自求實際，以至不副夙期者，多矣。固未有歷涉諸難，深入真境，而觸之弗靈，發之弗瑩，必有俟於明師面臨，至語私授，而後信久遠也。洪先談學三年，而先生卒，未嘗一日得及門。然於三者之辨，今已審矣。學先生之學者視此何哉？無亦曰是必有得乎其人，而年譜者固其影也。」〔註55〕單刻本的意圖，此言已明矣。

由此可見，陽明年譜的編撰頗為複雜，一方面它是對陽明一生學術、事功的揭示，同時更是對陽明學者本身的一種考驗，它絕非一簡單紀事日誌，而是透過事件的敘述來反應不同時代學人對於前賢的認同和對學術思潮的反思。同時，作者的觀念，受眾的考量等等，均會導致文本的差異和故事的變化。

2018 年，貴州大學出版社出版的《王陽明年譜輯存》整理本二冊，收錄陽明年譜 11 種，包括錢德洪《陽明先生年譜》、鄒守益《王陽明先生圖譜》、施邦曜《陽明先生年譜》、張問達《王陽明先生年譜》、楊希閔《明王文成公年譜節鈔》、劉原道《陽明先生年譜》、李贄《陽明先生年譜》、陳澹然《王文成

使用的資料是全書本的材料，難免受到全書本的影響，他認為陽明從此不再關注現實的政治，從政治社會一頭轉向了到了社會政治。本書第五章已說明此種論點尚可商榷。

〔註55〕北京圖書館：《北京圖書館藏珍本年譜叢刊》第 42 冊，第 485～486 頁。

公年紀》、陳築山《王陽明年譜傳習錄節本》、佚名《王文成公年譜節略》和余重耀《陽明先生傳纂》彙集了編校者所知的重要陽明年譜，為學界提供了便利。點校者謂：「欲瞭解陽明學術文章，必先熟稔陽明之生命歷程。陽明事蹟，史有所載，然多有簡略之失，不如年譜記載之詳瞻也。」〔註56〕

小結

簡而言之，作者的差異和讀者的不同，思想的演變，時代的變遷，是使得陽明年譜呈現出多彩樣貌的多重因素。至於其中是否充滿了權力的考量，則少為學者所措意也。所以，我們閱讀陽明年譜時，需多方考索、細緻思考，以某一作者的某一年譜作為唯一的論據，顯然是不夠的；而陽明學之研究對於年譜資料的使用亦應保持一定程度上的清醒。梁啟超說：「吾生平最喜王白田（王懋竑）《朱子年譜》，以謂欲治朱學，此其梯航。彼蓋於言論及行事兩致重焉。鐵山斯傳，正史中傳體也，不得不務謹嚴，於先生之問學與年俱進者，雖見其概而未之盡也。更依白田例重定一年譜，以論學語之精要者入焉。弟子著籍、歲月有可考者，皆從而次之，得彼與斯傳並行，則誦法姚江者，執卷以求，如歷階而升也。鐵山（余重耀）倘有意乎？」〔註57〕（《王陽明全集（新編本）》卷五十二） 經典人物的典範式年譜其所以不易也，其秘在斯乎！

〔註56〕龔曉康等：《王陽明年譜輯存·點校說明》，貴陽：貴州大學出版社，2018 年，
　　　　第 1 頁。
〔註57〕〔明〕王陽明：《王陽明全集（新編本）》，第 2148 頁。

第六章　學術贊助人：天真書院刻 《陽明年譜》

「樹暝棲翼喧，螢飛夜堂靜。……安得駕雲鴻，高飛越南景。」〔註1〕（《全書卷十九·秋夜》）此詩為陽明貶謫至貴州，苦索人生時期的作品。彼時，正是他在探求人生真理的關鍵時刻，面對著林莽秋風，靜夜瓊月，他想到的是如何讓自己的一生更有意義，或者說是如何才能完成一生的夢想。在他看來，無論如何，我們的一生都將過去，但夢想不能沒有，因為失去了夢想，也就真的一無所有了。對人生而言，夢想自然是內驅之力；對歷史而言，想像也必然是創造之力。當陽明及其思想成為遙遠的故事之後，我們要感受他的人生，除了看他的文字之外，還有一個關鍵的依據，那就是年譜。一部好的年譜，就是一個人一生的縮影，能給人以精神的激勵，同時也能帶來學術的啟迪。

　　陽明年譜和其他傳記作品一樣，都是歷史編纂的重要作品。這類作品不僅要對逝者一生進行回顧和總結，更希望藉此表達某種社會的期待。〔註2〕在本書上一章中，我們初步討論了陽明年譜呈現出諸多品種的原因所在，我們認為政治權力與學術傳播之間存在著某種關聯，但由於寫作該文時尚未看到

〔註1〕〔明〕王守仁：《王陽明集》，第 622 頁。此詩中間八句即本篇標題所用者。
〔註2〕〔英〕崔瑞德、牟復禮：《劍橋中國明代史（上卷）》，北京：中國社會科學出版社，2006（1992）年，第 727 頁。

藏於日本的另一嘉靖末年刊本，無法圍繞三種版本的年譜展開細密的考察。在做出這樣的判斷時，我只是根據嚴紹璗和永富青地二位先進的介紹，知曉經錢德洪之手編定的《陽明先生年譜》單刻本，除了國內較為常見的國家圖書館藏嘉靖本（以下簡稱「國圖本」）〔註3〕之外，尚有一日本蓬左文庫藏嘉靖本（以下簡稱「文庫本」）。文庫本到底是什麼樣貌，並不清楚。據相關書目文獻信息可知，文庫本有作於嘉靖癸亥（四十二年，1563）的胡松（1503～1566）、錢德洪（1496～1574）序言，被學者視為初刻；國圖本有作於嘉靖甲子（四十三年，1564）的周相序言，學者以此為再刻。這兩個本子與《全書》年譜關係密切，可以說這三個不同版本的年譜，為我們理解陽明學的學術展開提供了歷史的線索，如果我們能以這三部書做對勘，不僅能看到陽明門人弟子是如何努力去傳播師門宗旨的學術活動，還能從書籍史和思想史的視域對陽明學展開新的討論。

　　由於文庫本秘藏東瀛名古屋，至今不為國內學者所熟知。我自然也不例外。然而，很多事情總會在不經意間實現，前段時間，經友人協助，我看到了文庫本的全書。尚此書不知何時能以數字版本，或者影印出版的方式回歸，為國內陽明學研究增加一部新的老資料，也為國內的古籍回歸書寫一段新故事。本章將初步揭示這一稀見年譜的主要版本特徵，然後再以此為契機展開明代出版事業贊助人制度的考察，希望通過作為陽明學關鍵文本的陽明年譜之刊行檢討版本學何為這一課題。

一、遙穹晴月：蓬左文庫秘本

　　文庫本長期不為中外學者所知。首先披露天真書院本《陽明先生年譜》存世的學者是陽明學研究者錢明，〔註4〕其後則有版本目錄學家嚴紹璗〔註5〕、

〔註3〕北京圖書館編：《北京圖書館藏珍本年譜叢刊》第 42 冊，北京：北京圖書館出版社，1999 年，第 469～782 頁。此外，據《中國古籍善本書目》，浙江圖書館、天一閣博物館和安徽省博物館也藏有此本。天一閣博物館藏該本，有缺葉。詳李開生《明嘉靖本研究》第 289～290 頁。據李開升考訂，胡松除了參與《陽明先生年譜》之外，還贊助了明王應電《周禮傳》的吳鳳瑞刻本刊刻，該書刊於嘉靖四十二年。吳鳳瑞說：「今秋（嘉靖四十二年），少司馬柏泉胡公以巡撫江西，蒐求隱逸，大興典禮，因得是，傳檄鳳瑞梓之。」（李開升：《明嘉靖本研究》，上海：中西書局，2019 年，第 285 頁）

〔註4〕錢明：《陽明全書的成書經過和版本源流》，《浙江學刊》1988 年第 5 期，第 75～79 頁。

〔註5〕嚴紹璗：《日藏漢籍善本書錄》，北京：中華書局，2007 年。

陽明學者永富青地〔註6〕和余樟華〔註7〕在各自著述中有論及。他們幾乎毫無例外地都認為陽明年譜出刊於嘉靖四十二年（1563）刊本，這是陽明年譜最早的刊本，即現藏於日本蓬左文庫的天真書院本。錢明推測，錢德洪等人編纂的年譜，先於嘉靖四十二年由胡松、王健等刊於杭州天真書院，這一版本在浙江圖書館和日本名古屋市蓬左文庫有藏。其後，錢德洪又於隆慶二年對該書進行了增訂，即後來的全書本。而且，此全書本在內容上與文庫本基本一致，只有繁簡的區別。他認為刪去的部分多因全書本在其他處有了全文，故不用再錄云云。

對此，永富青地提出了質疑。在其《王守仁著作的文獻學研究》書中以「錢德洪撰、羅洪先考訂《陽明先生年》」為題介紹了國圖本和書院本。他認為錢明所謂全書本是在文庫本的基礎上刪訂的說法並不妥當。浙江圖書館藏本和蓬左文庫藏本並非同一個版本，前者與國圖本一致，已有影印版本，較為學界熟知，後者是孤本。永富氏認為，《全書》文庫本和國圖本與全書本在內容上有一致之處，也有相異之處，差異處很多。故而永富氏推測，在文庫本與國圖本之外，應當另有一本，或許就是錢明所謂隆慶三年增訂本亦為可知，這一未知的年譜才是全書本的真正來源。只不過這一年譜是否存世，並不可預料了。〔註8〕

比勘國圖本、文庫本和全書本的內容可知，全書本未必就僅僅是對文庫本的刪繁就簡那麼簡單。而且，文庫本的刊刻時間晚於國圖本，即年譜的初刊非出於天真書院，而是出於毛汝麒等人。或許是因為未見文庫本的真面目，所以學者保持著全書本與文庫本「在內容上基本一致」的想像，對這部年譜的關切度極低。否則，在舉國古籍工作者都在朝向世界尋求新資料，實現古籍回歸的大潮中，文庫本怎麼可能還沒有人去關心呢，沒有將其引入陽明學的討論呢。

實際上，不僅是國圖本在陽明學研究中具有重要價值，文庫本同樣具有相當關鍵的文獻意義。

文庫本全書七卷，裝訂為 2 冊。四周單邊，白口。半葉六行行十七字，小字雙行同。胡松《刻陽明先生年譜序》（1563）、錢德洪《陽明先生年譜序》

〔註6〕〔日〕永富青地：《王守仁著作之文獻學的研究》，東京：汲古書院，2007 年。
〔註7〕余樟華：《王學編年》，長春：吉林大學出版社，2010 年。
〔註8〕〔日〕永富青地：《王守仁著作之文獻學的研究》，第 452～453 頁。

（1563）。正文七卷，分別是：卷一，成化八年至正德十年；卷二，正德十一年至十三年；卷三，正德十四年至十五年七月；卷四，正德十五年八月至嘉靖二年；卷五，嘉靖三年至五年；卷六，嘉靖六年之七年六月；卷七，嘉靖七年七月至嘉靖八年。

版心：上黑魚尾，上題「陽明先生年譜」，下題「卷之幾」；下線魚尾，上標頁碼，下空白。無刻工姓氏。字體是典型的版刻「宋體」。錢德洪序為手寫上板，類館閣體。卷四有手書「陽明先生年譜卷之四」。字體與卷首錢序一致，或許兩者同出一手，是否為錢德洪手跡則有待進一步考證。

卷端：大字題「陽明先生年譜卷之幾」。卷一下小字注：「天真書院版」。全書僅此一處標示該書版屬天真書院。

卷數之後小字七行，為編纂刊刻人署名：門人餘姚錢德洪編述、（門人）山陰王畿補輯，後學吉水羅洪先刪正，（後學）滁上胡松、江陵陳大賓、揭陽黃國卿校正，（後學）漳浦王健校刻。

各卷正文緊跟一行書名和七行署名之後。故各卷卷端有大字三欄，小字七欄。餘下正文頁面皆大字六欄。據嚴紹璗的書錄著錄信息，此為日人於晚明崇禎二年（1629）時從中國購歸的書籍，尾張藩主舊藏，後歸蓬左文庫。〔註9〕

版刻的其他形制方面與國圖本類似，皆將某年歲頂格，其他內容均低兩格、小字。有黑框（黑底白字）標出本年最關鍵的事項，如「是年先生有志聖學」「是年先生為宋儒格物之學」等。與國圖本不同的是，該本的小字內容直接跟在大字後面，不另起一行書寫。如果不看內容，只看排版樣式的話，全書本採取了國圖本的辦法，即大字之後保留空白，小字部分另起一行且低兩格書寫。但全書本在關鍵事項的格式上卻與文庫本相同。因此，我們並不能全然認定全書本一定就是根據某本而來，畢竟全書本亦未對此予以明確的說明。全書本與兩種單行本之間的複雜關係，由於缺乏相關資料，不能做出絕對的判斷。

在文字內容方面，文庫本、國圖本和全書本有著較大的差異。文庫本和國圖本都收錄了已經列入全書中的諸多文本，但全書本並非僅僅對文庫本或國圖本進行刪定那麼簡單，在一定程度上來說，全書本是經過編者的重新編輯工作而成的一部新書。同樣的，文庫本、國圖本也各自經過了編輯者的處

〔註9〕嚴紹璗：《日藏漢籍善本書錄》，北京：中華書局，2007年，第543頁。

理，並非是年譜編定者錢德洪的原稿直接刻板刷印。如果我們希望通過校訂三部書得到一個最終的定本，或者說希望通過校勘三部書得到一個更加符合作者原意的本子，實際上是不太可能的。比如，關於知行合一說。文庫本正德四年（1509）注明「是年，先生有知行合一之說」，國圖本說的是「是年，先生始悟知行合一」，而全書本則標目為「是年，先生始論知行合一」，雖然只有說、悟、論的一字之差，看起來也沒有什麼意思的變化，但對於考據學者來說，這樣的變化令人迷惑。陽明的貴州時期到底是他知行合一學說的創立期、闡發期，還是完善期呢？在國圖本和全書本中都加上陽明與徐愛論知行合一的故事，雖然兩本之間有文字的異同，但毫無例外是為了讓讀者更加明瞭知行合一的主旨為何，但是文庫本中沒有這樣的故事，卻有一段編者說明：

　　始，席元山書提督學政，問朱陸同異之辨。先生不語朱陸之學，而告之以其所悟。元山懷疑而去。明日復來，證之以《五經》、諸子，漸覺有省。繼是往複數四，乃豁然大悟，謂「聖人之學復睹於今日。朱陸異同，各有得失，無事辯詰，求之吾性本自明也。」遂與毛憲副修葺書院，身率貴陽諸生，以所事師禮事之。

　　先生以晦庵分知行為進學之次第，先之以格致，而於知無不明，然後實之以誠正，而於行無所繆，是使學者影響測憶以求知，而不知性體有自然之明覺也；拘執固滯以為行，而不知性體有自然之感應也。本體知行，原無可間，故工夫不得以有二，乃立知行合一之說，使學者自求本體而知行不繆，庶無支離決裂之病。

「先生以」至「決裂之病」一段在國圖本、全書本中均無。類似這樣的段落在文庫本中比比皆是。文庫本的出現為我們進一步討論陽明年譜的形成及其社會思想價值提供了新的史料。〔註10〕如果對文庫本進行全書的校理，將其整理出來，定能為陽明學研究提供一相當有價值的歷史文獻。

〔註10〕比如有學者認為，全書本和國圖本出現巨大文字差異的原因在於錢德洪為了陽明先生從祀而作的「造神」式的操作。文庫本的出現，則其說不售矣。如果陽明學人僅僅為了從祀就可以不顧當世的基本學術規則，在著述上亂動手腳，不僅矇騙了時人，還欺瞞了後世十數代人，這實在是對歷史的一種臆說。但如果沒有文庫本的出現，這種從祀假說的確能夠成立，因為全書本和國圖本之間就是有著諸多的明顯的差異，其中不少差異如何解說，只能依靠學者的想像力。詳：楊正顯：《覺世之道：王陽明良知說的形成》，北京：北京師範大學出版社，2015年，第286頁。

　　由於文庫本、國圖本的題名一致，同時也與全書本有著密切關係，這就讓人不得不產生這樣的疑問：同一個人（錢德洪）為何會寫出三部內容差異如此之大的書呢？如果我們認為年譜的編纂者就是錢德洪，並進而認為編纂者不僅能把控編纂過程，還能對書籍的刊刻進行有效的干預，一定會有這樣的困惑。但是，如果我們跳出編纂者本人，從書籍刊刻的過程來思考的話，或許提出的問題就截然不同了。

　　對於版本學來說，判定一部書的基本要件是：書名、卷數、著者、版本。如果能夠對這四項進行著錄，也就基本上達成了書目的基本要求。不管是前代的書目，還是當代的書目，從繁到簡，這四個項目都是必不可少的。因為常識告訴我們，這些項目是我們瞭解一部書的最基本的信息，也是最重要的信息，只要有了這些信息，我們就可以進一步去瞭解我們所需要的其他書本信息。顯然，這樣的書目信息只能針對所謂的品種來說，而對於有著很多不同版本的同名或者異名書籍而來就需要進一步去說明了。因此，對《陽明先生年譜》之類的著述加以細緻的考察，不管是版本目錄，還是文獻，抑或者是歷史哲學，都將有其積極的意義。

二、低簷峰影：贊助人的迷案

　　首先，我們認為，從贊助人的角度理解一部書的製造過程，是相當有必要的。〔註 11〕晚明時期，陽明學著作著述大都是在官方贊助人的支持下得以問世的。據國家圖書館編纂的《王陽明著述序跋輯錄》《王陽明著述提要》可知：

〔註 11〕研究明代史籍的專家傅吾康先生在《劍橋中國明代史》撰寫的《明代的歷史著述》中曾注意到明代出版事業的贊助制度。他通過對地方志編纂出版考察，認為地方志在四部書的分類中列入史部地理類是有問題的，比較恰當的是列入到政書類，因為地方志描述的一個行政區範圍的政治生活的全部情況，而且「它們（地方志）的主要用途是作為地方官員的參考手冊，因為地方官員通常是外地人，需要它們提供有關該地區行政的一切情況。此外，編輯和出版這類手冊，提高了一個地區的聲望。贊同方志的出版，被看成是一種促進地方上的自我認同和團結的行動。」（〔英〕崔瑞德、牟復禮：《劍橋中國明代史（上卷）》，北京：中國社會科學出版社，2006（1992）年，第 743～744 頁）這裡的贊同，即我們所說的贊助。原文為 To underwrite the production of a local history came to be regarded as an act that furthered local self-identification and solidarity.（Twichett and Fairbank, *the Cambridge History of China Vol.7 the Ming Dynasty（1368～1644）*, Cambridge University Press, 2008:788.）

　　《陽明先生則言》二卷，明嘉靖十六年刻本。贊助人是浙江周文規。應良說：「文江周子按浙，任道擔當，以作人為最先事。且屬臨海令岷川劉子曰：子其志夫子之志，廣《則言》之傳於人，人良也。」〔註12〕（應良《則言敘》）薛侃說：「或質諸周子文規，曰：然。遂命鋟之。」〔註13〕（薛侃《陽明先生則言序》）也就是說，該書是陽明門人薛侃求助當時浙江主官周文規，周氏讓臨海縣負責具體刊行事務的。

　　《傳習錄》三卷《續錄》二卷。此續錄本《傳習錄》的第一任贊助人是紹興府主官南大吉。他於嘉靖三年（1524）「命逢吉弟校，續而重刻之，以傳諸天下。」〔註14〕（南大吉《刻傳習錄序》）這一版本流行十幾年之後，書版開始模糊，於是王畿、錢德洪等先後尋求新的贊助人刊行。嘉靖二十九年（1550），王畿說南大吉刊本行世二十餘年，「傳且久，漶闕至不可讀，學者病之。畿乃謀諸郡倅蕭子奇士，命江生湧檢勒，得其漶且闕者若干篇，付工補刻，而二冊復完。」〔註15〕（王畿《重刻傳習錄序》）蕭奇士（蕭彥）是這一刊本的贊助人。蕭彥《重刻傳習錄後跋》說：「陽明先生之學，一貫之學也。先生以明睿智資，豪傑之才，凡先聖之微辭奧旨，超然默契於數千載之下。今其見諸闡明者，其或與文公朱子有異，要之，各就其所見而期以繼往開來者耳。孟子曰：君子亦仁而已矣，何必同學者果於是而潛心焉，其從違制辨，亦當有以自得之矣。故謂文公為支離者，非也；謂先生為求異於文公者，亦非也。是義也，傳習之錄，其要也。是錄之刻，迄於今，廿有七年矣。彥備員茲郡，訪之龍溪王先生，欲求數十部以遺同志，而舊梓之漫毀而缺失者幾半矣。謹捐俸鳩工而補刻之，庶先生開示來學之意為不泯也。時嘉靖二十九年庚戌歲仲秋月吉日判紹興郡事吉水東治蕭彥書於府署之觀我亭。」可知，紹興府刊刻的《傳習錄》自南大吉為贊助人之後，尚有蕭彥氏。蕭彥當時是紹興府通判，他在此任職的時間是嘉靖二十七年至二十九年。（〔明〕蕭良榦《〔萬曆〕紹興府志》卷二十七）

　　過了三年，陽明學人又求得贊助人，刊行了一本。這次是由劉起宗請求寧國府涇縣知縣丘時庸贊助刊行的。錢德洪說：「去年（1553）秋，會同志

〔註12〕李文潔等：《王陽明著述序跋輯錄》，北京：學苑出版社，2019年，第9頁。
〔註13〕李文潔等：《王陽明著述序跋輯錄》，第11頁。
〔註14〕李文潔等：《王陽明著述序跋輯錄》，第14頁。
〔註15〕李文潔等：《王陽明著述序跋輯錄》，第88頁。

於南畿。吉陽何子遷、初泉劉子起宗，相與尚訂舊學。謂師門之教，使學者趨專歸一，莫善於《傳習錄》。於是，劉子歸寧國，謀諸涇尹丘時庸，相與捐俸，刻諸水西精舍。」〔註16〕（錢德洪《續刻傳習錄序》）錢德洪尋找到涇縣縣令漳浦丘時庸，丘氏贊助刊行之。也就是說，贊助刊行的地方政府主官，至少是一縣令。當時涇縣有一書院名為水西精舍，該刊本也在此完工。〔註17〕

　　至於流傳廣泛的《陽明先生文錄》，也離不開官方贊助。嘉靖三年（1524）陽明門人鄒守益因參與大禮儀事件被貶謫到安徽廣德州任州判職，即當地政府主官的二把手。在廣德期間，鄒守益除外協助主官的工作之外，還主導建立了復初書院，或許即以此為基礎刊行陽明及其他相關著作，比如《諭俗禮要》《訓蒙詩要》和《陽明先生文錄》等。而且，嘉靖六年（1527）鄒守益也因為在廣德期間有政績，升遷為南京禮部主客司郎中。刊行陽明及其他人的著述或許也是他政績的一個重要的指標。錢德洪說：「嘉靖丁亥（1527）四月，時鄒謙之（鄒守益）謫廣德，以所錄先生文稿請刻。先生止之，……謙之復請不已，先生乃取近稿三之一，標揭年月，命德洪編次。……德洪復請不已，乃許數篇，次為附錄，以遺謙之。今之廣德板是也。」（錢德洪《刻文錄敘說》）〔註18〕顯然，先有嘉靖三年蘇州府知府南大吉贊助刊行《傳習錄》，後有嘉靖六年左右廣德州贊助刊行《陽明先生文錄》。鄒守益任廣德州通判，與前述蕭彥的職位類似。

　　陽明門人中，薛侃、錢德洪等是其著作的編輯者，而鄒守益等則是主要的刊刻贊助人。錢德洪等人編好書稿後，即尋求贊助人以能將書稿變成刊本。黃綰說：「洪甫（錢德洪）攜之（《陽明先生存稿》）吳中，與黃勉之重為釐類，曰《文錄》，曰《別錄》。謀諸提學侍御聞人邦正刻梓以行。」（黃綰《陽明先生文錄序》）〔註19〕聞人詮當時是浙江提學，可以做刻書贊助人，刻印了《陽明先生文錄》五卷《外集》九卷《別錄》十卷。值得注意的是，此書雖然被定為嘉靖十四年刊本，但有陽明門人鄒守益寫於嘉靖十五年的一篇序。我們知道，鄒守益不僅贊助刊刻了第一部《陽明先生文錄》，也是此後陽明年譜的總

〔註16〕李文潔等：《王陽明著述序跋輯錄》，第19頁。
〔註17〕丘時庸還作為贊助人刊行了《涇縣志》十一卷，該書署名為「漳浦丘時庸校刊」。見：李開升：《明嘉靖本研究》，第231～232頁。
〔註18〕李文潔等：《王陽明著述序跋輯錄》，第107頁。
〔註19〕李文潔等：《王陽明著述序跋輯錄》，第83頁。

裁，他長期在政府教育文化部門任職，曾出任南京國子監和南京翰林院主官等職，他作為贊助人出現在諸刊本陽明文獻中都是可以想見的。

　　這是應邀成為贊助人的，也有主動成為贊助人的。比如嘉靖三十二年（1553）宋儀望出任河東主官，他就刊行了一部《文錄》。宋儀望說：「陽明先生文集始刻於姑蘇，蓋先生門人錢洪甫氏詮次之云。自後或刻於閩、於越、於閩中，其書始漸播於四方學者。嘉靖癸丑春，予出按河東。河東為堯舜禹相授受故地也，而先王之學則故由孔孟以泝堯舜。於是間以竊聞先生緒言語諸人，士而若有興者。未幾，得關中所寄先生全錄，遂檄而刻之。」〔註20〕在宋儀望之前，范慶也做過類似的工作，他說：「陽明先生遺集，傳於世者，有《存稿》《居夷集》《文錄》《傳習錄》。門人緒山錢子乃並之曰《文錄》；復取先生之奏疏、公移，釐為《別錄》，合刻於吳郡。惟《傳習錄》別存焉。未幾，厄於回祿，版遂殘缺。嘉靖甲辰（1544），慶來守茲郡，亟求焉，僅得《文錄》版什之二三，然魯魚亥豕猶未免也。《別錄》蓋蕩然無存矣。爰重加校葺，而補其奏疏二十三篇，匯為《文錄》，以《傳習錄》附於卷後，別為《語錄》，凡為卷二十。庶幾可以見先生之全書云。……慶不敏，生也晚，不獲從先生之門，猶幸誦其遺訓，愧未之能學也。梓成，敢僭識於簡末。」〔註21〕范慶在任蘇州知府，也即吳郡郡守時，主動充當了編輯刊刻陽明著述的贊助人。按照范慶的說法，在蘇州府原有錢德洪等人編輯的陽明著述的版片，因為遭遇水火災害，這些版片只有極少留存了。等他上任時，他以知府的名義讓下屬吳縣儒學校諭許贊與長州縣儒學訓導華　和張良才具體辦理重新刊行的相關事宜。另外，還有巡按陝西監察御史閭東也充當過贊助人，他說：「東按西秦，歷關隴，見西土人士俊髦群然，皆忠信之質也。因相與論良知之學，盡取先生《文錄》，附以《傳習錄》並《則言》共若干卷刻之。」〔註22〕臨漳縣令趙友琴說：「友琴生也晚，款啟寡聞。夫也不知文，不知先生之文，而竊有志於先生良知之學脈也。謬刻而序之，以公諸同志。」〔註23〕（趙友琴《陽明先生文選序》）由此可見，陽明著述的編纂者是一個群體，而刊行者則主要是自省級的總督巡撫、府州的長官佐貳，到縣級的縣令教諭等，他們在政策許

〔註20〕李文潔等：《王陽明著述序跋輯錄》，第 92 頁。
〔註21〕李文潔等：《王陽明著述序跋輯錄》，第 98 頁。
〔註22〕李文潔等：《王陽明著述序跋輯錄》，第 99 頁。
〔註23〕李文潔等：《王陽明著述序跋輯錄》，第 173 頁。

可的情況下，將陽明著述的刊刻納入到政府文教事業之中，讓陽明的著述得以問世、傳世。

從地方的官刻本的製造過程來說，贊助人或者應邀，或者主動，先將某書的刊刻納入到政府經費的支出項目，為刻書提供必要的經費支持；同時，還要根據當地的文教現狀選擇負責刊行事宜的項目負責人，以便確保所刻之書能夠達到預期目標和當時士人對於書籍的一般期望。當然，他們也要考慮到刊本的其他問題，比如收支平衡等等，所以他們更傾向於利用書院等教育機構來辦理，或許這樣就能在完成板刻之後刷印給當地的士子了。

有些贊助人還善於做一些宣傳的工作，比如通過請求上級主官或者較有聲望的學者撰寫序言等等。我們看到嘉興郡守贊助刊行的《陽明先生文錄文錄續編》就請求徐階撰寫了一篇序文。在該文中，徐階說：「餘姚錢子洪甫既刻《陽明先生文錄》以傳，又求諸四方，得先生所著《大學或問》《五經臆說》、序、記、書、疏等若干卷，題曰《文錄續編》，而屬嘉興守六安徐侯以正刻之。刻成，侯謀於洪甫及王子汝中，遣郡博張編、海寧諸生董啟予問序於階。……徐侯方從事於政，獨能聚諸生以講先生之學，汲汲焉刻是編以詔之，其異於世之為者歟。使凡領郡者皆徐侯其人，先生之學明，而洪甫之憂可釋也。」〔註24〕（徐階《陽明先生文錄續編序》）徐階希望嘉興府學的士子們購買此書，也是極為直白的宣傳了。從這裡我們也可以看到，地方官僚充當贊助人刊行學者的著作，多是以傳承學術文化的這樣的理念下展開的，這也推動了晚明學術的繁榮。可以說，如果沒有這樣的贊助制度，我們可能就難以找尋當時的學術文化樣態了。

這種贊助出版的故事，一直延續到了明末清初。清順治三年（1646）巡按浙江監察御史王應昌曾贊助刊刻《王陽明先生傳習錄論》三卷《附集》一卷。他有序一篇，題為《傳習錄總論》，其中說：「隆慶壬申年，新建謝君來按浙，為王文成公搜全書，梓之。謝君所按者全浙，又時當全盛，故其刻全書也易。余今所按止杭、嘉、湖三郡，又兵燹未已，故殫力盡能，以塞吾願。雖《傳習》一錄，猶岋岋乎難之。」〔註25〕具體操辦者則是浙江提學僉事李際期，他說：「歲乙酉河南夫子王公持斧而至，入其邦，發其書。……謂先生之教，莫《傳習》一錄急，而丹之，而節之，而詮之，於是乎論，於是乎

〔註24〕李文潔等：《王陽明著述序跋輯錄》，第 127 頁。
〔註25〕李文潔等：《王陽明著述序跋輯錄》，第 26 頁。

梓。」〔註26〕像晚明時期這樣以地方政府主官身份贊助學術著作的出版，在後來的歷史似乎不再成為理所當然之事，至少他們對於刊行陽明學的著述並沒有那麼熱衷，這也是學術風氣轉向的一個例證。

我們以《王陽明著述提要》《王陽明著述序跋輯錄》所收集的資料為基礎，將現存陽明著述的明代刊本做一梳理如下表：

陽明著述的明代刊本贊助人

書名卷數	版本著錄	贊助人	贊助人職官	刊 務	編 務
居夷集三卷	明嘉靖三年丘養浩刻本	丘養浩	餘姚知縣	韓柱、徐珊	韓柱、徐珊
陽明先生則言二卷	明嘉靖十六年薛侃刻本	周文規	兩浙巡按	應良	薛侃、王畿
傳習錄三卷續錄二卷	明刻本	丘時庸	涇縣縣令	涇縣水西精舍	錢德洪
陽明先生文錄五卷外集九卷別錄十卷	明嘉靖十四年聞人詮刻本	聞人詮	蘇州提學	不詳	錢德洪
河東重刻陽明先生文錄五卷外集九卷別錄十卷	明嘉靖三十二年宋儀望刻本	宋儀望	河東巡按	不詳	不詳
重刻傳習錄（附於《陽明先生文錄》五卷後）	嘉靖二十九年（明刻本）	蕭彥	紹興府通判	江涌	王畿
陽明先生文錄五卷外集九卷別錄十四卷	明嘉靖二十九年閻東刻本	閻東	甘肅巡按	不詳	不詳
陽明先生文錄五卷外集九卷別錄十四卷	明嘉靖刻本	不詳	不詳	不詳	不詳
陽明先生文錄十七卷語錄三卷	明嘉靖二十六年范慶刊本	范慶	蘇州知州	許贊等	許贊等
陽明先生別錄三十卷	明嘉靖間刻本	不詳	不詳	不詳	不詳

〔註26〕李文潔等：《王陽明著述序跋輯錄》，第29頁。

王文成公全書三十八卷	明隆慶六年郭朝賓刻本	郭朝賓	浙江巡撫右都御史	張譽、闕成章等	唐堯臣等
王文成公全書三十八卷	明萬曆初謝廷傑刻本	謝廷傑	提督學校巡按直隸監察御史	周恪、林大黼、李爵	羅洪先、胡松、呂光洵、沈啟原
文成先生文要五卷	明萬曆三十一年陸典等刻本	吳達可	江西巡按	陸典、堵奎臨等	陸典、堵奎臨、王時槐等
陽明先生道學鈔八卷	明萬曆三十七年武林繼錦堂刻本	劉東星	工部尚書？（督兩浙學政）	（黃與參、於尚寶？）武林繼錦堂	李贄
陽明先生文選四卷	明萬曆趙友琴刻本	趙友琴	臨漳縣令	不詳	不詳
王文成公文選八卷	明崇禎六年刻本	不詳	不詳	陶珽	鍾惺
陽明先生集要三編十五卷年譜一卷	明崇禎七至八年王立准刻本	王志道	左副都御史	（黃道周？）王立准	施邦曜

加上兩種嘉靖本的年譜，則上述二十種晚明時代的陽明學著述中，除了少數尚不清晰的，大部分是能夠確定其刊行贊助人的。由此，我們可以認為，明代的地方官刻本從嘉靖以來，已經形成了比較完備的贊助人制度，陽明學著作的刊行也得益於這一制度。當然，在古籍的著錄中按照通常的規則並不會去著錄贊助人，所以我們也就很少從這個方面去思考相關的問題。

三、窅然幽獨：官為刊行之集

那麼，明代官方贊助出版的程序如何呢？我們可以萬曆年間的一部陽明著述見其一斑。這部書題為《陽明先生文選》，是時任江西巡撫吳達可作為贊助人主持刊行的。此書現藏國家圖書館，著錄為：《文成先生文要》五卷，明萬曆三十一年陸典等刻本。〔註27〕吳達可（1541～1621），字叔行，號安節，江蘇宜興人，萬曆五年（1577）進士，曾任江西巡按，官至通政使司通政使。吳達可在江西主官任上資助出版陽明著述的程序是這樣的：首先，贊助人因某種機緣將某書列入了贊助計劃。吳達可說，他的老師是周訥溪（周怡），而

〔註27〕李文潔等：《王陽明著述提要》，第52頁。

周的老師是鄒守益。也就是說，吳達可為陽明後學。他出面資助刊行陽明學著述也是水到渠成的事情。

其次，贊助人或者直接用現成的著作進行刊刻工作，主要資助前人的著作刊刻，或者資助尚未刊行的著作；或者根據既有的書籍進行編輯的工作，他們會重新刻上一套書版，而少有把其他地方的舊版片採購回來予以修版的，除非是版片就存在於其任職的地方，這樣就會出現一部書的新品種。事實上，大多的贊助人都會採取後一種贊助的方法。

第三，刊刻工作的流程包括，贊助人指派下級官僚具體負責，同時也會聘請學者協助。吳達可在江西任職期間，指令下屬贛縣和瑞金縣二位縣令陸典和堵元列就既有的陽明全集編輯一部選本。陸氏說：「直指吳公淵源遠紹，以其事屬小子及堵元列氏。中丞李公謂慮刻未詳，復以刻於浙者，俾得遍搜，於是剪其煩文，存其切要，釐為五卷。」也就是說，他們先試圖以江西刻本來做編輯工作，但隨後依據李某的建議找到了浙江刊本，或許就是謝廷傑的全集本，並在這一版本的基礎上進行了文本的刪訂和編輯。陸、堵等完成編輯工作後，吳達可又請學者王時槐校訂一過。王時槐說：「直指安節吳公按范虔州，追念先生，以其學特倡，而盡洩以開群蒙。與其平寇討逆之功皆在江省，當使後學聞之，以信吾聖學之有裨益於世，而非託諸空言也。爰命贛令陸君典偕瑞金令堵君奎臨即先生《全集》摘錄之，題曰《文選》，以便觀省，將授諸士卒業焉。復囑時槐覆校之。」〔註28〕（王時槐《陽明先生文選序》）也就是說，贊助人對所刊的書籍組成了一個刊書課題組，分工合作，完成了文本的編輯。

最後，官方贊助的刊本在刊工經費、版刻形制、校勘程序方面都有規可循。其中刊工多以匠戶為之，他們需要將本人姓氏刻在版片上，這就是我們能看到的刻工。此本的刻工有：科、思、三、曾壇、曾時等三十餘人。〔註29〕檢查其他陽明著述的明代官方贊助刻本，亦多有刻工姓氏。〔註30〕

陽明年譜經錢德洪編纂成書，經歷了漫長的編纂過程，然後才進入刊刻的流程。永富氏在其著作附錄二《王守仁著作出版年表》中給出了年譜編纂

〔註28〕李文潔等：《王陽明著述序跋輯錄》，第176頁。
〔註29〕李文潔等：《王陽明著述提要》，第53～54頁。
〔註30〕如趙友琴刻本《陽明先生文選》，崇禎七至八年王立准刻本《陽明先生集要三編》。

刊刻信息。我們據《全書》《陽明先生祠志》等加以補充，有下面的年譜編纂、刊刻時間線：

陽明去世後不久，薛侃等人即倡議編纂年譜，薛侃與歐陽德、錢德洪等為編纂成員，分頭分年分地蒐集成稿，議定鄒守益為總裁。

嘉靖二十七年（1548）戊申，青原會議時，各自撰寫的年譜資料蒐集或已完成，諸人分撰稿未畢。

嘉靖二十九年（1550）庚戌，錢德洪完成年譜的一部分。

嘉靖三十五年（1556）丙辰，鄒守益編《王陽明先生圖譜》刊行。

嘉靖三十九年（1560）庚申，錢德洪又完成年譜的一部分稿件。

嘉靖四十一年（1562）壬戌，鄒守益去世，錢德洪統稿年譜，羅洪先參與刪訂工作。

嘉靖四十二年（1563）癸亥，《陽明先生年譜》合訂稿於四月完成。是年夏天某日，滁州胡松完成年譜序；八月，錢德洪寫就年譜序。永富氏以為，年譜初刊於本年，即在浙江杭州天真書院刊刻的本子，是為文庫本。

嘉靖四十三年（1564）甲子，《陽明先生年譜》在江西贛州刊行，即國圖本。〔註31〕

這裡，我們可以看到書籍的編撰與出版是一部書能夠為我們所見、所讀的關鍵。因此，文獻版本也更多的關注編纂者和出版者。鑒於在版本鑒定中，若無其他證據時，可以將刊書序跋作為判定的主要依據，將文庫本定為嘉靖四十二年刻本亦無可厚非，因為只有兩篇有明確時間的序文。但我們判定版本，不能就此止步，需要進一步考察。

書籍版刻的之所以成為一門學問，其原因就在於除了簡單判定之外，還有更為複雜的歷史和事實有待考察。就文庫本而言，由兩篇跋文推斷刊刻的具體時間就會出現一定的誤差。

首先，按照判定版本的辦法，我們可以通過序跋尋找線索，由於文庫本的序文只有兩則，我們需要找更多的證據，全書本中的記錄自然是比較可靠的。在全書本中有羅洪先的一篇序，詳細地說明了當時編刊年譜的情況。他說，錢德洪等門人弟子在青原之會以後花了很長時間蒐集資料，但十餘年後完成年譜的編纂，鑒於陽明門人如薛侃等人先後過世，讓他有了加快編纂進

〔註31〕〔日〕永富青地：《王守仁著作之文獻學的研究》，東京：汲古書院，2007年，第532～537頁。

度的想法。於是，他停下其他的事務，專注於年譜：「明年（嘉靖四十二年，1563）四月，年譜編次成書，求〔註32〕踐約，會滁陽胡汝茂（胡松）巡撫江右，擢少司馬（南京兵部尚書），且行，刻期入梓，敬以旬日畢事。已而即工稍緩，復留月餘。自始至卒，手自更正，凡八百數十條。」〔註33〕（羅洪先《陽明先生年譜考訂序》）胡松是年譜的贊助人，他的職位變動讓年譜刊行遇到了一些麻煩。

其次，全書本的年譜附錄還有相關的記載，留下了可供參考的線索。在嘉靖四十二年的紀事中，作者說：「嘉靖四十二年癸亥四月，先師年譜成。」「洪先開關有悟，讀《年譜》若有先得著，乃大悅，遂相與考訂。促洪登懷玉，越四月而譜成。」〔註34〕也就是說，在全書本中，錢德洪只是說羅洪先讀了他的年譜稿件之後有不少體會，他們一起在懷玉書院花了幾個月的時間，基本完成了年譜的定稿工作。這裡所謂的「譜成」只是完成了書稿，並不是刊刻。而且，在這一年的紀事中也沒有關於年譜刻成的記錄。很顯然，嘉靖四十二年的確有年譜刊行的動議，並且已經開始相關工作了，但是並沒有完成。所以，我們可以肯定地說文庫本不是嘉靖四十二年刻本。

那麼，它是什麼時候的刻本呢？如果一定要對該書的刊刻時間進行更精確的判斷，我們就需要將該刊本的主要贊助人即胡松的履歷加以研判，大概就能確定刊書的時間段了。

據王世貞（1526～1590）《弇山堂別集》〔註35〕和張廷玉《明史》〔註36〕的記載，嘉靖時期有兩位進士出身的胡松〔註37〕，均為直隸人，一為績溪胡松（1490～1572），正德九年（1514）進士，曾任工部尚書、刑部尚書；一位是滁州胡松（1503～1566），嘉靖八年（1529）進士，曾任南京兵部尚書、吏部尚書。贊助陽明學人的，是滁州胡松。滁州胡松資助了很多書籍的刊刻，除了《陽明先生年譜》之外，還有《滁州志》《孝肅包公奏議集》十卷〔註38〕、《廣輿圖》

〔註32〕求，一本作來。此據彭啟斌先生考證。
〔註33〕〔明〕王守仁：《王陽明集》，第1149頁。
〔註34〕〔明〕王守仁：《王陽明集》，第1141頁。
〔註35〕〔明〕王世貞：《弇山堂別集》，北京：中華書局，1985年，第295頁。
〔註36〕〔清〕張廷玉等：《明史》，北京：中華書局，2011年，第5345～5347頁。
〔註37〕朱寶炯等：《明清進士題名碑索引》，上海：上海古籍出版社，1998（1979）年，第1744頁。筆者此前關於陽明年譜的文章中於此考察失誤。
〔註38〕丁丙：《善本書室藏書志》，《宋元明清書目題跋叢書》第9冊，北京：中華書局，2006年，第497頁。

二卷〔註39〕、《唐宋元名表》四卷〔註40〕、《范忠宣公奏議》二卷〔註41〕、《安邊疏要》一卷〔註42〕、《續文章正宗》二十卷〔註43〕等。作為贊助人，為刊刻書籍作序，這是明代官刻書的通例，所以我們在明代的官僚文集中多見書序。

滁州胡松，字汝茂，諡莊肅。〔註44〕他成進士後，從東平州主官開始從政生涯，升南京禮部郎中、山西提學副使、山西參政。以言事指斥權貴得罪，家居者十餘年。其後因有人推薦而復官，任陝西參政，轉任江西左布政使、右副都御使，嘉靖四十二年（1563）任兵部左侍郎，升南京兵部尚書，嘉靖四十四年（1565）任吏部左侍郎，嘉靖四十五年（1566）卒於吏部尚書任上。其個人著述有《督撫江西奏議》《督撫江南奏議》《胡莊肅公奏議》《胡莊肅公遺稿》《胡莊肅公文集》等。《明史》稱滁州胡松「潔己好修，富經術，鬱然有聲望。」〔註45〕胡松與羅洪先是進士同年，在他被罷職居家時，羅洪先、唐順之等也有同樣遭遇，曾共同研討過學術，「時公同年友羅君洪先、唐君順之，亦以言事廢。二公並有志學古者，與入宜興山中，盤桓究解，而公之神，已脫然超上乘矣。」〔註46〕（李春芳《貽安堂集卷七‧吏部尚書贈太子少保諡莊肅胡公墓誌銘》）正因為如此，錢德洪才在其書信中請求羅洪先給胡松寫信，讓胡松充當刊刻年譜的贊助人。

為了讓陽明年譜得到官方的認可，錢氏等人請滁州胡松擔任該書的第一贊助人。胡松同意了這一請求，錢德洪給羅洪先的信中說：「柏泉公（胡松）讀兄《年譜》，深喜。經手自別，決無可疑。促完其後。昨乞作序冠首，兄有書達，幸督成之。」〔註47〕由於羅洪先和胡松有同年的關係，且早就相熟，所以陽明門人對他寄予厚望。收到錢氏書信後，羅洪先回覆說：「柏泉公為之

〔註39〕丁丙：《善本書室藏書志》，第521頁。

〔註40〕丁丙：《善本書室藏書志》，第900頁。

〔註41〕范邦甸：《天一閣書目》，上海：上海古籍出版社，2010年，第121頁。

〔註42〕范邦甸：《天一閣書目》，第124頁。

〔註43〕范邦甸：《天一閣書目》，第486頁。

〔註44〕《明史》卷二百二（第5347頁）稱滁州胡松諡恭肅，而明人李春芳文集中收錄有為胡松撰寫的墓誌銘，其諡為莊肅，明人文集及書目中記錄亦同，故應以莊肅為準。或許績溪胡松之諡為恭肅。

〔註45〕〔清〕張廷玉等：《明史》，北京：中華書局，2011年，第5345～5347頁。

〔註46〕〔明〕李春芳：《李文定公貽安堂集》，影印北京大學圖書館藏明萬曆十七年李戴刻本，《四庫全書存目叢書集部》第113冊，濟南：齊魯書社，1997年，第186頁。

〔註47〕〔明〕王守仁：《王陽明集》，第1160頁。

序，極善。俟人至，當促之。」〔註48〕在胡松的支持下，該書的刊行列入政府項目，開始執行。按照當時官刻本的流程，先要對書稿進行校訂，胡松讓羅洪先來辦理這項工作。「柏泉公七月發《年譜》來，日夕相對，得盡寸長。平生未嘗細覽《文集》，今一一詳究，始知先生此學進為始末之序。因之頗有警悟。故於《年譜》中，手自披校，凡三四易稿。於兄原本，似失初制，誠為僭妄。……不及請正，今已付新建君入梓。惟兄善教之。」〔註49〕胡松收到錢德洪發出的年譜稿件，然後交給羅洪先準備刊行。羅氏花了很大的精力去重新校訂，刪改、增補。當然也耗費了不少時間。

　　由於胡松升遷，這位贊助人的預期目標或許難以達成，所以他們希望加快刊刻進度，最好能在胡松離開前完工。羅氏在當年八月將校訂稿發給了胡松的下屬，也就是滁州毛汝麒。但是，趕工刊刻或許並不合適，所以羅洪先做了兩手準備：第一，尋求新的贊助人，比較合適的人選就是陸穩；第二，趁機對年譜做更進一步的修訂，他花了個把月的時間完成了這項工作。

　　僅從贊助人這一項，我們可以初步認為將天真書院定為嘉靖四十二年刻本尚有可進一步考察的必要。就我們的觀察而言，文庫本的刊行時間要晚於國圖本，即在嘉靖四十三年以後。比較明顯的證據是，錢德洪的序已經標明時間是嘉靖四十二年八月。是否年譜四月完成之後就進入刊刻尚不明了。而胡松的序文中關於年譜的卷數標以墨釘。這說明此年該年譜內容雖然已確定，但刊定時的卷數並沒有編定。

四、怵爾抱警：重新認識明本

　　明代刻書自有其獨特之處。據古籍版本調查，陽明學著述和其他古籍一樣佚而不存者頗多，而存世陽明學著作的版刻品種數以百計，而版本情況就更加複雜了。〔註50〕這自是明代出版業興盛的一個縮影。相較於宋代，明代是雕版刻書的「又大盛」期。〔註51〕「明清兩朝各地刻印的書籍，數量之大，品種之多，比前代，不知超越了多少倍。」〔註52〕明代的出版事業，更是可

〔註48〕〔明〕王守仁：《王陽明集》，第1157頁。

〔註49〕〔明〕王守仁：《王陽明集》，第1158～1159頁。

〔註50〕連玉明、陳紅彥：《王陽明館藏文獻典籍普查、複製和研究叢書》，北京：學苑出版社，2019年。

〔註51〕張秀民：《中國印刷史》，杭州：浙江古籍出版社，2006年，第237頁。

〔註52〕趙萬里：《趙萬里文集第1卷·中國版刻圖錄序》，北京：國家圖書館出版社，2011年，第168頁。

以用「蒸蒸日上和空前發達」〔註53〕來形容。像陽明學人一樣努力著述，並將前賢作品予以刊行，在明朝人看來再正常不過，這也造就了明代出版的興盛。

究其原因，繁榮的書業與官方成熟的贊助人制度密切相關。這種贊助制度，對於後世人來說頗為陌生，前人是很熟悉的，如清初王士禎（1634～1711）《居易錄》卷七說：「明時翰林官初上，或奉時回，例以書籍送署中書庫，後無復此制矣。又如御史、巡鹽茶、學政、部郎、權關等差，率出俸錢刊書，今亦罕見。宋王琪守蘇州，假庫錢數千緡，大修設廳。既成，漕司不肯破除。琪家有杜集善本，即俾公使庫鏤板，印萬本，每部直千錢，士人爭買之。既償省庫羨余以給公廚，此又大裨帑費，不但文雅也。」〔註54〕這就是為什麼明朝雖然沒有現代的繳送制度，但是中央及地方能夠保存龐大數字書籍的原因。

在王士禎看來，這種贊助出版制度宋代已經有了先例，但未必就是如宋人故事，因為明代官僚作為贊助人參與刻書活動，不止刊刻藏家善本，也直接資助當代書籍的出版，也正因為如此明代的文藝才能如此之繁盛。當然，如果我們僅僅從歷代正史的《藝文志》著錄來看，尚無法發現明代的出版繁榮情況。

正史藝文志著錄書籍數量

	部　　數	卷　　數	二級類目數
漢書藝文志	596 家	13369	38
隋書經籍志	4191	49467	55
舊唐書經籍志	3061	51852	42
新唐書藝文志	3277	79221	44
宋史藝文志	9819	119972	45
明史藝文志	4633	10597	35

注：本表據呂紹虞《中國目錄學史稿》（武漢大學出版社，2012 年）及相關史籍記載製成。

〔註53〕趙萬里：《趙萬里文集第 1 卷‧中國版刻圖錄序》，第 169 頁。

〔註54〕〔清〕王士禎：《王士禎全集（五）‧居易錄》，袁世碩主編，濟南：齊魯書社，2007 年，第 3813 頁。葉德輝亦引用此條史料，不過結論截然相反。詳：〔清〕葉德輝：《書林清話》，北京：華文書局，2012 年，第 180 頁。

　　從上表可見,《明史藝文志》著錄的書籍量相較於前代的要少,要是我們由此得出明代文教出版事業不如前代,或許就是想當然了。而事實是《千頃堂書目》著錄書籍 17828 部,明史館臣編訂的《明史藝文志稿》尚保留有 13000餘部。清人編纂前代史書時,在著作出版方面依據的是《千頃堂書目》,最後定稿的主事人執行了「卷數莫考」「疑信未定」兩條限制性標準,以「寧闕而不詳」為標榜,所以明人著述數量看起來與雕版時代之前的寫本時代相差無幾。當然,清人之所以能釐定出書籍作者的姓氏、籍貫、書籍的卷數等等,就是因為有比較準確的記載。若以此標準去刪訂前代史志目錄,或許所剩無幾。明代人的著作之所以至少有三分之一左右能做出較為準確的判定,若沒有彼時官方書籍贊助人制度的完備和成熟,是絕無可能的。後世版本學家如葉德輝等人,或者只看到了當時官僚呈繳書籍的表象,並沒有再進一步去思考如何理解表象之下的本質問題。所以,葉德輝在《書林清話》這部版本學名著中,僅以「好事之習」〔註 55〕四字來解釋明人著述大量版行的原因,而且認為這種喜好承自宋人。這種理解並不足以說明書籍文化的內在價值,更不足為訓。

　　從某種意義來說,搞出版的人定然是好事之徒,但出版業的繁榮絕對是好事而非壞事。一個社會沒有重視出版的風氣,何談文化自信?又何談繼承發展呢?事實上,明代的出版在整個出版史上都具有舉足輕重的地位,其原因就在於當時上自中央政府各部,下至地方諸府縣,均有贊助出版的制度規範。就地方而言,各地方的督撫、學政等,往往是贊助出版的第一責任人。從明初開始,曾主持《永樂大典》的解縉就曾上疏朱元璋《太平十策》,其一就是資助出版:「宜令天下投進詩書著作,官為刊行。令福建及各處書坊今國學見在書板,文淵閣見在書籍,參考有無,盡行刊完。於京城及大城港等處,官開書局。就於局前立碑刻詳書目,及紙墨二本,令民買販,關津免稅。每水陸通會州縣,立書坊一所,制度如前。」〔註 56〕(《解文毅公集》卷一)解縉對於資助出版的具體辦法有四:官方資助私人著述;中央政府收藏書籍予以刊刻;根據經濟社會發展條件,設立官辦書籍經營,並且

〔註 55〕葉德輝說:「明時官出俸錢刻書,本緣宋漕司郡齋好事之習。」(〔清〕葉德輝:《書林清話》,北京:華文書局,2012 年,第 180 頁。)
〔註 56〕此一材料經張秀民《中國印刷史》引用而廣為書籍史學界所熟知。張秀民:《中國印刷史》,杭州:浙江古籍出版社,2006 年,第 239 頁。

給予免稅政策優惠；支持地方設立書局書坊，促進本地文化繁榮。總之，在解縉看來，政府資助出版是禮興樂備、文化繁盛、教育昌明、天下太平的重要舉措。

我們無法獲知解縉的這一奏疏是否奏效，但明代的官僚們喜歡充當出版贊助人卻是人盡皆知的。胡應麟《經籍會通》卷四說：「今宦塗率以書為贄，惟上之人好焉。由諸經、史、類書，卷帙叢重者，不逾時集矣。朝貴達官，多有數萬以上者。」〔註57〕官僚支持出版，並以書籍的收藏作為標榜，家藏萬部書也並非奇談。在官方贊助制度的推動下，書業發達了。藏書也就不再成為少數人的事業。故而葉昌熾《藏書紀事詩》收錄五代到清末藏書家 1175 人，明代將近一半，有 427 人之多。沒有大量的版刻書籍，藏書是不可能的。大量版刻書籍生產並流通，十萬卷樓、萬卷樓等才可能在全國遍地開花。私人藏書成為風尚，政府部門自然也不例外。比如當時的行人司規定「其以事奉差覆命者，納書數部於庫。秘閣而外，差可讀者，此耳。」後來有人專門為行人司的藏書編寫了目錄，著錄數千種之多。〔註58〕私人藏書之家編有目錄的也不在少數，據范鳳書在上個世紀末所做的文獻調查，可考的明代藏書目錄有 167 種，存世的近 50 種。〔註59〕要有書，才有藏書；要有大量的書，才有大藏書家。這似乎不必解釋。必須明確的是，明代的藏書家收藏的書，大多是刊刻的印本書，抄本寫本已失去了它的歷史地位。王應麟說：

> 葉少蘊（葉夢得，1077～1148）云：「唐以前，凡書籍皆寫本，未有模印之法，人以藏書為貴。人不多有，而藏書者精於讎對，故往往皆有善本。學者以傳錄之艱，故其誦讀亦精詳。五代時，馮道始奏，請官鏤板印行。國朝淳化中，復以《史記》《前、後漢》付有司摹印。自是書籍刊鏤者益多，士大夫不復以藏書為意。學者易於得書，其誦讀亦因減裂。然板本初不是正，不無訛誤。世既一以板本為正，而藏本日亡，其訛謬者遂不可正，甚可惜也。」此論宋世誠然，在今則甚相反。蓋當代板本盛行，刻者工直重鉅，必精加讎校，始付梓人。即未必皆善，尚得十之六七；而鈔錄之本，往往非

〔註57〕〔明〕胡應麟：《少室山房筆叢甲部・經籍會通》，上海：上海書店出版社，2001 年，第 41 頁。

〔註58〕轉引自徐凌志：《中國歷代藏書史》，南昌：江西人民出版社，2004 年，第 277～278 頁。

〔註59〕范鳳書：《中國私家藏書史》，鄭州：大象出版社，2001 年，第 263 頁。

　　讀者所急，好事家以備多聞，束之高閣而已，以故謬誤相仍，大非
　　刻本之比。凡書市之中無刻本，則鈔本價十倍。刻本一出，則鈔本
　　咸廢不售矣。（原注：今書貴宋本，以無訛字故。觀葉氏論，則宋之
　　刻本患正在此。或今之刻本，當又訛於宋耶。余所見宋本訛者不少，
　　以非所習，不論。）〔註60〕（《經籍會通》卷四）

　　誠如胡應麟所說的明代人所出版的諸多書籍的確是校勘精良的，唯其有
成熟的贊助人制度，才能夠形成如此局面。但是，晚清以來的學者們多沿襲
舊聞，以王應麟的不得其善的十之三四來斷定整體，以至於有所謂的葉德輝
「明人刻書而書亡」的經典論斷。即便葉德輝《書林清話》聲稱「明人不知刻
書」，〔註61〕也不得不承認「明時法制之嚴，刻書之慎」〔註62〕，不得不感歎
「明人刻書，亦有極其慎重，必書刻並工者」，其結果是清代的藏書家或鑒賞
家把這類刻本誤以為是元代版刻或者更早，鄴架珍藏。〔註63〕對於以收藏和
鑒賞為第一要務的版本家而言，或許這並非「好事」，因為它不具備「稀奇古
怪」的善本性質，甚至還為版本的鑒定帶來了無窮的麻煩。但對於普通讀者
來說，卻是一件幸事。

五、年徂無聞：斯譜其無窮乎

　　如今，我們要想瞭解陽明的歷史世界，只能通過陽明年譜之類的著作，
可以說正是這些版本繁多的著作構成了我們理解歷史的最佳入口，從此進入，
既能有知識上的收穫，也會得到智識上的考驗。

　　陽明年譜在明清的諸多年譜中具有標杆的意義。文獻學家鄭鶴聲（1901
～1989）曾說：「年譜之作，蓋始於宋元豐間呂大防撰之《韓文》及《杜詩年
譜》。元明以還，其數漸增。然大抵出於後學者之手，不若出於自撰，或親故
者之精審也。自撰年譜，以清初孫奇逢為首創。出於親故者，莫善於《王陽明
年譜》。王譜材料，由其門生分年搜集，經錢德洪加以編纂，最為精審。至於
材料之運用，或僅採學術，或兼顧時事，要視譜主本身之行狀而異，不可以
一格論。」（盧前《霜崖先生年譜》，民國《南北詞簡譜》本）也就是說，陽明
年譜無論在撰寫者的水平，材料的完備程度和書寫的精細度等各方面都是足

〔註60〕〔明〕胡應麟：《少室山房筆叢甲部・經籍會通》，第44頁。
〔註61〕〔清〕葉德輝：《書林清話》，北京：華文書局，2012年，第180頁。
〔註62〕〔清〕葉德輝：《書林清話》，第179頁。
〔註63〕〔清〕葉德輝：《書林清話》，第185～186頁。

可稱道的，也是學者們所認可的可做作為範本的著作。之所以如此，自然與陽明學人的努力有著之間的關係。

　　試想，如果沒有陽明學人不斷地尋求贊助人刊行其學派的著述，沒有海內外的大量留存的陽明學文本，僅僅有幾種所謂的珍本、善本，它絕無可能成為世人皆知的常識，更沒有可能造成長久且深遠的歷史影響。〔註64〕陽明學研究者張藝曦說，陽明學著作的刊行，打開了其學術傳播的範圍，破除了因人因地的限制，〔註65〕由此，陽明學人用學術著作的編纂、刊行和閱讀、傳播構成了一個陽明學的學術思想的書籍循環：

　　　　學術傳播→書籍閱讀→書籍流傳→再版改編→學術傳播

　　在這個循環中，是沒有書籍製造人的故事的。所謂的書籍製造人，不僅僅是書籍的作者、編者，還包括贊助者，闡釋者和傳播者。這是這些人共同構成了書籍的循環。比如，人人皆知《傳習錄》是陽明門人徐愛、薛侃、陸澄、陳九川等人蒐集整理的，但要是沒有錢德洪的編集，是沒有南大吉、丘時庸、王應昌等上至總督巡撫，下至縣令教諭等地方官員的贊助支持，其書不可能在數百年間反覆刊行，讀者也就不可能最便利的獲取陽明學的文本，也就無法通過書籍來感受陽明學的精神世界了。而且，從贊助人的角度來看陽明學的傳播，我們還能得到另外一個與陽明學研究的常識不太一樣的認識。

　　傳統的觀點認為，宋明以降的學者不管是心學，還是理學，從北宋諸子，直到明末清初諸儒，他們堅持的理想是不變的，即錢穆所謂的「夫不為相則為師，得君行道，以天下為己任，此宋明學者幟志也。」但是清代學者就沒有辦法以此志為標榜了，因為「為之君者既不許其以天下治亂為己任，充實齋（章學誠）論學之所至，亦適至於遊幕教讀而止，烏足以上媲王介甫、程叔子之萬一耶。」〔註66〕上個世紀三十年代以來，錢穆的這一說法得到了廣泛

<hr>

〔註64〕張藝曦認為，一門學術流行有多重因素，學說的創造力，學術內容的吸引力、學術主張的樹立、講學活動的推廣和書籍的刊行等等皆不可少。在某種意義上來說，關鍵書籍的刊刻流傳是學術傳播的重要助力。事實上，不少學術領袖和中下層士人，讀詩通過書籍來接觸、瞭解和接受陽明學的，可以說這就是一個閱讀改變世界的最佳例證。（張藝曦：《明中晚期古本大學與傳習錄的流傳極影響》，漢學研究，2006年，第24卷第1期，第235～268頁；張藝曦：《陽明學的鄉里實踐》，北京：北京師範大學出版社，2013年，第294頁。）

〔註65〕張藝曦：《陽明學的鄉里實踐》，北京：北京師範大學出版社，2013年，第294頁。

〔註66〕錢穆：《中國近三百年學術史（一）》，北京：九州出版社，2011年，第2頁。

的認同，不過其弟子對此並不完全擁護，他們也紛紛提出了新的說法。例如余英時在本世紀初曾於討論宋明理學時，提出清代考據學發端於晚明的洞見，並揭櫫朱子學是「得君行道」哲學，而陽明學則是「覺民行道」的哲學，這在一定意義上是將乃師的研究做了進一步的闡發。但其中的價值判斷轉移是不言自明的。自此以後，很多學者都認同陽明學之所以造成晚明以來的影響，其根源在於陽明學人將主要的精力放在了爭取基層民眾和士大夫的支持之上。余英時認為，「王陽明在明代理學史上的劃時代貢獻，便在於他用『覺民』取代了『得君』，示學者另一條行道的途徑，因而使『三代之治』再度成為一種令人嚮往的理想。」〔註67〕他認為陽明後學中最重要的人物也當然是那些在基層發動人群信仰的人物，比如泰州學派。

余氏論述的矛盾地方在於，他認為陽明及其弟子希望建立一種理想的社會秩序，這種秩序一定是要和現實的社會全然不同的，現實的政治秩序中的各色人物和種種制度設計也讓這一理想事實上沒有達成的可能，為了實現這樣的理想，只有發動群眾，通過個體意識的覺醒，最終才有希望來一個徹底的改變。但是，只要我們細緻考察陽明及其門弟子的行事、著述，我們就會發現他們的理想決不是要革命式的終結舊世界，更不是要通過個性解放實現私的激蕩擴充，從而實現道的天下大化，恰恰相反，陽明學首先是一種政治哲學，他們首先要解決的問題不是理想問題，而是生命的安頓，學術的明悟，以及社會秩序的重整和調適。所以，他們要建立事功，要編集著述，要尋求贊助，要反覆講述、傳播良知之學。而且，最為關鍵的是，傳統的中國一直具有士大夫的精神，這種精神即便經過了無數次血與火的洗禮，仍舊存在著，這也就是為什麼良知之學能夠在數百年之後再次成為社會討論的焦點的一個緣由。

從陽明年譜而言，錢德洪等人完成年譜撰寫工作之後，做了幾個方面的工作。一方面是謀求贊助人刊行，一方面是將稿件的謄錄本交由羅洪先校訂。這中間經歷了我們今天難以想像的困難。錢德洪說：「去年歸自懷玉，黃滄溪讀《譜》草，與見吾、肖溪二公互相校正，亟謀梓行。未幾，滄溪物故，見吾罷去，刻將半矣。六卷已後，尚得證兄考訂。然前刻已定，不得盡如所擬。俟番刻，當以兄考訂本為正也。中間增採《文錄》《外集》《傳習續錄》數十條，

〔註67〕余英時：《余英時文集（第10卷）宋明理學與政治文化》，桂林：廣西師範大學出版社，年，第58頁。

弟前不及錄者，是有說，願兄詳之。」〔註68〕也就是說，錢德洪曾試圖尋求贊助人刊刻他本人編集的《年譜》，但是因為贊助人的去世和轉任，並未完成，只能停工。在此期間，羅洪先完成了《年譜》的刪訂工作，錢德洪自然是非常樂見其成的。但他覺得還有些地方需要繼續增刪，如此才能得到一個比較完善的本子。

據現有資料，可以確認的是，嘉靖四十二年，錢德洪校定年譜的成稿完成，胡松的序文也寫就。錢氏將年譜稿本連同胡松的序文抄錄了好幾份副本，分送陽明學人和贊助人，包括王畿、羅洪先和胡松等。贊助人胡松將刊刻事委託給贛州主官毛汝麒。胡松當是通過政府的公文形式發出指令給毛汝麒的。毛氏在得到任務指令後，隨即展開工作，包括組織校勘學者，招募寫刻工匠，準備刊刻所需梨木板材，提供刊書場地，預備刊書日常用度等等。這項工作進展比較順利，毛氏還專門從江西省城聘請了寫工鄧班將書稿謄寫成用於雕版的稿件。徐昇等一眾刊書工匠也很快進入工作狀態。然而，在毛氏沒有預料到其後因胡松的升遷讓此書的刊刻出現了較為棘手的問題。

如果按照胡松的序，他是在嘉靖四十二年五六月間得到書稿，並且按當時的贊助人通例寫了序言。但是在毛氏尚未完工時，胡松就調離現職了，他沒有太多的時間就地等待工作的交接。按照明代官刻本的慣例，該書的完成尚需一位新的贊助人，當然最好是胡松的繼任者。但是，陽明的門人弟子們對於刊行該年譜很迫切，錢德洪曾說：「先師千百年精神，同門逡巡數十年，且日凋落，不肖學非夙悟，安敢輒承。非兄極力主裁，慨然舉筆，許與同事，不敢完也。又非柏泉公極力主裁，名山勝地，深居廩食，不能完也。豈先師精神，前此久未就者，時有所待耶？」〔註69〕由此可見，當年胡松作為年譜的贊助人，為陽明學人提供了相當大的幫助。不管是為了完成師門事業，還是要完成贊助人的意圖，都有必要繼續推進。其中羅洪先立即行動，在這一年的八九月間找到了陸穩（1517～1581）作為贊助人。陸穩的地位合適，而且他本人也很樂意做這個事情，所以他很快寫了一篇序跋。陸氏的跋文題寫的時間是嘉靖四十二年九月。

這就是說，胡松升遷之後，陽明門人弟子為了確保該書的刊行完成，立即採取了補救措施，以確保年譜的順利完成，畢竟這是當時陽明學人的頭等

〔註68〕〔明〕王守仁：《王陽明集》，第 1167 頁。
〔註69〕〔明〕王守仁：《王陽明集》，第 1165 頁。

大事。但是，他們萬萬沒有想到的是，前一贊助人胡松對年譜刊刻事宜非常上心，他與周相完成常規工作交接後，還把刊書事做了交接。因此，周相也成了年譜的贊助人了。

這樣一來，這部書出現了三位贊助人，分別是前任胡松、現任周相和陸穩。這中間如何進行工作的安排，可能令具體操辦人毛汝麒相當難辦。極有可能毛汝麒報送的時間是比較晚，這從周相的序文題寫時間就能看出來。其序落款時間為嘉靖四十三年首夏九日，即該年四月。也就是說，從前一年九月到次年四月，毛氏有了足夠的時間完成刊刻、刷印和裝訂等各項工作。或許，當該書全部書版雕鑴完成之後，他們才將此事報告周相，並且請他做贊助人。其實，周相已經得到了前任的委託。這就令周相相當惱火。陽明門人弟子沒有第一時間請他當這個贊助人，而是找了另外一人。這就是為什麼周相會在他的贊助序言中抱怨說，他沒有在年譜中看到陽明給他的一通書信的原因所在。

按常理，贊助人應該審閱手稿之後才開始刊刻。由於年譜的前任贊助人胡松是升遷前布置的任務，而且陽明門人又做了一些工作，等於是繞開了應該是事實上的第一贊助人的周相。這樣，周相做了一次與當時的書籍刊刻第一贊助人身份略有不同的事情。當然，他贊助的這一刊本留下了很多比較有趣的故事，為後來人考訂陽明生平事蹟和學術思想提供了不少史料。這一刊本曾在一定範圍內傳播，所以現存的毛氏刊本有國家圖書館、天一閣博物館和浙江圖書館等多家藏本。

但是，毛汝麒的這一刊本完成後沒有得到皆大歡喜的結局。周相的不滿已經在序文中有所表達了。錢德洪等陽明門人弟子的反應如何呢？

羅洪先自然不能不滿意。因為他請出陸穩做贊助人，讓年譜得以變成刊本。他說：「得吳堯山公書，知《年譜》已刻成。承陸北川公（陸穩）分惠，可以達鄙意矣。綿竹共四十部。此外寄奉龍溪兄（王畿）十部。伏惟鑒入。……弟去歲至今，皆在病中，無能復舊。然為學之意，日夕懇懇，始知垂老惟有此事緊要。」〔註70〕胡松離任後，羅洪先請託陸穩為第一贊助人。在陸穩的協助下，這部書總算是刻成了。對此，羅洪先是比較欣慰的。他告訴錢德洪，他本人在校訂完成年譜之後生病一場，感覺身體大不如前。能見到年譜的刊定，自然是相當高興。另外，或許他自己出資從毛氏那裡領取了五十部綿竹紙的成品，其中十部贈予王畿，另外一部分給錢德洪。

〔註70〕〔明〕王守仁：《王陽明集》，第 1159 頁。

六、違跡未屏：天真書院之謎

作為陽明著述的最主要的編集者，錢德洪的看法最值得我們注意。從現有的資料來看，他的態度是頗為弔詭的。一方面，他的確是請羅洪先對年譜進行校訂，或許也允諾可以讓他盡情刪訂；一方面，他作為陽明的忠實門徒，既然已經終身以傳揚陽明學為己任，對於毛氏刊行的年譜中出現的某些話語，或許他是很不滿意的。比如說國圖本正德十四年六月記錄朱宸濠造反有「孝宗為李廣所誤，抱養民間子。我祖宗不血食者，十四年於茲矣」〔註71〕、「是時武宗初生，李廣用事，外間不察，妄為飛語」〔註72〕之類的話。陽明學人在嘉靖時期的處境艱難，正在積極爭取士大夫官僚的支持，這類政治不正確的話語出現在年譜之中，是甚無謂的。諸如此類的在國圖本中尚有不少。陽明年譜旨在闡揚師說，彰示陽明事功，不宜有此，錢德洪當然不可能滿意。所以我們看到，文庫本和全書本皆沒有這些無謂的話語。

這裡所謂的「飛語」就是民間傳聞，即所謂謠言滿天飛。在陽明的年譜中出現這種話語，更加可以確認這應該不是錢德洪的手筆。所謂「飛語」云云往往是一種託辭，定會遭到學者質疑，以敬慎出名的錢德洪，或不至於做此等文章。當然，在明代中晚期以「飛語」來寫作的不僅此例。很多人撰寫年譜、行狀之類的文字時往往有之。如王世貞記載說：「盛榮簡端明墓表，歐陽文莊撰，出故人吳明卿手，甚雅健有法，且不為浮譽，第少有牴牾。……云『召拜春坊庶子，兼翰林侍讀，充經筵講官。己丑，公復坐飛語，調南符卿。』按公以經筵疾咳，失儀見糾，上不悅，改補南尚寶。今云中飛語，則似以人言調，非因公誤也。」〔註73〕（《弇山堂別集》卷三十）顯然，飛語是當世傳聞，多為諱語，既非可靠消息，也非實際發生，在年譜中用這類的民間傳聞，是不符合陽明年譜編者的傳播陽明學問事功的意圖。

因此，我們可以認定國圖本或者自於羅洪先之手，或者出於校勘該本的毛汝麒等人之手。這些文字不會是錢德洪的手筆，所以當錢德洪見到由周相作為第一贊助人的年譜時，並不是很滿意。甚至於對於年譜當如何才能成為一部闡揚師說的著作，他和陽明其他門人之間的意見也並不能統一。故而我

〔註71〕北京圖書館：《北京圖書館藏珍本年譜叢刊》第 42 冊，北京圖書館出版社，1999 年，第 605 頁。
〔註72〕北京圖書館：《北京圖書館藏珍本年譜叢刊》第 42 冊，第 607 頁。
〔註73〕〔明〕王世貞：《弇山堂別集》，北京：中華書局，1985 年，第 538～539 頁。

們看到謝廷傑所主持的《全書》本《年譜》中對於其他部分都標明了著作者，而《年譜》部分卻根本沒有署名，其原因或許就在於年譜的編纂、修訂和刊刻經歷了很多難以為外人所知的故事。﹝註74﹞當然，《全書》本的《年譜附錄》部分也為後人的考察提供了線索。其一，《年譜附錄》只收錄了錢德洪和鄒守益、羅洪先的《論年譜書》。鄒守益是年譜的第一任總裁官，錢德洪是第二任總裁，羅洪先則是成稿後的刪訂者，他們對於年譜的貢獻也是最大的。其二，《年譜附錄》收錄了錢德洪、羅洪先、王畿、胡松、王宗沐等人的序跋，沒有周相和陸穩的序跋。也就是說，錢德洪等人對這一刊本是相當不滿意的。

當然，錢德洪也並沒有因為前一刊本的出現而放棄了他的努力，實際上他很快就尋求了新的贊助者，並且成功的將書版放在了陽明學大本營天真書院，這一重新製造的刊本曾在陽明學人群體中流傳，並且其中有些進入了市場流通，最終有一部東渡日本，保存至今，成了我們瞭解這一段歷史的唯一見證。

據《﹝嘉慶﹞大清一統志》卷二百八十四載，晚明時期，陽明後學因活動需要，曾在浙江杭州錢塘縣正陽門外的玉龍山設立過一個集會據點。傳說這裡原本是南齊的天真禪院舊址，所以他們將新建的這個地方命名為天真精舍，也就是天真書院。萬曆年間，因為禁燬書院的緣故，這個書院也被迫改名，在當地巡撫主官的奉請之下，得到了皇帝批准，並賜名為勳賢祠，這個名稱也就一直保留下來，整個清代都存在。

按理說，天真書院作為陽明學人的大本營，在此刻書並不需要其他的贊助人，也就沒有必要保留胡松的跋文了，但是現在看到的這一刊本有胡松的序，同時還有錢德洪的序。這說明，此一刊本是錢德洪為了對此前刊本的採取的補救措施。而且該刊本除了胡松和錢氏的兩篇序文之外，沒有其他人的

﹝註74﹞即《編校文錄及匯刻全書姓氏》。（﹝明﹞王守仁：《王陽明集》，第 13 頁）按理說，《全書》的主體部分是《文錄》和《年譜》，但僅有編輯和校閱《文錄》者名單，沒有《年譜》編纂、校閱人名單，抑或後者的情況過於複雜的緣故，以至於《全書》編纂者認為不列為佳？這是萬曆間謝廷傑重刻《全書》時所作，而隆慶六年初刊《全書》時，各卷皆有編次者、葺錄者、校正者、增葺者和考訂者姓氏。其中《年譜一》注明：錢德洪編次、王畿補葺、羅洪先考訂、胡松校閱、呂光洵增訂，《年譜二》同，《年譜三》增訂者為呂光新，《年譜四》增訂者為沈啟源，《年譜附錄》為沈啟源錄。見〔明〕王守仁：《王文成公全書：郭朝賓本》，揚州：廣陵書社，2020 年。謝廷傑重刊《全書》時將這些信息悉數去掉，何以如此則不得而知。

序跋文字，這在錢德洪等人刊刻的著述中也是相當少見的。當然，我們並不知曉傳承至今的文庫本，是否就是當年天真書院藏板的原貌，是否還有其他的序跋發生了丟失等等，故而對其刊刻的相關情形不能做過多的推論。

值得注意的是，文庫本中「天真書院版」，未必就意味著是天真書院刻，它只能說明這部書的書版在天真書院。由於《年譜》中沒有相關的信息，我們無法考察其中刊刻詳情，但我們從另一所謂天真書院刻本《陽明先生文錄》中，多少能看出一些端倪來。學界多以為《陽明先生文錄》有嘉靖三十六年（1557）的天真書院刻本，並且認為這是錢德洪、王畿和胡宗憲（1512～1565）的一個刊本。〔註75〕這樣說是將陽明著作的編撰者和贊助者混同的結果，而且也沒有注意到古代刻書的一些細節問題。事實上，贊助人胡宗憲在他的序文中已經說得非常清楚了。他說：

> 緒山錢子復詮次成編，名曰《陽明先生文錄》。首刻於姑蘇。今閩、越、河東、關中皆有刻本，亦足以征良知之達諸天下矣。天真書院為先生（王陽明）崇祀之所，四方士來遊於此，求觀先生之文者，每病其難得。錢子偕龍溪王子謀於予曰：「古人有倚馬論道者，兵事雖倥傯，亦不可無此意。願以姑蘇本再加校訂，梓藏於天真，以惠後學，何如？」予曰：「諾」。遂捐俸金若干兩，命同知唐堯臣董其事，以九月某日刻成。錢子謂予：「宜有言。」予素不文，然慕先生之道久矣，何敢以不文辭。〔註76〕（胡宗憲《重刊陽明先生文錄敘》）

據胡序可知，錢德洪、王畿請求時任都察院左僉都御史、直浙總督的胡宗憲充當《陽明先生文錄》的贊助人。極有可能當時杭州還沒有陽明文錄的刻板，所以他們提出的這個請求也是比較合理的。在蘇州、福建，甚至連關東都有了陽明的文錄，而陽明曾經主政過的杭州地區卻沒有刻本；錢德洪還說，他們這個新的本子還會在蘇州版的基礎上進一步修訂，並不是純粹的翻板，於是胡宗憲就同意了。按照贊助人制度，他點頭之後，需要下級官員負責。胡氏令時任杭州府同知唐堯臣負責此事。錢德洪按照當時贊助人制度的慣例請「有言」。後來，胡松的序言也同樣如此。杭州府的同知是當地政府的二把手，他來負責刊刻事宜，按理不會把這部書放在天真書院來進行刊刻，但按照錢

〔註75〕束景南：《王陽明年譜長編》，上海：上海古籍出版社，2017 年，第 1644 頁。
〔註76〕〔明〕王陽明：《王陽明全集（新編本）》，第 2108～2109 頁。

德洪與贊助人胡宗憲的約定，刻書完成之後，書版放在天真書院，可以為四方來學之士提供刷印服務。既然是版片放在天真書院，書院人士在版片上加雕「天真書院版」五個字也是合理的。

綜上，通過我們考察，可以確認文庫本的刊定時間晚於國圖本。由此我們還能進一步去理解明代的書籍刊行的某些制度，比如贊助人制度；和某些與學術傳播相關的故事，比如後世學者，包括未見到文庫本之前的筆者本人，都試圖從國圖本中推論陽明的學術思想以及陽明門人弟子的思想世界，應該說與歷史的真相是存在著一定距離的。當然，如果我們沒有見到文庫本的話，我們無論如何是沒有辦法去想像這中間的複雜故事。這樣，學者認為全書本的年譜從文庫本而來的設想，雖然從文本內容而言並不準確，但是從當時的年譜製造過程來說，卻是相當準確的。

我們知道，版本學的一項任務在於書籍相關信息的披露。如果能通過我們的調查，揭示某一書籍的不同版本情況，並且提供某種比較可靠的信息，對於學術研究而言，自有其價值。但是，如果信息是不準確的話，故事就可能完全成了另外一個樣子了。陽明年譜的信息即是其中一例。

兩種嘉靖末年刊刻的《陽明先生年譜》，雖然都是陽明門人所作，經過了錢德洪、羅洪先和王畿等人之手，但刊行的機構性質的截然不同。文庫本是杭州天真書院以藏板來刷印的，而國圖本是贛州府刊行。天真書院此時還屬於陽明學人的私組織，他們把所藏書版進行刷印，用於市場流通的可能性很大。後者則明確屬於官刻本，因為它的所有經費都來自地方政府部門，刊書的全部事宜皆有府縣主官負責組織協調。雖然我們沒有看到陽明年譜中記錄官方如何資助該本刊行，但從該書的贊助人之一巡撫胡松所支持的另一刻本能窺見晚明時期地方官刻本的一般情形。

王應電的《周禮傳》一書完成於嘉靖三十七年（1558），由於沒有經費，大概以抄本傳於學者之間。他的這部書得到了吉安府兩任主官的支持。先有何遷，認為該書有價值，值得刊行，就讓吉安府下屬永豐縣辦理。不過，刊刻工作尚未完成（抑或僅有刊行意圖，而尚未正式啟動），何遷就轉任升遷了。這件事情就按下了暫停鍵。一年後，新任主官胡松熱衷此事，王氏著述得以由手稿變成刻本。當時，永豐縣知縣為吳鳳瑞，專為刊刻此書發了文書，並將它放在了該書的後面，即《永豐縣奉都察院行文》，該文稱：

前院業已處有工價銀近五十金，稍助米糧、板木，即可成書。為
此牌，仰本縣官吏照牌事理。即便於本儒處查取前書及工價。該縣再
行湊助食米、梨板等項，將前《周禮傳》一書，顧覓工匠，校正刊行。
完日仍刷拾數部送院，並具處過米石、板片緣由，一併繳報。〔註77〕

從這一公文可知，當時府縣刻書，首先需主官同意批准後方可實施，其
中府院以現金的形式資助，並且需要最後的成果，即十數本刷印裝訂好的成
書。其次是縣政府有關部分出配套資金，不夠的部分需要當地政府自籌經費，
他們需要完成的事項包括但不限於：文稿的校訂、刻工的招募、食宿的安排
以及項目進度的管理等。或許由於時間緊的緣故，在經費允許的情況下，《周
禮傳》全書含附錄不到十卷裝訂成書為十冊，延請的刻工將近四十人，而《陽
明先生年譜》三卷三冊的刻工則只有五人左右。所有刻工必須具名，也是為
了經費結算的便利。第三，府縣刻書採取的是縣令負責制，他們擁有在書本
之後的署名權，即專寫一後序，即作為他們工作成績的一種，也可以作為考
核的一個依據。第四，州府的主官是地方官刻本得以成為可能的關鍵，因此
他們的序跋多在書前位置。他們會將各縣呈送的書籍作為禮物饋贈其上級和
同僚。而且，地方政府官僚在全國範圍內升遷流動，各地學者的書籍也會經
由他們之手傳播到他們所經行之地。如果某些人覺得有必要擴大讀者群體，
他們又會在其主政之地重新刊行，在一般情況下會直接用他們的藏本作為底
本付梓。

如此一來，增加了某一書籍讀者數量，擴大了作品的影響，同時也增加
了後世考訂家們的判斷難度。這種原樣覆刻的本子，很難斷定其刊行時間和
地點，除非有較為明確的說明，或者刊刻風格出現了較大的變化。事實上，
明代人刻書覆刻技術已經相當成熟，雕版印刷的技藝達到了一個新的高度。
特別是從明中期以來，創造性的製造出仿宋體的雕版字體，對刻工技藝的要
求降低，覆刻也就更加容易了。這樣一來，書籍越來越缺乏鑒賞家所期待的
趣味，也就有了「嘉靖以前，風尚近古，時有佳本；萬曆以後，風氣漸變，流
弊極於晚季」〔註78〕之類的說法流行於版本鑒賞群中。時至今日，它還是我
們判定善本佳刻的一個先見。

〔註77〕李開升：《明嘉靖本研究》，上海：中西書局，2019年，第285頁。
〔註78〕鄭鶴聲、鄭鶴春：《中國文獻學概要》，上海：上海古籍出版社，2001年，第
　　　　174頁。

有意思的是該嘉靖本《周禮傳》與國圖本《陽明先生年譜》的開本大小幾乎一致。前者書高 30.0 釐米，寬 17.0 釐米，版框高 19.9 釐米，寬 13.8 釐米。後者與前者只有毫釐的差異。或許這一時期的書籍，一般都是此種大小。不止如此，兩本都注明了刻工，其中「月」「昌」「禾」等三名刻工同見於二書。〔註 79〕若僅一人互見，或可認為是偶合，三人互見或許說明當時有一批江西刻工在各府縣流動工作，他們中的某些人承攬了政府的業務，然後召集大家集體開工。由於刊刻一部書往往需要耗時數月之久，所以比較緊急的時候，也會從其他府縣趕來幫工。抑或者當時刊書的地點並不在各縣城，而是府城，如此一來刻工就只需要在各府城之間流動即可。

天真書院版又是何種情形呢？天真書院最開始作為陽明學人的聚集地，後來改成祭祀陽明之地。再後來，它改成了不專祭祀陽明的勳賢祠。當然，不管是晚明以後延續了數百年的勳賢祠，還是曾經聚徒講學的天真書院，都在歷史的洪流之中消失了。作為實物的那些建築，作為故事的那些講說，大多不可考證。但正如很多歷史故事一樣，總有一些意外，天真書院曾經或者刊刻過不少學者用書，抑或者保存了不少他處刊刻書籍的版片，以方便前來學習的陽明學人。據《西湖遊覽志餘》載，天真書院除了祠堂之外，還有「文明閣、藏書室、傳注樓」等。〔註 80〕也就是說，這一書院具有典型的傳統書院運作模式，保存書籍，包括保存書版，是其中一項不可或缺的職能。

七、山泉無適：書皮之學釋義

版本學作為一門學科，是近代才形成的。它是以書籍的不同版本樣式為研究對象，在實踐操作層面強調科學調查和文獻搜集，在學術貢獻層面尚追求價值判定和信息共享，在人員組成上多以圖書館和高校及科研院所文獻研究者為主體。有學者甚至以為，所謂的版本學是只管「版本」（即確認某種書

〔註 79〕國圖本《陽明先生年譜》刻工有：徐昇、劉鳳、肖韶、徐三、李蔡、湛、言、月、昌、禾、八、召等。見《王陽明著述提要》，第 112 頁。《周禮傳》刻工有：十泗、存、忠、三、時、守、宣、定、溪、余、肖真、羅光、高、東、宮、奇、坎、完、君、宗、月、文、正、徐述、法、名、用、康、恁、昌、羅忠、劉禾、辰、春、允、宋泰、羅煉等。（李開升：《明嘉靖本研究》，第 286 頁）徐昇還參與過嘉靖間四明范氏刊《范氏二十種奇書》和范氏《司馬溫公稽古錄》的刊刻。（李國慶《明代刊工姓名全錄上》，第 693 頁）劉鳳參加過嘉靖間修補元與文署刊本《資治通鑒》的刊刻。（同上，第 346 頁）

〔註 80〕李榕：《〔民國〕杭州府志》卷十一，民國丙寅（1926）年刻本。

是某時某地某人寫、刊、刻、印）而不管其內容的，版本叫做調查，內容叫做整理；版本叫做鑒賞，內容叫做研究；調查為整理服務，鑒賞為研究之餘。比如黃永年等老一輩學者就堅持這樣的觀點。〔註81〕如此，版本學就是通過某些特徵來確認版本，然後在此基礎上對其進行鑒賞，也就成為某種雅好之學，並限於特定的人群。大多數人看書並不關心版本的形式問題（行款、字數、板框、裝幀、刻工等，最多還包括序跋、藏印等），所以這些被研究者所棄之不顧的東西才是版本學所要觀察、關心和著錄的。這種版本學的思考樣式，是清代以來的通識。版本鑒定和書籍目錄也就成了版本學的最主要內容。至於如何做此種版本學，謝國楨在為王重民《中國善本書提要》所作序中有較為詳細的說明：

> 研究版本目錄之學，所以要明瞭書籍的頁數、行款、尺度的大小、刻書人的姓名、裝訂的形式，為的是給後人留下原書的本來面貌。在還沒有攝影術的時代，書籍本貌的留存只有靠影鈔或模刻，古人叫做留真。留真這兩個字，見於《前漢書·景十三王傳》，其由來已久，清末楊守敬所鐫刻的書影，叫做《留真譜》，其來是有自的。有三兄（王重民）所撰的提要，對於每書的行款，每頁每行的字數，以及刊刻書籍的逸事，記載的極為詳細。這種做法，不要看它是一椿細事；有人甚至諷刺為「書皮之學」，這是不對的。故友趙萬里先生嘗對我說：顧廣圻批、黃丕烈校、鮑廷博鈔的書籍和他們所著的題識之所以可貴，因為書籍既經他們考定版本的年代，評定真偽，和當時獲得此書的情況，則此書的源流全都表現出來，給後人讀書或校刻書籍以不少的便利。有三兄不但能繪畫出書籍的本來面貌，而且能提要鉤玄，詳述書中的內容，不是浮皮潦草而是踏踏實實地做工作，這是極為可貴的。〔註82〕（《中國善本書提要·謝序》，第10頁）

謝國楨本人對於版本目錄的做法，也有兩點認識。第一，記錄書籍體制的內容，主要是篇目的次序問題；第二，書籍刊刻的形式，比如行款、書口、扉頁、魚尾、書牌等。將大量書籍的體制和形式進行綜合整理，就成了版本目錄。〔註83〕此種目錄，收書範圍是限定的，收書的標準也是因人而異的。

〔註81〕黃永年：《古籍版本學》，南京：江蘇古籍出版社，2009年，第8頁。
〔註82〕王重民：《中國善本書提要》，上海：上海古籍出版社，1983年，第10頁。
〔註83〕謝國楨：《謝國楨全集》第2冊，北京：北京出版社，2013年，第646～647頁。

比如謝國楨曾著《晚明史籍考》，其中有年譜一類，限於該書收書體例，就沒有收錄晚明時期學者為陽明所作的任何一種年譜。

最值得我們注意的是，謝國楨轉述趙萬里關於版本學價值的說法，提出了「版本學要對書籍的源流予以表現」這一當代版本學任務的主張。這已經溢出了傳統目錄之學的範圍，成了一種新的版本學，不僅僅是書皮，還保留了更加深層的思考。換句話說，當代的版本學家對於版本學的認識不僅要把前人關於書籍的有關信息予以揭示，更重要的是能夠通過細緻的考察去表現書籍的源流變化，因為透過這種源流變化的過程，能夠讓我們注意到古籍所蘊涵的古代歷史文化的價值，甚至能夠從中得到某些於淺見途說不同的理解，如此一來書皮之學也就有了它的學術意義了。

談論版本的前提是作為知識載體的書籍以諸樣式的存在。作為調查和鑒賞的版本學是知識，是書皮之學；作為一種關於書籍知識的智慧則起源甚早。鑒於一切版本的知識都是以版本的存在為其先決條件，早期的版本學家主要關注的並不是版本是否以及為何存在、是否以及為何應當存在。所以，書籍存在的諸樣式作為一個既成事實，是他們討論的起點。也即，他們並不關心版本的概念本身，而是要處理諸樣式之間的差異問題，以及某一具體樣式內部的問題。如果質疑某種版本樣式存在的，或者是否有必要，通常意味著他們對某種知識有了判斷，也就不再需要某一特定的存在了。換言之，版本的諸樣式所承載的知識是問題的關鍵，其他的問題並不成為古典版本學家關心的課題，甚至他們根本不會意識到它還會成為一個問題。所以，我們可以認為，古典版本學的第一要務在於知識本身，而非樣式。它所關注的自然是某一樣式所呈現的內部文字和故事等是否足以傳遞某種價值或知識，從根本上來說，也是因為價值和知識的追求，導致了版本的多樣性的問題，而不是相反。如此，我們進入一個書籍的某一個版本樣式，也就意味著我們要從它內部開始進行理解。事實上，對於非藏書家的普通讀者來說，任何一個版本在其知識的價值意義上來說是等值的，造成其價值的高下的原因是其內容本身。當然，從清代以來，這種古典的版本學被另外一種價值追求所掩蓋，版本學也就成了所謂的門徑或者鑰匙，人們也不再關心以某種版本樣式存在的知識的關鍵意義了。

對陽明研究者來說，但凡一個陽明學著述的版本，無論是確定無疑的，還是疑信參半的，都是我們蒐集遺聞，找尋思想線索的重要依據。輯佚的工

作在陽明學研究中已經開展了數十年，不管是《遺言錄》《稽山承語》《傳習錄欄外書》，還是國圖本《陽明先生年譜》，其中的陽明話語都被先後整理出來，附錄到了《王陽明全集》之後，為陽明學研究增添了不少新的資料。而文庫本《年譜》長期以來沒有被學者細緻比勘，因此其中有大量資料屬於佚文性質，若能系統加以整理，當為今後研究提供不少第一手的史料。我們且以有疑似錢德洪題簽的卷四為例，略作說明：

文庫本卷四起正德十五年八月諮部院伸冀元亨冤狀，迄嘉靖二年十一月都御史林俊會先生於蕭山。全卷共 24 個雕版頁面，約八千餘字。其中標目有正德十六年的「是年先生始揭致良知之教」，本年五月的「是月與嶺南同志書」，六月的「按乞便道歸省書」「與陸澄論養生之說」，今皇帝嘉靖元年七月的「按門人陸澄辯忠讒以定國是疏」，嘉靖二年的「二月南宮策士」等六處。國圖本有「是年先生始言致良知」「歸興」「別謙之」等三處，全書本僅保留「是年先生始揭致良知之教」一處。

這一時期是陽明正式提出致良知主張的時期。這一時間段，國圖本在上中下三卷之卷中部分，全書本排在卷三十三和卷三十四（改卷自嘉靖元年起）。

正德十六年第一條標目「是年先生始揭致良知之教」。全書本同，國圖本題為「是年先生始言致良知」。文庫本全文為：

> 十六年辛巳，先生五十歲。正月，居南昌。<u>是年先生始揭致良知之教。</u>先生聞前月十日武宗駕入宮消息，比舊頗佳，始舒憂念。自經宸濠、忠泰之變，益信良知真足以忘患難、由生死，<u>斡旋化機，整齊民物</u>，所謂考三王、建天地，質鬼神、俟後聖，無弗同也。乃遺書守益曰：「近來信得致良知三字，真聖門正法眼藏。往年尚疑<u>良知，恐有未盡</u>。今自多事以來，只此良知，無不具足。譬之操舟得舵，平瀾淺瀨，無不如意，雖遇顛風逆浪，舵柄在手，可免沒溺之患矣。」一日，<u>門人在侍</u>。先生喟然發歎。九川問曰：「先生何歎也？」曰：「此理簡易明白若此，乃一經沉埋，數百年<u>來不得露頭面，是何說也</u>。」九川曰：「亦為宋儒從知解上入認，識神為性體，故聞見日益，障道日深耳。今先生拈出良知二字，此古今人人真面目，更復奚疑。」先生曰：「然。譬之人有冒別姓墳墓為祖墓者，<u>鄰佑少年見其經管既久</u>，俱不為非，雖有知者，有先受賂，鳴之於官，何以為辯？只得開壙驗其誌石。<u>然誌石有為前人改過，又何以辯？幸有骸</u>

骨，將子孫滴血，真偽無可逃矣。我此良知二字，實千古聖聖相傳一點滴骨血。」

全書本的同一處的文字為：

十有六年辛巳，先生五十歲。在江西。

正月，居南昌。

是年先生始揭致良知之教。先生聞前月十日武宗駕入宮，始舒憂念。自經宸濠、忠泰之變，益信良知真足以忘患難、出生死，所謂考三王、建天地、質鬼神、俟後聖，無弗同者。乃遺書守益曰：「近來信得致良知三字，真聖門正法眼藏。往年尚疑未盡，今自多事以來，只此良知無不具足。譬之操舟得舵，平瀾淺瀨，無不如意，雖遇顛風逆浪，舵柄在手，可免沒溺之患矣。」一日，先生喟然發歎。九川問曰：「先生何歎也？」曰：「此理簡易明白若此，乃一經沈埋數百年。」九川曰：「亦為宋儒從知解上入，認識神為性體，故聞見日益，障道日深耳。今先生拈出良知二字，此古今人人真面目，更復奚疑。」先生曰：「然。譬之人有冒別姓墳墓為祖墓者，何以為辨？只得開壙，將子孫滴血，真偽無可逃矣。我此良知二字，實千古聖聖相傳一點滴骨血也。」○又曰：「某於此良知之說，從百死千難中得來，不得已與人一口說盡。只恐學者得之容易，把作一種光景玩弄，不實落用功，負此知耳。」先生自南都以來，凡示學者，皆令存天理去人慾以為本。有問所謂，則令自求之，未嘗指天理為何如也。間語友人曰：「近欲發揮此，只覺有一言發不出，津津然如含諸口，莫能相度。」久乃曰：「近覺得此學，更無有他，只是這些子，了此更無餘矣。」旁有健羨不已者，則又曰：「連這些子亦無放處。」今經變後，始有良知之說。

顯然，僅從這一條來說，全書本是對文庫本進行了刪改和增補而來的，刪 6 處，增 2 處。增加的這兩處，在國圖本的原文中均有。另，格式調整 1 處，即全書本不再區分大小字號，而是通過分段的方式來表示。值得注意的是，國圖本此一條的內容尚有陽明語錄 1 條及錢德洪按語 1 條，但正文部分與其他兩種差異較大，其第一段為：

先生自南都以來，凡棄學者皆令存天理去人慾以為本。有問所謂則令自求之，未嘗指天理為如何也。間語友人曰：「近欲發揮此

學，只覺有一言發不出，津津然如含諸口，莫能相度。」久乃曰：
「近覺得此學，更無有它，只是這些子了，此更無餘矣。」旁有健
羨不已者，則又曰：「連這些子亦無放處。」其後經宸濠、張許之難，
始有致良知之說。

國圖本的這一段中沒有文庫本「憂心明武宗」之說。如果我們以有此語
的版本來論證陽明思想變化，豈不是仍能要得君行道？顯然，當時的情況沒
有得君與覺民兩條路線的鬥爭問題。相反，對於陽明學人來說，重要的是爭
取一切可以爭取的力量來實現現實秩序的改善和世道人心的維繫。所以，我
們看到陽明學人對於年譜的編纂有著極為慎重的考量，不單單將其視為一部
普通的書，而是希望通過這部嚴謹的作品來激勵讀者去實踐良知之學。所以，
錢德洪說：「師歿後，吾黨之教日多歧矣。……刻《傳習續錄》於水西，實以
破傳者之疑，非好為多述，以聳學者之聽也。故《譜》中俱不採入。而兄今節
取而增述焉。然刪刻苦心，亦不敢不謂兄一論破也，願更詳之。」〔註84〕錢
德洪對羅洪先的刪訂年譜是有其保留意見的。這些地方在文庫本還有保留。
這也從一個側面說明文庫本要晚於國圖本。

至於全書本到底出自國圖本，還是文庫本，其實全書本中已經有編刊者
的答案。《全書》卷三十二至三十六為附錄一至五，即年譜一至三，年譜附錄
一至二，卷三十七至八為附錄六至七，即世德紀和世德紀附錄一。其中，《年
譜附錄二》前有編刊者的說明：

《增訂年譜》刻成，啟原檢舊譜，得為《序》者五，得《論年
譜》者二十。乃作而歎曰：《譜》之成也，非苟然哉。陽明夫子身明
其道於天下，緒山（錢德洪）、念庵（羅洪先）諸先生心闡斯道於後
世。上以承百世正學之宗，下以啟百世後聖之矩。讀是《譜》者，
可忽易哉。乃取敕書，匯而錄之，以附《譜》後。使後之志師學者，
知諸先生為道之心身，斯《譜》其無窮乎。〔註85〕

啟原是秀水沈啟原，是校閱《文錄》者之一。這裡，他稱陽明為師，應該
是陽明門人弟子。據明過庭訓《本朝分省人物考》記載，可知：

沈啟原（1525～1591），字道初，別號霓川，一號存石，秀水（今屬浙江
嘉興）人。嘉靖二十五年（1546）舉人，嘉靖三十八年（1559）進士，曾任南

〔註84〕〔明〕王守仁：《王陽明集》，第1167～1168頁。
〔註85〕〔明〕王守仁：《王陽明集》，第1147頁。

京工部郎中、四川參議、山東參議。沈氏「所篤好惟圖籍。上自金匱石室之藏，以至古今集，悉購無遺。或少缺略，借之儲書家，務繕寫完好乃已。平居不耐酬應，或譚經史，評法書，而闍人持刺以進，蓋未啟緘，眉為之攢矣。即當路諸公，多門生故吏，啟原絕跡不入城，不投謁。然當路推轂人才，必引以為重，啟原視之泊如也。」〔註86〕（過庭訓《本朝分省人物考》卷四十五，明天啟刻本）沈氏熱衷藏書，且學術水平不錯，並且他恰好是浙江杭州府左近的嘉興府人，曾有一段時間任職於南京。那麼，他究竟是在何時參與刊定所謂的《增訂年譜》呢？據過庭訓的記載，沈氏於嘉靖「癸亥（1563），轉本司郎中。尋調南儀制司。丙寅（1566）遷四川參議。己巳（1569），以內艱歸。服闋，補山東參議。其分道在濟南。」從此記錄而言，他參與全書本年譜的校勘事宜，可能的時間有二：其一是嘉靖四十二年（1563）到四十五年（1566）間，其二是隆慶三年（1569）之後的三年居喪期間。由於目前所知的全書本首刻於隆慶六年（1572）〔註87〕，所以我們可以推定沈啟原是在後一時間段應謝廷傑之請參與此事的。這一時期，他丁內艱在家，剛好有時間從事年譜的校勘事。

從前述贊助人的考察中，我們知道書籍編纂者對書籍的刊定未必就有指揮的權力，編纂者將書稿交給贊助人所指派的刊刻書籍負責人之後，他們的工作任務就暫告一個段落了。只有等到刻印完成，拿到了刷印的書籍之後，他們才會以讀者的身份再次與他們的著作相遇。

八、離人故境：譜其名世真才

陽明及其後學從正德年間開始登上歷史舞臺，造成了一個奇特的思想史奇觀，學者得出結論：「明儒之學，一陽明學而已。」〔註88〕他們的理由是，宋元的那些儒學家們，主要的學術關注點在於經典闡釋，很少以某一兩個口號為作為宗旨來作為講學號召的；而明代的儒者則基本上每個重要的學者都

〔註86〕〔明〕過庭訓：《本朝京省人物考》，影印明末刻本，《四庫禁燬書叢刊史部》第 61 冊，北京：北京出版社，2000 年，第 422 頁。

〔註87〕徐階《王文成公全書序》云：「隆慶壬申，侍御新建謝君奉命按浙，首修公祠，置田以供歲祀。已而，閱公文，見所謂《錄》若《集》，各自為書，懼夫四方正學者或弗克盡讀也，遂彙而壽諸梓，名曰《全書》。」（〔明〕王守仁：《王陽明集》，1 頁）

〔註88〕鄭鶴聲、鄭鶴春：《中國文獻學概要》，上海：上海古籍出版社，2001 年，第 87 頁。

有自己的標誌性口號，其中口號最為響亮，旗幟最為鮮明的當屬陽明，「陽明所標者為獨宏遠」，「蔚然為有明唯一大儒。」〔註89〕陽明及其門人的追隨者極多，晚明時期，陽明學人四處聚徒，設立書院，傳聞中「陽明書院之在宇內者，七十二，而浙中居其六。」（邵廷采《姚江書院記》）〔註90〕這些書院吸引了不少人來瞭解陽明其人其學，自然也就傳播了陽明的學術思想。這些書院中人，除了講學之外，也要讀書，陽明年譜當是其中一個重要的選項。問題是，我們並不清楚當年那些人讀的是何種版本的年譜，大約只能根據後世所見來建立一種歷史的想像。因所見之書本的限制，容易對書籍的傳承產生誤判，比如梁啟超曾於 1923 年時就陽明年譜說過這樣的話：

> 陽明先生，百世之師。去今未遠，而譜傳存世者，殊不足屬吾儕望。集中所附年譜，諸本雖有異同，率皆以李卓吾所編次為藍本。卓吾之雜駁誕詭，天下共見。故譜中神話盈幅，尊先生而適誣之。若乃事為之犖犖大者，則泰半以為粗跡而不屑意。梨洲《明儒學案》，千古絕作，其書固以發明王學為職志，然詳於言論，略於行事，蓋體例然也。其王門著籍弟子，搜採雖勤，湮沒者亦且不少。餘姚邵念魯廷采，嘗作《陽明王子傳》《王門弟子傳》，號稱博洽，未得見，不識視梨洲何如，且不知其書今尚存焉否也。〔註91〕（梁啟超《陽明先生傳及陽明先生弟子錄序》）

梁啟超說，他考察的結果是大部分清代人看到的陽明年譜，都與明末李卓吾的作品相關。那是因為李氏的作品，反覆刊行，廣為流傳。對當代學者來說，全書本則是比較容易獲得的書籍，所以有學者就據此認定，所有關於陽明的事蹟，多從全書本而來。比如楊正顯說，清代官方修撰的各種地方志，只要是提到陽明的傳記，都是沿襲了全書本的說法，後世對於陽明的理解都出於全書本的想像。〔註92〕這樣的說法，大概都是據所見所聞而提出的觀點。由此可見，陽明年譜的早期版本，在後世的流傳是相當稀見的，至於文庫本則更是孤罕的珍籍，能在今天讀到這部年譜，自然是相當幸運的事情了。

〔註89〕鄭鶴聲、鄭鶴春：《中國文獻學概要》，第 87 頁。

〔註90〕趙所生、薛正興：《中國歷代書院志》第 9 冊，南京：江蘇教育出版社，1995年，第 278 頁。

〔註91〕〔明〕王陽明：《王陽明全集（新編本）》，第 2147 頁。

〔註92〕楊正顯：《覺世之道：王陽明良知說的形成》，北京：北京師範大學出版社，2015 年，第 286 頁。

查考前人目錄，我們的看法或許略有不同，如焦竑《國史經籍志》卷三、黃虞稷《千頃堂書目》卷十、《明史藝文志》著錄的是「《陽明先生年譜》十卷」，范邦甸《天一閣書目》卷二著錄的是「《陽明先生年譜》三卷」，朱睦㮮《萬卷堂書目》卷二著錄的是「《陽明年譜》三卷」，十卷本的陽明年譜不知道是何種書，但天一閣所藏因有存世，可知與國圖本為同一版本。看起來似乎此七卷的文庫本的確是少為人知。

雕版時代，知識的傳播逐漸擺脫了口口相傳和傳抄摹寫的時空限制，依靠不斷翻刻覆刻的諸多書籍，人類的精神世界的深度和廣度可以藉著讀書而拓展。然而，刻印書籍的傳播總有其天然的限制，前代之書，往往不為人知，讀未見書也就成了藏書之家的噱頭。就陽明年譜而言，時至今日，早期的幾種刊本均未有單行的整理本，需要讀它就得去故紙堆中找尋，或者去拍賣市場碰運氣。隨著電子版本時代的到來，今天的我們可以通過互聯網技術方便獲取相關數據資料，能夠較為便利的從各種全書和叢刊中調閱所需的部分，未見書越來越不再成為問題。可是，我們的前代人並沒有這樣的條件，對他們來說能夠看到一部單行的年譜都是一件相當幸運的事情。

眾所周知，關於陽明的年譜，學界已經有了多篇考訂論文，也有不少新的譜著，幾乎將陽明及其學說的各種問題都進行了細緻的辨析，如果我們想要通過一個孤本秘笈來推翻這些論述，是不可想像的，也毫無意義。因此，新發現的善本，其價值並不在於將過去的研究予以反證式的終結，恰恰相反，它為在既有的研究成果之上，推進我們的認識起到某種的促動的作用，從而為我們更好的理解陽明學本身起到一點學術的價值，大概也就是它的意義所在了。畢竟，至少四百年沒有與讀者互動過的書籍，根本沒有發揮其作為書本身的價值，只能且必定是一過去式的文物。但是，當它重新出現時，我們見到了，並且閱讀了，就可能從此開啟了書籍的閱讀之旅，也就重新回到了書籍循環。這或許是我們閱讀它、推介它、闡釋它的價值所以。由此出發，考察其書曾經的歷史，揭示其製造的過程，甚至在某種程度上推進我們對於書籍的一般認識，則這一版本具有的歷史意義得到了新的闡發。

陽明學術在清代並不為學者所重視是不爭的事實。相較於明代的地方政府官僚一再資助陽明著作的情形，清朝的官僚們已經很少將眼光聚焦在這上面了。陽明學看起來即將退出歷史舞臺，成為真正的歷史故事。不過，作為歷史人物的陽明並沒有全然地隱沒。我們看到，乾隆十六年（1751），皇帝南

巡，為陽明祠題寫了「名世真才」的匾額。後來，祠宇主事者還將這一匾額刻石為碑，以為永久之計。〔註93〕西吳悔堂老人《越中雜識‧祠記》說：「御書『名世真才』四大字，在府城內王文成公祠前河干，本乾隆十六年南巡時所賜祠額也。王氏後裔恭摹，勒石建亭覆之，碑陰刻左副都御史胡寶泉諭祭文，使往來之人咸瞻仰云。」〔註94〕道光庚子年（1840）四月，鄭光祖到杭州，乘船過錢塘：「從西興鎮，（有驛丞），雇烏棚船。（行家最多欺弊，以下略同。另有白棚船，較大，價較貴。）行內河。（不通外江。）路向東南，而東兩岸多巨樟。十里。陡見高山一座，蕭山也。縣城建於山下。舟進西門，兩岸墅廛密比，有王文成公祠。（明王守仁，餘姚人，卒諡文成。）祠前有大碑，刊御書曰：『名世真才』。三里。出東門，夜行八十里至紹興府。」（〔清〕鄭光祖：《一斑錄‧雜述三》，清道光《舟車所至》叢書本）也就是說，至少在鴉片戰爭時期，位於杭州的勳賢祠還是保存完好的。

　　陽明其人其學，或許因為乾隆皇帝的這一舉動，在朱子學的鼎盛時期得到了延續護身符。故清人朱培行說：「竊以有真學者始有真才，學之不真，才即可議。天語煌煌，一字褒貶，榮於華袞；熠火之光，瓦釜之鳴，可以無庸矣。」〔註95〕《四庫全書》中也收錄了《全書》。對於這部書，四庫館臣有這樣的說法：「隆慶壬申，御史新建謝廷傑巡按浙江，始合梓以傳，仿《朱子全書》之例以名之。蓋當時以學術宗守仁，故其推尊之如此。守仁勳業氣節卓然，見諸施行，而為文博大昌達，詩亦秀逸有致，不獨事功可稱，其文章自足傳世也。此書明末板佚，多有選輯別本以行者。」〔註96〕不獨全書的書板不

〔註93〕陳時龍：《論天真書院的禁燬與重建》，《明史研究論叢》（第11輯），北京：紫禁城出版社，2013年，第115～124頁。錢明：《杭州天真書院的歷史沿革與功能轉化》，《教育文化論壇》2014年，第1期，第11～20頁。由於僅僅根據明代的《勳賢祠志》等史料進行分析，並未對清代杭州錢塘陽明祠的歷史進行追蹤，錢氏得出了這樣的結論，即「單一的祠堂祭祀功能，只是依賴於朝廷政治的庇護和地方官員的監管。明清更替之後，政治庇護消退，監管流於形式，學風日趨虛浮，財產爭端紛起，勳賢祠走向衰敗和毀滅的命運已無法避免。」這與乾隆南巡時題賜匾額的歷史並不相符。乾隆五十二年（1787），禮部右侍郎提督浙江學政還以此為據，修繕陽明先生墓石，並刻銘為記，有「名世真才，皇哉天表」的說辭。（〔清〕朱珪《知足齋文集》卷二）

〔註94〕轉引自：余樟華：《王學編年》，長春：吉林大學出版社，2010年，第669頁。

〔註95〕朱培行《重刻陽明先生集要三編後序》，乾隆五十二年（1787）刊本，載：李文潔等：《王陽明著述序跋輯錄》，第258頁。

〔註96〕李文潔等：《王陽明著述序跋輯錄》，第130頁。

復存在，年譜的書板也早就不知去向，嘉靖年間的兩種年譜也就成了珍稀孤罕的珍本，成了藏書之家的什襲之珍，少有讀者能見到了。直到上個世紀末，陽明學才以一種新的姿態進入人民的視野，陽明的著作也逐漸開始成為普通讀者所能獲取的讀本。或許，陽明門人錢德洪等人編輯整理的，經當時政府資助刊行的兩種不同版本的《陽明先生年譜》也能在未來某一天，經當代人的整理，重新被讀者擺上書架，對此我們都很期待。

小結

通過以上的考察，我們可以得出如下初步的結論：

首先，從文庫本出發，我們考察了陽明學著作的刊刻情況。明代的書籍刊刻自有其嚴格且成熟的制度化操作流程，官方的贊助人制度是其中之一。舉凡地方官刻本，皆經主官批准之後，由專官負責校勘，包括對文稿的處理，協調經費使用，聯繫專家學者校勘，以及組織匠戶刻工執行，還包括對刷印成品的部分處置等。贊助人對刊本負有特定的責任，也享有在該刊本上留下序跋的權利。明代官僚熱衷於教育文化事業，喜好收藏各類書籍，也樂意贊助各類學術書籍的出版，形成了一個官方刊行與學者編集的良性出版互動關係，對於明代學術的發展有著導向性的作用。

第二，陽明學的著述大多以地方政府贊助的方式刊行，是陽明學人不懈努力的結果。他們不限於一時、不限於一地、不限於一人的尋求贊助，反覆刊刻以陽明著述為中心的各種作品，為陽明學全國範圍內的推廣起到了學術出版和文化教育方面的效果，也進而推動了陽明學人群體的形成。就陽明年譜而言，經過數十年的準備之後，錢德洪完成了書稿的纂集工作，然後開始了尋求官方贊助出版的過程。在江西、浙江兩地的地方行政長官贊助了年譜的出版，但是人事的變動會造成這種官方贊助出版的問題，嘉靖末年出現兩部《陽明先生年譜》的刊本就是這一贊助人人事變動的結果。

第三，贊助人不僅負責刊刻的資金投入，享有寫序的權利，同時也需要對書籍的刊刻質量予以把關，因此官刻本的質量往往是可以保障的，通過層層把關和嚴格的審核，可以確保該刻本能夠作為禮物呈繳上官，甚至是報送至朝廷。更為關鍵的是，贊助人及其下屬官僚甚至還能夠對書稿進行實質性的修訂、刪改和調整，也就是說書稿的作者在交出書稿之後，就不再享有對書籍刊刻的直接處置權了。雖然如此，作者仍舊可以用同一部書稿尋求新的

贊助人進行再次出版，這就是為什麼有些著作會在官方的資助下反覆刊行的原因之一，這也是同一書稿會存在內容差異的一個原因。學術出版的官方贊助制度是較為成熟的文化教育出版制度，其延續的時間較長，所涉及到的書籍類型也相當多樣，對這一制度的相關研究尚有更大的學術研究空間。

　　第四，所謂的天真書院刻本，並不準確。「天真書院版」只能說明該書版片曾藏於此，並不意味著它必為該書院刊刻。由天真書院藏板刷印的這一陽明年譜，其刊刻時間不早於另一已知的嘉靖本年譜。這兩部年譜和全書本的年譜之間各有異同，並不存在直接的承襲關係。該刊本保留了大量陽明學的佚文，特別是錢德洪的批註，是研究陽明學的一個重要版本。

　　最後，文化的繁榮，離不開著作和出版；出版的繁榮，離不開政治和學術。這不僅是古代王朝的歷史故事，也是當代的現實。陽明崛起於有明正德嘉靖時，襲平草寇山賊，戡定藩王作亂，有曠世之功，復以致良知教，講學江南，弟子三傳不竭，成世傳之學。推重他的人將他視為有明第一人，而忌憚者亦苦心積慮予以貶斥。事功無可置喙，則以學術罪之，故以心學與朱子學相悖為最大號召，鼓動士林；明廷傾覆，復以心學煽動罪之，〔註97〕其事功亦為前朝幻影。不僅如此，其書也多佚失不存，他也就成了一個傳說的人物了。在我們這個時代，通過古籍的調查和保護，陽明相關的文獻不斷被揭示出來，就連隱藏於東瀛的陽明年譜，也在好事者的努力下讓我們得以睹見其真面目。此是書籍循環的新故事。

〔註97〕比如，顧炎武《日知錄》說：「以一人而易天下，其流風至於百有餘年之久者，古有之矣。王夷甫（王衍）之清談，王介甫（王安石）之新說，其在于今，則王伯安（王陽明）之良知是也。孟子曰：『天下之生久矣。一治一亂。』撥亂世反之正，豈不在於後賢乎！」（〔清〕顧炎武著、黃汝成集釋：《日知錄集釋》，上海：上海古籍出版社，2006年，第1068頁。）顧炎武找出來三位王姓人物，並指責他們造成了歷史的悲劇。這種指責在政治哲人那裡最為常用，也廣為流傳。

第七章　湮沒與昭晢：宋儀望與陽明學

> 意到已忘言，興劇復忘飯。坐我此岩中，是誰鑿混沌。尼父欲
> 無言，達者窺其本。此道何古今，斯人去則遠。空岩不見人，真成
> 面牆立。岩深雨不到，雲歸花亦濕。〔註1〕
>
> ——王陽明《忘言岩次謙之韻》

學術的傳承既有直線的承續，更有多線的滋殖。直接承續的學術史關心的是節點事件、人物和關鍵概念，而多線滋殖的思想史關心的是學術如何在生活世界的展開。前者讓人對歷史有一個整體的演化圖景，讓歷史充滿了必然的邏輯；後者讓人對歷史有一個整體的運動圖景，讓歷史充滿了人事的張力。前者需要對通行的著作展開思想的萃取，要讓過去的歷史成為書寫的材料；後者需要對浩瀚的史籍展開偵探的追跡，要讓傳說的歷史成為故事的主線。

學術是書籍世代傳承的依憑，政治是書籍生產的動力，時間是理解書籍歷史的鑰匙。書籍在學術、政治和時間的三重作用下成為一種需要不斷進行重新思考的學問。學術追求創新的發展，政治追求穩健的利益，時間會重新估量一切價值。陽明學也是如此。論及陽明學，不能離開對陽明著述的考察，不能離開對學術、政治和時間的多重觀察。在這裡，具體的人和書構成了多重因素交匯的節點，這些節點並不會一直顯明地讓人看見，未見才是常態。四庫館臣論及葉紹容編《陽明要書》八卷時說：「是書成於崇禎乙亥（八年，1635），取守仁《全書》摘其要語，前有小序八首，及凡例四條，皆著其刪纂

〔註1〕〔明〕王守仁：《王陽明集》，第661頁。

之大意。《浙江通志》載，宋儀望輯《陽明文粹》十一卷，王畿輯《陽明文選》八卷，而無此書之名，蓋偶未見也。」〔註2〕（《四庫全書總目》卷一百七十六）》館臣注意到《浙江通志》曾著錄過兩種不同版本的陽明文選，但館臣卻沒有在《總目》中著錄這兩種著作，或許如館臣所謂「蓋偶未見也」。

　　時至今日，宋儀望所編集的著作已經成為珍貴的善本古籍。如，在國務院公布的《國家珍貴古籍名錄》收錄多種陽明著作，〔註3〕除了《全書》之外，尚有《陽明先生文錄》《傳習錄》等多種。其中，題為《陽明先生文粹》的多部善本頗為特出，它有多家藏的不同版本：

入選《國家珍貴古籍名錄》的《陽明文粹》

編號	題　名	作　者	版　本	收藏單位	冊數	索書號
2119	陽明先生文粹十一卷	（明）王守仁撰（明）宋儀望輯	明嘉靖三十六年（1557）刻本	青海民族學院圖書館	4冊	140
5984	陽明先生文粹十一卷	（明）王守仁撰（明）宋儀望輯	明嘉靖三十二年（1553）姚良弼刻本	南京圖書館	4冊	111800
5985	陽明先生文粹十一卷	（明）王守仁撰（明）宋儀望輯	明隆慶六年（1572）宋儀望刻本	南京圖書館	4冊	116665
5986	新刻精選陽明先生文粹六卷	（明）王守仁撰（明）查鐸輯	明嘉靖四十五年（1566）涇川查氏里仁堂刻本	安徽省博物館	6冊	9072
9126	陽明先生文粹十一卷	（明）王守仁撰（明）宋儀望輯	明嘉靖三十六年（1557）孫昭大梁書院刻本	天津圖書館	4冊	S1098
11956	新刊精選陽明先生文粹六卷	（明）王守仁撰（明）查鐸輯	明嘉靖四十五年（1566）唐龍泉刻本	寧波市天一閣博物館	6冊	善3757

　　很明顯，宋儀望（1514～1578）將陽明著作編輯成一部新書，題為《陽明先生文粹》。這部書流傳開來之後，又有一位叫查鐸（1516～1589）的人編了一部同名的書，但內容上略有差別，故而題為「新刊精選」。〔註4〕另外，

〔註2〕〔清〕永瑢等：《四庫全書總目》，第1566頁。
〔註3〕據《國家珍貴古籍名錄數據庫》（http://www.nlc.cn/pcab/gjzggjml/），收錄的古籍中作者項為王守仁的被有39部之多。
〔註4〕據張秀民《中國印刷史》（2006年，第368頁）載，明代金陵書坊創一種帶圖

現存古籍書目中標注「隆慶六年宋儀望刻本」的古籍，除了這邊陽明的文選之外，尚有《鄒東廓先生文選》《歐陽南野先生文選》兩種，也就是說宋儀望在陽明學的傳播中有著頗為獨特的地位。

然而，不論是查鐸，還是宋儀望，在陽明學的譜系中並不為人熟知，他們製作這樣的書是出於什麼樣的考慮？為何這部書能夠廣為流傳並傳承至今？它對陽明學而言，又意味著什麼呢？

一、湮沒無聞：學人的謎題

陽明學是一場在歷史時間中展開的學術與政治運動。[註5]政府官僚、士子學人、鄉民大眾合力促成了陽明學的浩大聲勢。就歷史的書寫而言，僅有一部分人被納入到「史」的譜系之中，陽明學也不例外。在陽明學的學術譜系之中，更多的人是不知所蹤的，即便是那些曾經為這一運動的潮頭人物也是如此。我們知道，陽明去世後，其門人弟子及再傳子弟為了傳播陽明學，各顯其能。[註6]宋儀望、謝廷傑和查鐸等是較為特出的。就陽明學的傳承而言，他們的名字與陽明學著作緊密相連，他們都參與過陽明學人著述的編集與刊刻，曾經充當過陽明學著作刊行的贊助人。查鐸（1516～1589）是王畿和

案花邊的書名頁，後來唐氏富春堂推廣到每一頁正文的四邊，稱為花欄。這種花邊書名頁，最早似見於嘉靖四十五年（1566）金陵戴氏刻王守仁的《陽明文粹》，書名頁上大書「精選後學便讀，陽明先生文粹」大字兩行，旁有小字聯「指歷聖相傳之正脈，在孩童不慮之良知」，中間有一小行「嘉靖丙寅歲秋七月吉日梓行」，上橫書「金陵戴氏新刊」。此《陽明文粹》全稱為《新刊精選陽明先生文粹》六卷，明人查鐸選編。十行二十二字，白口，四周雙邊。卷端題：「賜進士易齋查鐸精選，庠生竹塘查芬校正，金陵龍泉唐氏梓行。」卷末有「嘉靖丙寅歲秋七月金陵唐氏龍泉繡梓」刊記。有總目，作六卷，卷六為詩，分卷上下，今藏天一閣博物館。此查鐸選本另有嘉靖四十五年涇川查氏里仁堂刻本，今藏安徽博物館。卷端題：「賜進士易齋查鐸精選庠生竹塘查芬校正金陵龍泉唐氏梓行。」卷末有「嘉靖丙寅歲秋七月涇邑查氏里仁堂梓」刊記。有嘉靖丙寅查芬序。（崔建英《明別集版本志》，2006年，第100頁）此六卷本《新刊精選陽明先生文粹》乃查鐸之新刊本，是否與宋儀望所刊之本有關，待考。

〔註5〕鄧志峰：《王學與晚明的師道復興運動（增訂本）》，上海：復旦大學出版社，2020年。

〔註6〕相關研究詳：楊國榮：《王學通論》，上海：上海三聯書店，1990年；華東師範大學出版社，2003/2008/2009/2018年；陳來：《有無之境：王陽明哲學的精神》，北京：人民出版社，1991/1997年；北京：生活・讀書・新知三聯書店，2009年；北京：北京大學出版社，2006/2013年。

錢德洪的弟子，其著作目前已列入陽明後學著作的編校整理計劃。〔註7〕《陽明先生祠志》載：「查鐸，字汝儆，號毅齋，直隸涇縣人，進士，官廣西憲副。受業龍溪之門，篤信致良知簡易直截為三字符。人謂其品如麟鳳，心如天日雲。」（《陽明先生祠志》卷中，第50頁）查鐸，南直隸涇縣（今屬安徽宣城市）人。他於嘉靖二十八年（1549）成為舉人，嘉靖四十四年（1565）成為進士。他先後任湖廣德安府推官、刑科給事中、山西左恭議、廣西提刑按察司副使、廣西驛傳道副使。死後入祀陽明祠和鄉賢祠。《明儒學案》卷二十五有傳。黃宗羲將其與戚賢、馮恩、貢安國、沈寵、蕭彥、蕭良榦等列入陽明學的南中學派。〔註8〕《傳習全錄》《新刻陽明先生文粹》等皆與查氏相關。

　　萬曆四十二年（1614），周汝登（1547～1629）為南京設立的陽明祠堂編輯《陽明先生祠志》時詳錄陽明門人及私淑弟子。其中，《從祀私淑弟子行略》記錄陽明後學三十餘人，包括徐階（1503～1583）、趙貞吉（1508～1576）、鄭曉（1499～1566）、徐樾（？～1552）、林春（1498～1541）、唐順之（1507～1560）、王璧、尹一仁、查鐸、殷邁（1512～1581）、陸光祖（1521～1597）、王時槐（1522～1605）、王棟（1509～1581）、耿定向（1524～1597）、吳悌（1502～1568）、沈謐（1501～1553）、蕭廩、羅汝芳（1515～1588）、孟秋（1525～1589）、劉嘉謨、李逢陽、楊希淳、張元忭（1538～1588）、楊起元（1547～1599）、韓貞（1509～1585）、傅光前、鄒德涵、蕭良榦、陶望齡（1562～1609）、徐孀、戚袞、貢安國、周怡（1505～1567）等。這裡面有查鐸，沒有宋儀望。宋儀望被黃宗羲列入江右學派，並收錄了他的《從祀或問》一文，今人多以為此文在陽明從祀事上極為重要，何以周汝登不錄？〔註9〕

　　從陽明學的傳播來看，查鐸、宋儀望和謝廷傑等是第二代陽明學人以刊刻陽明及其門人著作為主要貢獻而留名的，但他們的事蹟少為人知。〔註10〕

〔註7〕張昭煒：《陽明學文獻整理與研究的新進展》，上海：上海古籍出版社，2018年，第156～164頁。
〔註8〕〔清〕黃宗羲：《明儒學案》（修訂本），第579頁。
〔註9〕〔清〕黃宗羲：《明儒學案》（修訂本），第551～562頁。
〔註10〕陽明學人可以分成第一代門人、再傳弟子、三傳弟子，親傳弟子又有早年講學弟子和晚年門人。至萬曆初年（1573～1574），陽明的第一代門人只有極個別人如王畿（1498～1583）在世，其他如席書（1461～1527）、王艮（1483～1541）、季本（1485～1563）、薛侃（1486～1545）、徐愛（1487～1517）、南大吉（1487～1541）、聶豹（1487～1563）、鄒守益（1491～1562）、陳九川（1494～1562）、錢德洪（1496～1574）、歐陽德（1496～1554）、羅洪先

謝廷傑自不必說，《全書》是在謝氏贊助下刊行的。但該書的刊行卻頗為弔詭，充滿了學術與權力的張力。〔註 11〕謝氏確為陽明學的信徒，他為陽明從祀和陽明著作的刊刻做了很多具體的工作，包括上疏論證陽明從祀的理由，贊助陽明全書的兩次刊刻，特別是後者成為人們瞭解陽明學術的主要文獻依據，其影響直到今天仍無可替代。當代陽明學文獻的整理，幾乎無一例外是從謝廷傑贊助或參與贊助刊行的《全書》出發。不過，在陽明學人群體中，謝氏似乎不見其蹤跡，黃宗羲《明儒學案》根本沒有提及他的名字，陽明後學的討論中也少有對他的行為予以表彰。朱鴻林說：「這樣一個與陽明從祀極具關係的人物，竟然事蹟學行未為時人所道，以至後世湮沒無聞，這與其說是一種遺憾，毋寧說是一種諷刺。」〔註 12〕

為何是諷刺？因為在當今的陽明學研究中，呈現的是一個前赴後繼的學術運動，是幾代學人不懈努力，進而改變了整個明代思想的學術潮流。學人注意到從晚明到清初的王學發展，注意到了一些關鍵的人物和思想，但對於那些提供了基本文獻的人卻要麼熟視無睹，要麼故意忽略，這與陽明學的形象截然相反。朱鴻林注意到，謝廷傑參與贊助人或者作為第一贊助人的《全書》在隆慶六年（1572）和萬曆元年二年（1574）先後在杭州和南京刊行，它絕非滿足讀者需要的出版行為，而是一種個人的效忠的政治行動，而贊助人謝廷傑其人其事在陽明學人群體中的隱晦充滿了諷刺意味，因為謝氏的努力並未為當世學人珍視，陽明學人何以漠視如此重要的贊助人呢？而當代學人

（1504～1564）皆離世。陽明學最後成為官方認可的學術，在萬曆初年，當是第一代門人之後的再傳弟子努力的結果。見：王傳龍：《陽明心學流衍考》，廈門：廈門大學出版社，2015 年。呂妙芬曾注意到宋儀望在江西籍陽明學人中的重要性。呂妙芬認為江西永豐縣的陽明再傳弟子以嘉靖九年（1530）成為諸生的宋儀望、郭汝霖、鄒濂和羅靖等四人為代表。但羅靖和鄒濂兩人不得壽，只剩宋儀望和郭汝霖二人。這兩人皆以仕宦顯名，也即他們倆成為陽明再傳弟子中有名的官僚學者。呂妙芬認為他在江西永豐縣提倡陽明學的成就不顯著，但因為長期在各地任官，對陽明學在他所到之處的傳播有重要影響。比如打開了福建陽明學的局面，比如振興了京師講陽明學的講會活動，還寫了關於陽明從祀的重要文獻等等。見：呂妙芬：《陽明學士人社群：歷史、思想與實踐》，臺北：中央研究院近代史研究所，2003 年，第 165～168 頁。

〔註 11〕　詳見：朱鴻林《〈王文成公全書〉刊行與王陽明從祀爭議的意義》《陽明從祀典禮的爭議和挫摺》《王陽明從祀孔廟的史料問題》。朱鴻林：《孔廟從祀與鄉約》，北京：生活·讀書·新知三聯書店，2015 年，第 125～198 頁。

〔註 12〕　朱鴻林：《孔廟從祀與鄉約》，第 133 頁。

則將他所編刊的陽明著作（即杭州本與南京本《全書》，前者為隆慶本，後者為萬曆本）視為進入陽明學的唯一入口，這中間的反差實在過於驚人。反過來說，謝氏贊助刊行陽明著述，竟然沒有被陽明學人所阻撓，讓他從心所欲，一而再地製作陽明著作全集定本，陽明的門人弟子們是否還有一個我們所設想的那種陽明學術群體？因此，朱鴻林認為能解釋諷刺現象的理由只能是：「陽明學派或王學信徒事實上欠缺了團結精神。」〔註13〕

謝廷傑沒有進入周汝登《陽明先生祠志》的私淑弟子名單，也未入黃宗羲《明儒學案》之類的陽明學術譜系。但在江西新建的縣志有他的傳記：「謝廷傑，字宗聖，一夔曾孫。嘉靖三十八年進士。隆慶壬申巡按浙江，首修陽明王公祠，置田以供歲祀。已而閱公文，見所謂錄若集，各自為書，懼四方學者弗克盡讀，遂匯而壽諸梓，名曰《全書》。屬華亭徐階序之。階稱廷傑為政崇節義，育人才，立保甲，厚風俗，動以王公為師。著《兩浙海防類考》十卷。仕至大理寺丞。卒，崇祀鄉賢。徐階《王文成公全書序》。」（清承霈《〔同治〕新建縣志》卷四十一，清同治十年刻本，第53頁）在謝廷傑的後代同鄉眼裏，謝廷傑為陽明建祠，為陽明刊書，足以成為歷史。而且，謝氏所贊助刊行的陽明著作還有徐階的序文。何以謝廷傑約請徐階作序？我們認為，這與宋儀望有著密切的關係。

黃宗羲《明儒學案》卷二十四抄錄了宋儀望的《陽明先生從祀或問》，並有小傳介紹：「宋儀望字望之，吉之永豐人。由進士知吳縣。入為御史。劾仇鸞擁兵居肘掖，無人臣禮。復劾分宜（嚴嵩）之黨胡宗憲、阮鶚。遷大理丞。分宜中之，出備兵霸州，移福建。大計歸，以薦補四川僉事。遷副使，視福建學政。升參政。入為太僕大理卿。巡撫南直隸僉都御史。建表忠祠，祀遜國忠臣。表宋忠臣楊邦義墓。卒年六十五。先生從學於聶貞襄（聶豹），聞良知之旨。時方議從祀陽明，而論不歸一，因著《或問》，以解時人之惑。其論河東、白沙，亦未有如先生之親切者也。」〔註14〕從黃氏小傳來看，宋儀望從中進士以後一直在仕途，從知縣、御史到兵備、僉事，從學政、大理寺卿到都御史，數十年間遷移不定。值得一提的是他不畏權貴和表彰忠烈。至於和陽明學的關聯，一是他曾從學於陽明門人聶豹，一是他為陽明從祀發表過文字。或許黃氏並不認為宋儀望在陽明學的傳播過程中有其自身的特點。按照黃宗

〔註13〕朱鴻林：《孔廟從祀與鄉約》，第150頁。
〔註14〕〔清〕黃宗羲：《明儒學案》（修訂本），第551頁。

義的記載，宋儀望是典型的官僚學者，從進士起家，在中央和地方各級部門任職。在政治上，他參劾過仇鸞、胡宗憲、阮鶚等人，後者是權臣嚴嵩的黨羽。我們知道，胡宗憲和阮鶚也是陽明學的贊助人。他們是錢德洪等人的支持者。在陽明後學中，聶豹是一個奇特的存在。錢德洪等人編集陽明著作和年譜等事項中，並未提及聶豹。聶豹並未在陽明生前稱門生，而是在陽明去世後，在錢德洪的見證下辦理了補票入門手續。〔註15〕上述宋儀望參劾仇鸞及嚴嵩黨羽事，聶豹本人亦有行動。也就是說，宋儀望追隨了他老師聶豹的政治主張，亦步亦趨。

　　宋儀望與謝廷傑又有何種關係呢？謝廷傑編集《全書》的明代刻本有多種，謝氏本人參與的有隆慶本和萬曆本。徐階為《全書》做了一篇序文，其中提到「隆慶壬申（六年，1572），侍御新建謝君奉命按浙，首修公祠，置田以供歲祀。已而閱公文，見所謂《錄》若《集》，各自書，懼夫四方之學者或弗克盡讀也，遂匯而壽諸梓，名曰《全書》。屬階序。」〔註16〕如今，我們將徐階序文中所謂的「隆慶壬申」作為《全書》的刊刻時間。在古籍版本的鑒定中，序跋題記等是重要的依據，我們往往會依據它來確認一部書的刊刻時間，如果沒有序跋，則根據書中其他的時間線索予以認定。上世紀五十年代末，臺北「中央圖書館」出版館藏善本書目，著錄了兩種隆慶本。版本判定根據是所藏善本中時間文字，包括制誥、序文等。這一判斷後來被研究者予以否定，這是古籍研究不斷深入的結果。〔註17〕隨著古籍調查的開展，各公藏機

〔註15〕　「陽明既歿，先生時官蘇州，曰：「昔之未稱門生者，冀再見耳，今不可得矣。」於是設位，北面再拜，始稱門生。以錢緒山為證，刻兩書於石，以識之。」（〔清〕黃宗羲：《明儒學案》（修訂本），第 370 頁）

〔註16〕　〔明〕王守仁：《王陽明集》，第 1 頁。

〔註17〕　《中國古籍總目‧集部》中著錄《王文成公全書》三十八卷的明刻本有隆慶二年郭朝賓等杭州刻本（臺圖）、隆慶六年謝廷傑應天府刻本（國圖、北大、上海、南京）、隆慶六年謝廷傑刻萬曆三十五年左宗郢等重修本（山西師大、武大）和萬曆二十四年刻本（北京文物局、廣西）等。（中國古籍總目編纂委員會：《中國古籍總目‧集部》，北京：中華書局，2012 年，第 637 頁）臺圖的著錄出自《「國立中央圖書館」善本書目甲編》卷四（中華叢書委員會，1958年，第 123 頁）經朱鴻林考證，之所以認定為隆慶二年，或據書前有隆慶二年的制誥。郭朝賓本應為隆慶六年，而謝廷傑本則為萬曆元年。其主要證據是謝廷傑和郭朝賓等人的履歷。本人又在《〔乾隆〕杭州府志》中發現了另外一條證據，可為朱氏說再增一證。郭朝賓杭州刻本中題銜杭州府的官員有：「杭州府知府南昌徐淵，同知萬明段絲綿，通判新建孫烺、吳江周兆南、豐城賴守中，推官涇縣蕭彥，仁和縣知縣張譽。」這些人同時還為浙江杭州的

構古籍的揭示工作給研究者帶來了極大的便利。據《王陽明文獻普查目錄》
著錄，隆慶六年（實為萬曆初年）謝廷傑本有近三十家單位收藏，是所有陽
明著作中今存最多的一種。〔註 18〕何以一部萬曆初的刊本能夠有如此多部傳
承至今？由於謝廷傑本人未有文集傳世，我們只能在與他同時代的宋儀望等
人記錄中找尋答案。

　　搜索宋儀望的資料時，找到了這樣一條記錄。安徽省績溪縣磡頭村有一
「司平坊」牌坊古建築，今人編輯的《績溪縣志》將它作為地方古蹟加以著
錄：

> 司平坊。在家朋鄉磡頭，沿溪跨道，二柱三樓歇山式，花崗石
> 結構，高 10 米，寬 4 米。南向，恩榮坊。石柱底層兩側石狻猊 4 隻
> 撐護。上下額枋鏤刻鯤鵬展翅與雙龍戲珠。中間平板正面楷刻「元
> 戎分理」，反面「易奧司平」。款落「欽差巡撫右僉都御史宋儀望，
> 欽差提督學校御史謝廷徐，巡按直隸監察御史武坤享；徽州知府宦
> 孔昕、同知黨鏊、通判徐庭行，績溪知縣李星、主簿李文卿，典史
> 教諭莊希益、訓導李佳，為廣西都司正斷事許時潤立」。建於明萬曆
> 五年（1577）。〔註 19〕

　　這裡，縣志編纂者有幾處文字的錯誤。「易奧司平」應為「百粵司平」。
落款人名中，「謝廷徐」應為「謝廷傑」，「宦孔昕」應為「崔孔昕」，「黨鏊」
應為「黨馨」，「徐庭行」應為「徐庭竹」，「李佳」應為「李僖」。牌坊始建時

「兩浙名賢祠」做過工作。《〔乾隆〕杭州府志》載：「兩浙名賢祠，在西湖孤
山之陽，祀漢嚴光，唐陸贄，宋林逋，趙抃王十朋、呂祖謙、張九成、楊簡，
國朝宋濂、王琦、章懋、陳選，皆浙產也。隆慶六年，巡按御史謝廷傑，即
陸宣公舊祠改祀，而徙宣公像於祠前之恩綸閣，顏其門曰西湖書院。都御史
仁和陳洪蒙為記。」陳氏《兩浙名賢祠記》云：「此四君子者（明代宋濂等），
功在社稷，朝廷念其忠勤，則既有特祠祀之矣，是非合祠所當及也。議既定，
杭守塗公淵，同守段君絲錦，通府孫君烺，周君兆南，賴君守中，推府蕭君
彥，暨仁和令尹張君譽，以侍御公之意偕來徵文於予。予謂杭以西湖重湖之
勝，以是祠重祠。今以諸名賢重，微侍御公則欲重者特是湖耳。今得公表章
之，而浙之名賢咸昭揭，在人耳目，雖赫赫不可蓋者，固不係祠之有無，乃
其風後學，而佐聲教，則增光於山川多矣。」（〔清〕鄭沄：《〔乾隆〕杭州府
志》卷四十七，第 2～3 頁）謝廷傑在浙江巡按任上，開展表彰先賢的工作，
既有建設祠宇，也有刊刻書籍。
〔註 18〕賈大偉等：《王陽明文獻普查目錄》，第 12 頁。
〔註 19〕績溪縣地方志編纂委員會編：《績溪縣志》，合肥：黃山書社，1998 年，第 844
頁。

間當是萬曆二年。我們查閱清丁廷楗《《〔康熙〕徽州府志》卷三可知，萬曆初年徽州府官員情況如下：

知府：崔孔昕，山東濱州人，進士，隆慶五年任，升鹽運使。蕭敏道，江西南昌人，進士，前本府總管循正宗孫，萬曆三年任。同知：黨馨，山東益都人。進士，隆慶五年任。丁應賓，胡廣龍陽人，進士，萬曆三年任。通判：朱守行，浙江樂清人，歲貢，隆慶五年任。徐庭竹，江西上饒人，舉人，萬曆二年任，升工部主事。高選，北直深澤人，舉人，萬曆六年任。績溪知縣：李星，浙江海鹽人，舉人，嘉靖中任。陳嘉策，萬曆二年任。主簿：李文卿。酈琥，浙江諸暨人，監生，萬曆二年任。典史：蕭廷授，嘉靖中任。蔡文偉，字在英，福建莆田人，萬曆中任。教諭：莊希益，隆慶五年任，見《名宦傳》。邵芝，武義人，萬曆二年任。訓導：李僖，胡廣人，貢生，隆慶中任。傅以翼，雲南人，貢生，隆慶中任，升教諭。孫性之，江西寧州人，貢生，萬曆二年任，以憂去。

萬曆二年年初，宋儀望和謝廷傑共同參與了徽州府的社會活動，他們的身份都是欽差御史。從績溪縣礎頭村保留的這一司平坊來看，此二人的關係當時較為密切。不僅如此，他們都在陽明學的傳播過程中發揮了重要作用。宋儀望和謝廷傑既然同時出現在一個題名單上，則我們可以推斷，此二人有相互的交往，謝氏刊行陽明全集之事也是宋氏所知的。甚至，謝氏所編《全書》之所以有如此多部傳承至今也與宋儀望有關也未可知。更有趣的是，我們在古籍書目中發現了這樣一條著錄，讓故事更加撲朔迷離。張鈞衡（1873~1927）《適園藏書志》卷十四載：「《陽明先生文錄》三十五卷。此福建重刻河東宋儀望本。卷一至三《語錄》，卷四至八《文錄》，卷九至十八《別錄》，卷十九至二十五《外集》，卷二十六之三十一《續稿》，卷三十二至三十五《年譜》終焉。」〔註20〕張氏藏書在上世紀四五十年代大部分歸中央圖書館，不知所謂的福建重刻宋儀望本是否在列。〔註21〕此本與我們所知的宋氏刊本頗

〔註20〕中國書店：《海王村古籍書目題跋叢刊》第 6 冊，北京：中國書店，2008 年，第 423 頁。

〔註21〕《國立中央圖書館善本書目甲編》卷四著錄的《陽明先生文錄》凡三種，皆著錄為嘉靖十四年聞人詮姑蘇刻本，又有一二十七卷本《陽明先生文錄》，為嘉靖三十六年贛州董氏刊本。未見所謂三十五卷者。但稍微奇怪的是，其中一部聞人詮本有 24 冊，另外兩種皆 20 冊，而三十八卷本《王文成公全書》亦 24 冊。因未見相關報導，不知其詳。見：國立中央圖書館：《國立中央圖書館善本書目》中冊，臺北：中華叢書委員會，1958 年，第 123 頁。

不一致，不知著錄準確與否，待考。若宋儀望確有三十五卷本《陽明先生文錄》的設計，則該書與謝廷傑編集的《全書》三十八卷本編排幾乎相同。若真有此一種刻本存世，則創意編輯陽明全書並付諸實施的首功將另有其人矣。

二、家食宦跡：宋儀望簡歷

宋儀望（1514～1578）可以算作陽明學的二傳弟子。今據胡直（1517～1585）《大理寺卿宋華陽先生行狀》、〔註22〕曾同亨（1533～1607）撰《明故嘉議大夫大理寺卿華陽宋公墓誌銘》、〔註23〕葉向高《大廷尉華陽宋先生傳》、〔註24〕《明史·宋儀望本傳》，〔註25〕及今人曾珍《宋儀望年譜簡編》〔註26〕等文獻，可知宋儀望生平簡歷如下：

宋儀望祖上為鹽商，到他祖父宋魁昂開始從政，終於七品散官。他父親叫宋聞義，似未入仕。宋儀望為其族作序說：「國朝以來，子姓乃大興於鹽監，效陶朱、猗頓之行，如是者數世。弘治中，存庵公始以明經起科，企我昆弟又幸繼登於科甲。」〔註27〕（《華陽館文集》卷三）

宋儀望的生平可以分為兩大階段，即求學時期和仕宦時期。

（一）求學時期，從十七歲開始，到三十四歲中進士止

這期間，和陽明學有關的且關係到宋儀望一生的事件有：嘉靖九年（1530），十七歲，聽江夏令蕭質（字宜文，號蚋山）講學；聽同鄉前輩聶豹將陽明致良知學，執弟子禮。嘉靖十年（1531），十八歲，成為縣學生（弟子員）。嘉靖十三年（1534），二十一歲，陽明後學二百餘人在青原山聚會講學，宋儀望前去聽講。〔註28〕嘉靖十四年（1535），二十二歲，初婚，父親去世，

〔註22〕〔明〕胡直：《胡直集》，張昭煒編校，上海：上海古籍出版社，2015年，第738～746頁。

〔註23〕陳柏泉編著：《江西出土墓誌選編》，南昌：江西教育出版社，1991年，第419～428頁。

〔註24〕〔明〕葉向高：《蒼霞續草》，影印福建師範大學圖書館藏明萬曆天啟間遞刻本，《四庫禁燬書叢刊集部》第125冊，北京：北京出版社，2000年，第228～229頁。

〔註25〕〔清〕張廷玉等：《明史》，第5953～5954頁。

〔註26〕曾珍：《宋儀望詩集校注》，湘潭大學碩士論文，2013年。

〔註27〕〔明〕宋儀望：《華陽館文集》，《四庫全書存目叢書集部》第116冊，濟南：齊魯書社，1997年，第634頁。

〔註28〕鄒守益《錄青原再會語》說：「嘉靖甲午閏月己卯，同志再會於青原，二百餘人。」（《鄒守益集》第444頁）

用原配郭氏嫁妝為父親辦理喪事。嘉靖十八年（1539），二十六歲，第一次參
加鄉試，不中。考試歸途遇到盜匪，同行沈某被盜寇殺死。宋儀望逃脫並安
葬沈某。嘉靖二十二年（1543），三十歲，第二次參加鄉試，不中。再次赴陽
明學人的青原山聚會。在這些陽明的講會中，宋儀望結識了陽明門人鄒守益、
歐陽德、羅洪先等人，他最欽慕的則是聶豹。這幾位學者皆對宋儀望期待頗
高。宋儀望年輕時就因為地緣關係，接觸到了陽明後學的講會活動，並且和
陽明門人中的核心人物有了交往，這為他後來的仕宦生涯帶來了很大的影響，
也為他今後傳播陽明學創造了條件。

　　嘉靖二十五年（1546），三十三歲，第三次參加鄉試，成為舉人。次年在
北京參加會試，第 269 名（4300 人參加考試，錄取 300 名），「江西吉安府永
豐縣學生，《易》。」〔註 29〕登進士第，到都察院實習。本年一甲三名分別是
李春芳、張春和胡正蒙。同年進士有張居正（23 歲，會試第 160 名）、王世貞
（19 歲，會試第 82 名）、王時槐（會試 213 名）等。在殿試中，宋儀望的排
名靠後，是三甲進士。《會試錄》載：「宋儀望，貫江西吉安府永豐縣，民籍，
縣學生。治《詩經》。字望之，行四，年三十四，正月二十八日生。曾祖邦鉉，
壽官。祖魁昂，七品散官。父聞義。前母嚴氏，母鍾氏。慈侍下。兄敏、鳳、
掀、傚。娶郭氏。江西鄉試第三十名，會試第二百六十九名。」〔註 30〕嘉靖
二十六年冬，六十一歲的聶豹繫獄，三年在獄中，著《困辨錄》和《幽居答
述》（即《聶豹集》中《答戴伯常》）。這一年，他的江西同鄉胡直也參加了會
試，不過名落孫山。

（二）仕宦時期，從三十五歲到六十五歲

　　宋儀望從基層縣令做起，當過都察院監察御史，出任過地方督撫和中央
七卿。當然，他在南京大理寺卿任上僅一年，大理寺卿任上則僅幾個月。以
下是他的仕宦履歷情形：嘉靖二十七年（1549）戊申，三十五歲，任吳縣縣
令。任職三年，期間設文學書院。嘉靖三十年（1552）壬子，三十八歲，考察
優秀，升河南道御史。河南道監管禮部、翰林院、都察院及其他監、院、寺、
府、局、衛等三十七機關。次年，上疏揭發大將軍仇鸞（1505～1552）挾寇自

〔註 29〕龔延明主編：《天一閣藏明代科舉錄選刊　會試錄下　點校本》，寧波：寧波出
　　　　版社，2016 年，第 245 頁。
〔註 30〕龔延明主編：《天一閣藏明代科舉錄選刊　登科錄下　點校本》，第 36 頁。

重，疏文留中。〔註31〕不久，仇鸞病死，通敵案發，剖棺梟首。雖然宋儀望的奏疏並沒有呈報於皇帝，但都察院官員應該都知道此事，宋儀望也就有了先見的美名。在從仕初期，宋儀望和當時大多數官僚一樣，主要是以言論取勝。都察院御史的職責是糾核百官，充當天子耳目之司。仇鸞之死，與嘉靖皇帝本人有莫大關係，牽扯到高層的政治鬥爭，宋儀望的奏疏，還未奏效時，仇鸞病死，而宋儀望也大概在這時得到了內閣大臣徐階的認可。

嘉靖三十二年（1554）癸丑，四十歲，升任河東巡鹽御史。河東即今山西運城。出巡御史除了講讀律令、監察地方官員之外，還有監察學校的任務，「學校。仰提調官凡遇廟學損壞，即為修理完備。敦請明師，教訓生徒，務要作養成材，以備擢用，毋致因循馳廢。仍將見在師生員名繳報。」〔註32〕（《大明會典》卷二百一十）宋儀望出巡時為河津縣儒學作記。資助建立河東書院、《陽明先生文粹》刊行。宋儀望雖然是鹽政御史，但嚴格按照都察院御史職責行事，這樣的做法也得到了同僚的認可。嘉靖三十四年，宋儀望回到都察院。該年末，宋儀望休病假，回老家。

嘉靖三十五年（1556）丙辰，四十三歲，休假結束，掌管都察院河南道並七道印綬。上疏論邊防。揭發總督胡宗憲淫侈誤國、福建巡撫貪婪無狀。阮鶚下獄。阮鶚和胡宗憲被認為是嚴嵩黨人。〔註33〕本年胡直中進士。嘉靖三十六年（1557），四十四歲，參與監修皇宮三大殿正門和午門工程，拒絕權貴的工程代理請託。嘉靖三十七年，工程結束，升任大理寺右丞。

嘉靖三十八年（1559），四十六歲，以母親年老請假。嘉靖四十年，其母以九十高齡去世，丁憂三年。〔註34〕宋儀望以親老待養的理由離開朝廷，或

〔註31〕陽明著作的另一贊助人績溪胡松（1503～1566）也反對仇鸞。「俺答入犯京師，（胡松）又力阻仇鸞以兵衛京師、移武庫仗於營之議。」（吳仁安：《明清江南著姓望族史》，上海：上海人民出版社，2009年，第663頁。）

〔註32〕轉引自：張晉藩：《中國古代監察法制史》（第2版），南京：江蘇人民出版社，2017年，第363頁。

〔註33〕徽州績溪胡宗憲（1511～1565）依附趙文華，厚結嚴嵩父子，得到重用。總督浙江軍務，平定兩浙倭患，進封右都御史、太子太保。嘉靖四十一年（1562）以屬嚴嵩黨羽被革職繫獄，三年後在獄中自殺。萬曆初復官，諡襄懋。（吳仁安：《明清江南著姓望族史》，上海：上海人民出版社，2009年，第664～665頁。）

〔註34〕呂妙芬（《陽明學士人社群》，第168頁）注意到宋儀望在江西永豐縣講學是他生命最後一段時間。而據《行狀》來看，宋儀望四十六歲至五十二歲這段時間就在永豐縣。

許是要離開朝堂的激烈鬥爭。也許正因為如此，徐階對他並不滿意，結果等他丁憂結束後並沒有讓他回到北京，而是直接在地方任職。在宋儀望丁憂期間，朝堂發生了巨大變化。嘉靖十一年五月嚴嵩致仕，徐階成為內閣首輔，成為新一代權臣。

關於這一段生平，《明史》卷二百二十七說：「及受命督三殿門工，嵩子世蕃私賈人金，屬必進（歐陽必進）俾與工事，儀望執不可。工竣，敘勞，擢大理右寺丞。世蕃以為德，儀望請急歸，無所謝，世蕃益怒。會災異考察京官，必進遷吏部，遂坐以浮躁，貶夷陵判官。」〔註35〕清人徐湘潭說：「及督三殿門工，嵩子世蕃受賈人金，屬其黨戶部尚書歐陽必進，俾與工事，公堅持不可。工竣敘勞，擢大理寺丞。嚴氏方以為德，而公請急歸，無所謝。遂益滋怒，會考察京官，必進遷吏部，即誣貶公為州倅。嚴氏敗，乃累遷福建兵備副使。」〔註36〕徐氏所述只是抄錄《明史本傳》，未加考察。葉向高（1559～1627）為宋儀望所作傳記中說：「出按河東鹽，請急歸。再起，又欲糾分宜任子蕃，乃先言其所厚督臣淫佟狀，任子大嫌先生。會有三殿朝門之役，中貴人慾增工直，易殿址，先生奉命督視，皆持不可。任子私賈人金，以屬工部歐陽尚書，又為先生所格。於是內外之怨悉集，先生逡巡欲引避，屬遷丞大理，遂告歸。而歐陽尚書者方移吏部，與任子協謀，假風霾變，謫先生夷陵知州。」〔註37〕嘉靖葉向高傳記中明確說宋儀望在丁憂起復之前就已經降職。據《明代職官年表》，〔註38〕歐陽必進（1491～1567）於嘉靖三十年（1551）接替胡松任工部尚書，任職到三十三年（1554）九月，丁憂歸。三十五年年底回朝，任刑部尚書，次年又任工部尚書，四十年（1561）三月至十一月間任吏部尚書。宋儀望在嘉靖三十八年就告假回家了，接下來又丁憂在家，所謂歐陽必進壓制云云皆屬於揣測之辭。宋儀望辭職居家前後長達五年，復出不得回到中央，必然不是嚴嵩及其黨羽的原因。嚴嵩於嘉靖四十一年（1562）五月倒臺，並且很快削職為民。所以，宋儀望復出不得入京和嚴嵩及其黨羽的掣肘有關，但也與他得罪其他官僚有更密切關係。《世宗實錄》卷四百九十六載，

〔註35〕〔清〕張廷玉等：《明史》，第 5953 頁。
〔註36〕〔明〕宋儀望：《華陽館文集》，《四庫全書存目叢書集部》第 116 冊，濟南：齊魯書社，1997 年，第 282 頁。
〔註37〕葉向高：《蒼霞續草》，影印福建師範大學圖書館藏明萬曆天啟間遞刻本，《四庫禁燬書叢刊集部》第 125 冊，北京：北京出版社，2000 年，第 228 頁。
〔註38〕張德信：《明代職官年表》第 1 冊，合肥：黃山書社，2009 年。

嘉靖四十年五月「壬午。吏部會都察院奉旨考在京諸司官不謹。通政司左議王用康等三十四人年老，大理寺寺正吳應鳳有疾，翰林院編修曹大章浮躁，大理寺右寺丞宋儀望等二十六人才力不及，工科都給事中袁汝是等十七人詔黜降如例。」〔註39〕看起來，嚴嵩黨人在倒臺之間已經將宋儀望做了降職處分。

嘉靖四十四年（1565），五十二歲，起復補夷陵知州，未赴任，轉霸州兵備按察僉事，到任後捕獲盜賊。在任期間被兵科給事中彈劾。嘉靖四十五年（1566），五十三歲，升任四川按察司副使。因東南倭亂，轉任福建監軍副使。與總兵官戚繼光合作抗倭。隆慶元年（1567），五十四歲，福建鄉試監考負責人。隆慶二年（1568），五十五歲，考核再次被黜，降薪兩級，辭職回家。在家期間聚會青原山講學。從五十五歲到五十七歲，宋儀望都沒有獲得重新出山的機會。但這期間，宋儀望並沒有放棄，在他離職期間，有十數人推薦他再次出仕。曾同亨在其墓誌銘中說：「江陵相國故與公同籍，稱肺腑交。比秉政，數推轂公。然公不忘規切，至彼此往復書牘，是非所在，務引於正，徒以不能與世浮沉，故正人君子、高朗有識之士，相與慕悅；而瑣瑣者，嗛其異己，擠之百方。」〔註40〕張居正是宋儀望的同年進士，隆慶元年入閣，萬曆元年開始秉政，宋儀望的升遷與張居正有密切關係。

隆慶五年（1571），五十八歲，由四川按察僉事升副使，年末調任福建提學。任職期間發表《學政錄》，將《陽明全集》《陽明先生文粹》作為考生必讀書。在福建時，宋儀望把學習陽明學當作科舉選拔的標準之一，「以教育官員的權勢來提倡，自然有相當效果。」〔註41〕隆慶六年升福建右參政。萬曆元年（1573），六十歲，二月升任太僕寺少卿，九月升為大理寺右少卿。

萬曆二年（1574），六十一歲，二月升任右僉都御史巡撫應天。在任打擊海盜倭寇。撰《從祀或問錄》一卷。「時廷議王陽明先生從祀事，議者拘牽舊文不能究竟其學，至為聚訟。公曰：是未可以口舌爭也，乃著為《或問》一篇，反覆數千言。大意謂：堯舜開道心精一之傳，未嘗求理於物，牿心於外。孔門《大學》一書，首言明明德。明德者，即吾道心之靈覺不昧者，而知識其

〔註39〕《明世宗實錄》，臺北：中央研究院歷史語言所校印，1962年，第8225頁。
〔註40〕陳柏泉編著：《江西出土墓誌選編》，第425頁。
〔註41〕呂妙芬：《陽明學士人社群：歷史、思想與實踐》，臺北：中央研究院近代史研究所，2003年，第165～168頁。

末焉，故明明德之功，要在致知。後儒誤訓致知為推極其知識，殊失《大學》知本之旨。陽明則指示之，曰是致知者，乃致吾之良知，而非以知識先也。以是見陽明實本堯舜孔門正旨。從祀允當。一時聞者醒醒，然卒未行。」〔註42〕所謂的廷議，是前一年（1573）三月兵科給事中趙思誠挑起的議論。趙氏上疏全面否定陽明學術，請求取消陽明從祀。他在奏疏中說，陽明「黨眾立異，非聖毀朱。有權謀之智功，備奸貪之醜狀，使不焚其書、禁其徒，又從而祀之，恐聖學生一奸竇，其為世道人心之害不小。」趙思誠奏疏上報之後，下部議。〔註43〕（《神宗實錄》卷十一）宋儀望此時的職官屬於兵部管轄，因此也就被迫參與了這場討論。不過，他並沒有立即發表意見，而是寫就文章，等待時機。〔註44〕或許這是宋儀望老成的表現。

萬曆三年（1575），六十二歲，升右都察院副都御史，仍為應天巡撫。萬曆四年（1576），六十三歲，十月接替王世貞任南京大理寺卿；次年十月接替嚴清任北京大理寺卿，不久因被彈劾而請求退休，十二月調職南京。這一年年底回到老家。之所以在北京任職很短時間就請求離職，曾同亨說其原因是：「公與勘事給事中議義輒左，上書乞骸骨，不報。而先是吳人伊郎中某嘗刺謁公，閽人知其心疾，閉不為通，伊銜公不置，所在騰謗。諸不樂公督賦者，群口和之。臺諫不察，遂及公。上心知其誣而外難言者，令公暫解秩歸，胥後命公聞，忻然無所歸咎，諸相知屢書趣行，不應。閉戶南村，讀書其中，有終焉之意。」〔註45〕《神宗實錄》卷七十記載，萬曆五年十二月辛丑，「南京科道官詹沂、陳王道等糾拾戶部尚書殷正茂、保定巡撫孟重、大理寺卿宋儀望、太常寺少卿方九江、南京鴻寺卿王樵時，九江先已處分，命調儀望於南京，樵致仕，餘留用。」〔註46〕也有人說，宋儀望是因為對張居正的施政有所規勸，失去了張居正的信任。〔註47〕萬曆六年（1578）十月初一去世，終年六十五歲。

〔註42〕〔明〕胡直：《胡直集》，張昭煒編校，上海：上海古籍出版社，2015年，第741頁。

〔註43〕《神宗實錄》，臺北：中央研究院歷史語言研究所校印，1962年，第366～367頁。

〔註44〕呂妙芬：《陽明學士人社群：歷史、思想與實踐》，第165～168頁。

〔註45〕陳柏泉編著：《江西出土墓誌選編》，第424頁。

〔註46〕《神宗實錄》，臺北：中央研究院歷史語言研究所校印，1962年，第1513頁。

〔註47〕南炳文、龐乃明：《「盛世」下的潛藏危機 張居正改革研究》，天津：南開大學出版社，2009年，第205頁。

從宋儀望的生平可見，他年輕時，正是陽明門人講學聚會時期，恰好離永豐縣的距離不算太遠，他先後幾次前往聽會，結識了江西籍的陽明門人。另外，聶豹（1487～1563）是永豐人，曾有回鄉講學經歷，〔註48〕宋儀望也赴會聽講。其後，宋儀望與聶豹走得很近，從他的一生行事來看，大有追隨聶氏的意思。聶豹去世後，其行狀即由宋儀望撰寫，墓誌銘則出自徐階手筆。〔註49〕清程嗣章《明儒講學考》將徐階、王時槐和宋儀望依次排列：

> 徐階字子升，號存齋，華亭人。嘉靖二年進士，仕至太子太傅，武英殿大學士，兼吏部尚書，加少傅。罷歸。卒，贈太師，諡文貞。聶豹初令華亭，階受業其門。當國之日，聚四方計吏，講學大會於靈濟宮，聽者數千人。

> 王時槐字子植，號塘南，安福人。嘉靖二十六年進士，仕至陝西參政。罷歸，起官太常卿，不赴。與同年廬陵陳嘉謨同師劉文敏。嘉謨字世顯，號蒙山，仕至湖廣參政。

> 宋儀望字望之，吉安永豐人。嘉靖二十六年進士，仕至大理寺卿。學於聶豹，又從鄒守益、歐陽德、羅洪先遊。守仁從祀，儀望有力焉。〔註50〕

由此可知，徐階和宋儀望都算是或者被人看作是聶豹的門人弟子，他們之間的交往密切，特別是所謂的靈濟宮講學，宋儀望也是後期的核心人物之一。胡直《行狀》謂：「是歲（萬曆二年甲戌，1574），復當天下群工入覲，公率諸搢紳偕諸覲臣講學靈濟宮，亹亹多所發明。」〔註51〕靈濟宮講學活動在嘉靖萬曆年間相當有影響力。徐學謨《世廟識餘錄》卷二十一云：「京師靈濟宮講學之會，莫盛於癸丑、甲寅（嘉靖三十二、三年，1553～1554）間。蓋當是時大學士徐階、禮部尚書歐陽德、兵部尚書聶豹、吏部侍郎程文德主會，皆有氣勢，搢紳可扳附得顯官，故學徒雲集至千人。丙辰（嘉靖三十五年，1556）而後，諸公或歿或去，惟階尚在，而講壇為之一空矣。戊午（嘉靖三十

〔註48〕〔明〕聶豹：《聶豹集》，吳可為編校整理，南京：鳳凰出版社，2007年。
〔註49〕徐階《明故太子太保兵部尚書贈少保諡貞襄聶公墓誌銘》、宋儀望《明榮祿大夫太子太保兵部尚書贈少保諡貞襄雙江聶公行狀》。見：〔明〕聶豹：《聶豹集》，第635～650頁。
〔註50〕〔清〕程嗣章：《明儒講學考》，《四庫全書存目叢書子部》第29冊，濟南：齊魯書社，1997年，第612頁。
〔註51〕胡直：《胡直集》，第742頁。

七年，1558），太僕少卿何遷自南京來，復推階為主盟，仍為靈濟宮之會。乃遷名位未可恃，號召諸少年多無應者。」〔註52〕宋儀望等在萬曆二年的靈濟宮講會是否與陽明門人王畿所記載的京師同志大會一致尚不清楚。〔註53〕從王畿與耿定向的通信來看，宋儀望並沒有進入王畿等人的圈子。宋儀望屬於陽明學人的另外一個圈子。

三、晉溪司馬：陽明的信件

在陽明再傳弟子中，宋儀望是特殊的。這從聶豹和鄒守益去世後，他們二人的行狀皆由宋儀望撰寫就能窺見。而且，不管是宋儀望本人的著作，還是他的行狀和墓誌銘都將贊助陽明學人著作以及支持陽明學術傳播作為重點來記錄，這說明宋儀望本人是有心以陽明學來成其歷史之名的。劉珹為其文集作序說：「先生（宋儀望）生平學問以陽明王公為宗，而東廓鄒公、南野歐陽公其於陽明，猶二程之於周元公也。先生皆嘗師事之，故其學實宗陽明而溯周程，而於漢人下筆操語，似不屑屑者，乃觀集中所載，則又深得漢人風度。」〔註54〕（《華陽館文集序》）

宋儀望生前自編《華陽館文集》十二卷。他去世後，其後人又對他的詩文集做了增補續編。崔建英《明別集版本志》載：「《華陽館詩集》十四卷《文集》十二卷《附錄》一卷。明萬曆三年魏學禮校刻本。九行十八字，線黑口，四周雙邊，無魚尾。卷端題：吉郡宋儀望著，吳郡門人魏學禮校。萬曆三年皇甫汸序，王世貞序，文集萬曆乙亥（三年）劉珹序。皇甫序曰：『我明標文苑之宗，不朽之業，非公其誰。門下士魏生季朗校梓甫畢，示余請序。』

〔註52〕〔明〕徐學謨：《世廟識餘錄》，《四庫全書存目叢書史部》第49冊，濟南：齊魯書社，1997年，第353頁。

〔註53〕王畿說：「聞京師已復同志大會，乃吾丈與一二同志倡之，浣慰可知。曾見臺時相會否，此可與性命相許之友。古云：『供千僧不如供一羅漢。』求友之心，無間出處，惟丈自愛。」（《王畿集》卷十，第240頁）「聞京師已復同志之會，吾丈與楚侗（耿定向）二三兄實倡之。此會實係世道之盛衰、人心向背、學術邪正之計皆在於此。六陽從地起，陽長則陰自消，出處雖殊，此志未始不相應也。」（《王畿集》卷十二《與曾見臺》，第304～305頁）彼時曾見臺是大理寺少卿，宋儀望剛由南京大理寺卿轉任，是否立即參與同僚的活動？參見：吳震：《明代知識界講學活動：1522～1602》，上海：學林出版社，2003年，第316頁。

〔註54〕〔明〕宋儀望：《華陽館文集》，《四庫全書存目叢書集部》第116冊，濟南：齊魯書社，1997年，第284頁。

宋儀望，字望之，永豐人，嘉靖丁未（二十六年）進士，官至南京大理寺卿。」〔註55〕崔氏所記此本為宋儀望生前刊定本，為重慶圖書館藏本。宋儀望曾將此書贈與士林友人，如王世貞《宋丈望之見示華陽館集誌謝》云：「久矣談天碣石荒，誰堪別館號華陽。劍從江右光含斗，書學淮南字有霜。此去中興多大雅，向來孤憤半清商。亦知行部陽春色，倘許新題到草堂。」〔註56〕（《撫郫詩》）如今我們可以從《四庫全書存目叢書集部》第116冊見宋儀望文集舊貌。該冊收錄重慶圖書館藏萬曆本和北京大學圖書館藏清道光二十二年宋氏中和堂刻《華陽館文集》十八卷《續集》二卷本。

萬曆本有目錄，目錄只有分類沒有細目，卷一至四為序類，卷五記類，卷六碑類，卷七至八誌銘類，卷九至十傳類，卷十一行狀類，卷十二雜著。除了萬曆三年皇甫汸序，王世貞序，文集萬曆乙亥（三年）劉城序之外，全書末《華陽館附錄》收錄了嘉靖三十二年（1553）癸丑許宗魯《蒲藩校刻河東詩敘》、張獻翼和張鳳翼《吳下重刻河東詩集序》。道光二十二年（1842）本有目錄，目錄有細目沒有分類，卷一至四為序類，卷五記類，卷六碑類，卷七至八誌銘類，卷九至十傳類，卷十一行狀類，卷十二雜著，卷十三五七言古詩，卷十四五言律詩，卷十五五言律詩，卷十六五言律詩、五言排律，卷十七至十八七言律詩，續集卷一或問錄，續集卷二學政錄。道光二十二年宋氏中和堂刻本，有《明史本傳》、徐湘潭《重刻華陽館集序》、王錫爵和劉城《華陽館文集序》。徐湘潭序說：「予昔略睹公集，始知其詩文，亦有規格，直方剛大之意，形於毫端，不愧有德有言之選。而問其集，版已久湮，以故外間少稱道。去年（1841），與其族裔鍾山文學言之，文學因與公裔及族士重鐫公集，而屬予序。予慕公深且久矣，得附名於集以傳，夫豈敢辭。獨惜公之別刻《奏議》，及他所著述講學書數種，今皆未之見。即今所鐫公之集，亦苦不得前代原刻之全本以為柢，未能如歐陽公之著作行天下，使人人得考見其一生言行本末之詳，恐後之論公者，或將以疑餘言為鄉里阿譽之私焉。此則把筆時所為徬徨而恌歎者也。」〔註57〕也即宋儀望編刊文集之後的260年後，他的後裔新刻了一部他的詩文集，仍題《華陽館文集》。新的這部文集對原來的十四卷詩

〔註55〕崔建英：《明別集版本志》，第358頁。
〔註56〕王學范：《王世貞撫郫詩文集》，武漢：長江出版社，2010年，第137頁。
〔註57〕〔明〕宋儀望：《華陽館文集》，《四庫全書存目叢書集部》第116冊，濟南：
　　　　齊魯書社，1997年，第282～283頁。

集做了壓縮處理，而將原來單行的兩部著作《或問錄》《學政錄》作為續集部分予以保留。

　　《華陽館文集》卷一收錄《易經臆說序》《三禮纂注序》《禮記集注序》《河東重刻陽明先生文集序》《刻陽明先生文粹序》《刻陽明先生與晉溪司馬書序》《心齋王先生年譜序》《刻巡閩稿序》《校編鄒東廓先生文選序》《上卿省覲詩序》《河東行臺雜詠序》《秋泛使君湖詩序》《擬福建鄉試錄序》《校刻陳侍御螺田先生存稿序》《陳氏家乘序》《遊武夷雜體詩序》《重刻宛陵梅聖俞詩集序》等刻書序文。可見，宋儀望在世時編集他本人的個人文集，已經有意識地將他與陽明學聯繫起來：他不僅贊助刊刻了陽明本人的兩種著作（《陽明先生與晉溪司馬書》《陽明先生文集》），編集了一種陽明著作（《陽明先生文粹》），〔註58〕還贊助刊刻了聶豹、鄒守益等陽明門人的著作，自然是為陽明學的傳播做出了貢獻的人物。

　　先看《陽明先生與晉溪書》。陽明與王瓊（1459～1532）的書信，曾有多種版本流傳，前人已有充分地研究。〔註59〕《全書》卷二十七《續編二》有《與王晉溪司馬書》，陽明致王瓊的十五封書信。〔註60〕而此書最早的刊本當與宋儀望有關。宋儀望《刻陽明先生與晉溪司馬書序》說：「顧今所刻《陽明文集》，其與晉溪司馬書不少概見，何也？錦衣戴君伯常，雅慕二先生之為人，乃購於司馬公仲子，得所與書，凡十五篇。亟繕其本，仍以王公在虔題奏諸疏，間為論說，以究二公之用心，並刻以傳。翌日出以示予，且以敘見屬。」〔註61〕（《華陽館文集》卷一）宋儀望稱，在他所見的《陽明文集》刻本中，

〔註58〕此三序文已收入《王陽明全集（新編本）》卷五十三（浙江古籍出版社，2010年，第2157～2160、2235頁）。

〔註59〕錢明：《王陽明散逸詩文續補考——兼論黔版〈陽明文錄續編〉的史料價值》，張新民等：《中華傳統文化與貴州地域文化研究論叢》（第二輯），成都：巴蜀書社，2008年，第22～55頁；束景南：《王陽明佚文輯考編年（增訂版）》，上海：上海古籍出版社，2015年，第513頁。錢氏與束氏認為，從宋儀望的序文可知，陽明與王瓊的十五封書信最早由戴伯常刊刻。

〔註60〕即「伏惟明公德學政事高」「守仁近因蕃賊大修戰具」「前月奏捷人去」「生於前月二十日」「守仁始至贛即因」「即日伏惟經綸邦政」「生惟君子之於天下」「近領部諮見老先生」「輒有私梗仰恃」「守仁不肖過蒙薦獎」「邇者南贛盜賊」「憂危之際不敢」「自去冬畏途」「屢奉啟皆中途」「比兵部差官來」。《全書》僅僅將各信札另起一段，不標「又」或「第幾」。

〔註61〕〔明〕宋儀望：《華陽館文集》，第302、607頁；〔明〕王陽明：《王陽明全集（新編本）》，吳光等編校，杭州：浙江古籍出版社，2010年，第2235頁。

收錄的陽明致王瓊書信不多。他不知其然，也未予推測。宋儀望所說的「今所刻《陽明文集》」或即其贊助刊行的《河東重刻陽明先生文集》。該書《外集》卷五收錄陽明《上晉溪司馬》書二通，與十五篇比起來是相當少。宋儀望初次重刊陽明文集在嘉靖十五年（1536）丙申，此時錢德洪還未編集《陽明先生文錄外集》之《續編》。據徐階《陽明先生文錄續編序》：「餘姚錢子洪甫既刻《陽明先生文錄》以傳，又求諸四方，得先生所著《大學或問》《五經臆說》、序、記、書、疏等若干卷，題曰《文錄續編》，而屬嘉興守六安徐侯以正刻之。」〔註62〕「嘉興守六安徐侯以正」是嘉興府知府徐必進。《嘉靖三十五年進士登科錄》載：「徐必進，貫直隸廬州府六安州，民籍。州學增廣生。治《書經》。字以正，行一，年二十七，十二月初一日生。曾祖鑑。祖珊，壽官。父立，監生。母湯氏，繼母潘氏。具慶下。娶汪氏。應天府鄉試第二十五名，會試第一百八十名。」〔註63〕徐必進在嘉靖四十四年（1565）任嘉興府知府。〔註64〕《陽明先生年譜附錄》載：「（嘉靖）四十五年丙寅，刻先生《文錄續編》成。師《文錄》久刻行於世，同志又以所遺見寄，匯錄得為卷者六。嘉興府知府徐必進見之曰：『此於師門學術皆有關切，不可不遍行同志。』董生啟予徵少師存齋公（徐階）序，命工入梓，名曰《文錄續編》，並《家乘》三卷行於世云。」〔註65〕也就是說，《文錄續編》是在徐必進任嘉興府知府的第二年資助出版的。《文錄續編》後來成為《全書》的一部分，與單刻本當有不同。

除了《全書》之外，《陽明先生與晉溪書》尚有一種文集本和單行本。

（1）嘉靖三十六年（1557）贛州董聰刊《陽明先生全錄》的《正錄》卷五有《類刻陽明先生與晉溪書》。首都圖書館、北京教育學院圖書館、浙江圖書館、安徽省圖書等多家單位收藏。〔註66〕該書卷首有嘉靖三十五年王春復《贛梓陽明先生全錄引》和嘉靖三十六年談愷《陽明先生全集序》。正文部分包括《正錄》五卷《外錄》九卷《別錄》十四卷。後人以王氏或談氏序將該書稱為《陽明先生全錄》或《陽明先生全集》。〔註67〕目前僅知日本名古屋大學圖書館藏本和臺北「中央圖書館」藏本《正錄》卷五有《類刻陽明先

〔註62〕〔明〕王守仁：《王陽明集》，第 6 頁。
〔註63〕龔延明主編：《天一閣藏明代科舉錄選刊 登科錄 下 點校本》，第 204 頁。
〔註64〕〔明〕劉應鈳：《〔萬曆〕嘉興府志》卷九，明萬曆二十八年刻本，第 14 頁。
〔註65〕〔明〕王守仁：《王陽明集》，第 1144 頁。
〔註66〕賈大偉等：《王陽明文獻普查目錄》，第 11 頁。
〔註67〕李國慶：《明代刊工姓名全錄 下》，第 888 頁。

生與晉溪書》。此本版心魚尾上方題「蕭氏古翰樓」，魚尾中為「陽明正錄卷五」，下有刻工。〔註68〕該本明確標示了第幾書。蕭氏為蕭斯馨。〔註69〕贛州蕭氏古翰樓曾刊刻《名家詩法》八卷（天一閣藏），嘉靖三十一年刊；《梁貞白先生華陽陶隱居集》二卷《附錄》一卷（上海圖書館藏），嘉靖三十一年刊；《絕妙古今》四卷（首都圖書館藏），嘉靖三十四年刊；〔註70〕《韻經》（臺北「中央圖書館」藏），嘉靖三十一年刊，亦是董聰委託蕭氏翻梓等。〔註71〕董聰，字謀之，是鄒守益的學生。鄒守益《贈董謀之》云：「予往歲受學於虔州，與董子希永切磋世講之誼。後二十有八年，復尋郁孤、通天舊遊，希永之冢子謀之趨而問學焉。予曰：生固名家也。……古之聰也，聰於道德；後之聰也，聰於勢利。故雞鳴而起，孳孳則同。而舜跖且天淵，生其謀之而已。」〔註72〕（《鄒守益集》卷三）

  （2）隆慶六年（1572）《陽明先生與晉溪書》一卷，上海圖書館藏，索書號：線普長 59450。〔註73〕有嘉靖四十二年（1563）王宗沐（1523～1592）序，嘉靖四十三年王禎跋與隆慶六年陳文燭跋。王宗沐序題《刻陽明先生手柬小序》。他說：「余舟行次湘江，於篋中檢嘗手錄陽明先生與晉溪公柬一帙，秉燭讀之，因廢書而歎。……余懼其泯沒，因寄友人王宗敬（王禎）於婺州，使刻以傳同好。」〔註74〕（《敬所王先生文集》卷五）隆慶六年陳文燭跋，題《重刻陽明王先生手柬後語》，云：「往年癸亥，中丞王公（王宗沐）得前書讀之，慨然有志於新建公之為人，梓於婺州。頃撫淮，命燭校而新之。」〔註75〕陳文燭《二酉園文集》卷三題《王陽明手柬序》。〔註76〕王宗沐贊助刊刻《陽明先

〔註68〕 李國慶：《明代刊工姓名全錄 下》，第 888 頁。

〔註69〕 瞿冕良：《中國古籍版刻辭典》，蘇州：蘇州大學出版社，2009 年，第 763 頁。

〔註70〕 杜信孚：《明代版刻綜錄》第 1 冊，揚州：江蘇廣陵古籍刻印社，1983 年，第 78 頁。

〔註71〕 李國慶：《明代刊工姓名全錄 下》，第 940 頁。

〔註72〕 〔明〕鄒守益：《鄒守益集》，董平編校整理，南京：鳳凰出版社，2007 年，第 101 頁。

〔註73〕 此信息得自上海圖書館沈從文先生。

〔註74〕 〔明〕王宗沐：《敬所王先生文集》，沈乃文主編：《明別集叢刊》第 3 輯第 24 冊，合肥：黃山書社，2015 年，第 118～119 頁；〔明〕王陽明：《王陽明全集（新編本）》，第 2237 頁。

〔註75〕 〔明〕王陽明：《王陽明全集（新編本）》，第 2238 頁。

〔註76〕 〔明〕陳文燭：《二酉園文集》，《四庫全書存目叢書集部》第 139 冊，濟南：齊魯書社，1997 年，第 38 頁。

生與晉溪書》先後其任山西左布政使和漕運總督任上，前者刊於浙江金華（婺州），後者刊於淮安。王宗沐說，他所贊助刊刻的陽明與王瓊書信底本是他本人抄錄的稿本。王宗沐沒有說明這一抄本的底本是書信原稿抑或是某一刻本。

宋儀望作序之本今未見，不知該書是已刊刻而亡佚，還是未曾刊刻。從宋儀望的序中可知，該文是他應戴經之請而作。戴經則是聶豹門人。宋儀望在《雙江聶公行狀》中說，聶豹被繫於錦衣衛監獄時，「錦衣衛百戶戴經伯常因執弟子禮，從受學。在獄與桂洲夏公，亦時時與說性命真機，夏公首肯良久。」〔註77〕錦衣衛百戶戴經於聶豹有師生之誼，故而戴經請求聶豹門人在都察院任職的宋儀望出面為《陽明先生與晉溪司馬書》作序當在情理之中。

四、錦衣之衛：戴經的角色

陽明門人中，聶豹、鄒守益等人的文集中均有與戴經相關的文字。戴經與繫獄的聶豹曾有較長的書面討論，是為《幽居答述》（收入聶豹文集時改為《答戴伯常》）。〔註78〕宋儀望在為聶豹所撰寫的《行狀》中也提到了戴經。他說：「（嘉靖二十六年）會執政夏公入謗者言，擬旨逮先生錦衣衛獄。既被拷，無所驗。明年九月，又奉欽依行巡按御史覆勘。是時尚書西磐張公在留都，大言於眾，願以百口保某無他。未幾，夏公亦被罪下獄，相對赧然，乃知其禍起於浮議，先生略不為動。所著有《被逮稿》《困辨錄》《幽居答述》等

〔註77〕〔明〕宋儀望：《華陽館文集》，第 407、740 頁；〔明〕聶豹：《聶豹集》，第 649 頁。

〔註78〕吳震等人已注意到聶豹文集中收錄的《答魏伯常》這一答問的價值，但他們並未進一步考察魏伯常為誰氏。見：吳震：《聶豹 羅洪先評傳》，南京：南京大學出版社，2001 年，第 100 頁；方旭東：《理學九帖：以朱子學為圓心的研究》，北京：商務印書館，2016 年，第 290～300 頁。方氏文中以為，戴經是經由聶豹才得見陽明學著作，時為嘉靖二十六年（1547）冬聶豹繫獄之際。方氏說，從聶豹《艮齋記》可見戴經在四十歲之前一直生活在湖北鍾祥（即嘉靖及其父所居興王府）。鍾祥屬於荊州地區，那裡幾乎沒有什麼陽明學者，戴經也就不可能接觸到陽明學著作了。又說，他到北京後，在嘉靖十九年至二十六年間都當獄吏，也沒有什麼機會接觸陽明學書籍。又說，戴經主要是自學，沒有師承，沒有學友，（方旭東《理學九帖》，第 297 頁）由於方氏不知道戴經的履歷，對他的情況作了當然的想像。聶豹《艮齋記》中並未有說戴經因為生病沒能追隨嘉靖皇帝到北京，只是說他曾因為太過勞累而生病數年。聶豹說的是戴經是「撫軍從事」，是「督獄」而不是獄吏。如果魏經僅僅是個獄吏，聶豹會與他做筆談？如果魏經在此前對陽明學一無所知，聶豹會與他談論高深的學術問題？歸有光在《戴楚望集序》中已明確說，戴經在年少時就結識了湛若水，顯然是早就知道陽明學的。

稿。既巡按御史黃君洪昆勘至，於是謗事悉明白矣。尋得旨落職南歸，時已西春正月也。」〔註79〕又說：「往被逮時，從容出見使者，更囚服，慷慨就道。室中悲號不勝，先生若不聞。門人父老送之，無不流涕，先生第拱手以別。是時，同郡東廓、念庵諸公皆追送江滸，猶相與講學不輟。錦衣衛百戶戴經伯常因執弟子禮，從受學。在獄與桂洲夏公，亦時時與說性命真機，夏公首肯良久。」〔註80〕聶豹之所以能在監獄中繼續創作，與戴經有莫大關係，而《幽居答述》就是聶豹和戴經的學術問答。聶豹文集中收錄了《再答楚望二首》〔註81〕《答戴子問學次韻》〔註82〕《別戴子》〔註83〕《答戴伯常》〔註84〕《填大江東去詞用蘇韻答戴子三首》〔註85〕等與戴經的詩詞，還有為戴經著作的序文《心經綱目序》。〔註86〕

戴經曾託畫師為其繪製圖卷，又請一眾文人士大夫為題詞於卷。鄒守益門人侯一元（1511～1585）作《題戴錦衣楚望卷》：「抱玉荊南獻未成，紆朱早已侍承明。影纓日觀天顏喜，荏苒時令客座驚。射虎南山隨短服，聽鶯上苑感同聲。看君自具封侯骨，猶是當年楚望生。」詩有小序稱：「錦衣名經，號艮齋，浙德清人。父楚藩醫。從龍為執金吾。楚望臺，其故為儒讀書之所。」〔註87〕（《二谷山人集‧江右集》卷十）侯一元是從鄒守益，是陽明二傳弟子。〔註88〕據說，張居正曾請侯一元為其詩集寫序，而侯氏拒絕了。侯一麐說，侯一元「平生恭儉，然不肯以非禮狥人。大名有要宦，托市屋材，不能許；而江陵相公為翰林學士，請序詩集，亦不應。自是相公憾之終身，而要宦當觀

〔註79〕〔明〕宋儀望：《華陽館文集》，第 404、736 頁；〔明〕聶豹：《聶豹集》，第644 頁。

〔註80〕〔明〕宋儀望：《華陽館文集》，第 407、740 頁；〔明〕聶豹：《聶豹集》，第649 頁。

〔註81〕〔明〕聶豹：《雙江聶先生文集》，北京大學儒藏編纂與研究中心：《儒藏精華編二五八》，北京：北京大學出版社，2017 年，第 746 頁。

〔註82〕〔明〕聶豹：《雙江聶先生文集》，第 760 頁。

〔註83〕〔明〕聶豹：《雙江聶先生文集》，第 760 頁。

〔註84〕〔明〕聶豹：《雙江聶先生文集》，第 623～683 頁。

〔註85〕〔明〕聶豹：《雙江聶先生文集》，第 517～518 頁。

〔註86〕〔明〕聶豹：《雙江聶先生文集》，第 350～351 頁。

〔註87〕〔明〕侯一元：《侯一元集 中》，陳瑞贊編校，合肥：黃山書社，2011 年，第939 頁。

〔註88〕詳陳瑞贊《侯一元集》整理前言，〔明〕侯一元：《侯一元集》，陳瑞贊編校，合肥：黃山書社，2011 年。

日論列，嗾令波及先生。」〔註89〕（侯一麐《先兄方伯先生行略》）而侯一元卻為戴經的詩集寫了一首題辭，可見戴經與侯氏的關係頗不一般。不止侯一元有題詩，還有其他官僚學者，如馬自強（1513～1578）《贈戴錦衣講堂侍直》：「銀牓新趨直，金吾舊奮庸。講筵環羽騎，劍佩護銅龍。班接鄒枚武，功期耿鄧封。青宮恩數渥，千載慶遭逢。」〔註90〕（《馬文莊公集選》卷十三）徐中行（1517～1578）《題戴衛尉講堂侍直卷》：「崇賢新闢旁楓宸，調護仍分宿衛臣。在昔虎賁稱學術，於今鶴禁綴儒紳。聽經東觀花陰靜，托乘西園月色新。更道從龍來郢里，好因授簡和陽春。」〔註91〕（《天目先生集》卷四）張四維（1526～1585）《題戴錦衣講堂侍直卷》：「將軍六郡豪，世業襲龍韜。博望新開講，千牛近佩刀。宵嚴銅漏靜，日衛羽旌高。恩寵春宮裏，時時奉袞袍。」〔註92〕（張四維《條麓堂集》卷二）從這些詩句來看，戴經是嘉靖皇帝的近侍武將。馬自強是嘉靖三十二年進士，翰林院庶吉士，嘉靖四十三年為翰林院修撰，萬曆初任禮部尚書，入閣。〔註93〕張四維也是嘉靖三十二年進士，翰林院編修，萬曆時任禮部尚書，由張居正引薦入閣（《明史》卷二百十九）。徐中行是嘉靖二十九年進士，曾任刑部主事、員外郎，嘉靖三十六年（1557）出任福建汀州府知府。〔註94〕他們給戴經作詩的時間應聶豹出獄後（嘉靖二十七年）幾年，能將一眾人等聚集的時間或為嘉靖三十二年（1553）。本年聶豹任兵部尚書，陽明學人在靈濟宮大會講學。嘉靖三十四年（1555），聶豹因不能提供平定倭寇方略，勒令辭職。

　　嘉靖萬曆時期的「後七子」的李攀龍、王世貞、謝榛、宗臣、梁有譽、徐中行、吳國倫等人幾乎都有與戴經相關的詩作。比如，李攀龍詩《金吾行贈戴將軍》：「先皇諸將何其雄，君家大人國士風。賜錢留起嫖姚第，詔宴數入

〔註89〕〔明〕侯一元：《侯一元集 中》，第 939 頁。

〔註90〕〔明〕馬自強：《馬文莊公集選》，沈乃文：《明別集叢刊》第 2 輯第 93 冊，年，第 420 頁。

〔註91〕〔明〕徐中行：《徐中行集》，王群栗點校，浙江：浙江古籍出版社，2012 年，第 126 頁。

〔註92〕〔明〕張四維：《張四維集》，張志江點校，上海：上海古籍出版社，2018 年，第 42 頁。

〔註93〕邢寬：《馬自強年譜》，賈三強：《陝西古代文獻研究》第 1 輯，北京：商務印書館，2016 年，第 180～191 頁。

〔註94〕〔美〕富路特、房兆楹：《明代名人傳 2》，北京：北京時代華文書局，2015 年，第 789～791 頁。

蘭臺宮。五雲忽變石城氣，七校親隨萬乘東。當年帶礪山河在，四海車書日月通。侍從敢聞潛邸事，朝廷竟錄代來功。此時十歲羽林孤，躍馬能彎兩石弧。漢主臨軒求故劍，承恩一拜執金吾。生成燕頷寧辭武，得奉龍顏不羨儒。三提鹵簿陪陵寢，再護樓船下郢都。禁中自失張安世，天上還看周亞夫。」〔註95〕（《滄溟集》卷五）謝榛有詩作《雨雪曲酬戴錦衣伯常見贈》：「窮冬雨雪白浩浩，薊門萬木驚春早。橫笛誰吹出塞聲，梅花亂落關山道。海雲不散寒悠悠，客懷無那空倚樓。有人忽贈陽春曲，坐吟祛我羈旅愁。風流云是楚望子，家在郢中四千里。三十年來錦作衣，天顏咫尺多清輝。金闕門中鳴珮入，玉河堤上搖鞭歸。歸來對灑興不盡，月明更奏飛龍引。」〔註96〕吳國倫《酬戴金吾伯常論學》：「西京大戴儒者徒，從龍奉詔執金吾。玉勒雕戈汗血馬，先驅警蹕馳道呼。道傍仰視色如土，豈知將軍不徒武。說劍能輕萬人敵，談經更號群玉府。赤日耿耿垂高天，辭金不獨關西賢。結交欲盡天下士，妒殺五陵諸少年。兩朝侍從恩已深，但學東方且陸沉。年來屬車少行幸，休沐頗遂思玄心。玄心如珠赤水見。精光不逐風雲變。卻問西河講業人，此中何物堪交戰。」〔註97〕（吳國倫《甔甀洞稿》卷八）又《題戴子終慕堂》：「自失趨庭路，殊傷陟岵情。平原秋草色，殘壘夜烏聲。實恐川陵易，寧知燧谷更。歲華愁並促，風木恨俱鳴。紫碣哀猿臥，玄臺弔鶴行。衣冠虔伏臘，祠宇肅幽明。雙涕懸終老，千秋殉此生。向來虞殯曲，常使楚魂驚。」〔註98〕（吳國倫《甔甀洞稿》卷十八）

為何這些文士要為一位錦衣衛官員寫詩呢？鄒守益《艮齋說》為我們提供了線索。鄒守益說：

> 吾友晴川劉君亟稱錦衣戴伯常之義，予賦詩贈之。予兒義、善上南宮，以道誼相礪也。伯常介以微言，曰：經甫七齡喪先君，賴母氏劬而育之，時與朋儕偶居澡淪。寓藩邸龍山之楚望臺，每瞻直北紅日中天，恒渴觀光之期。皇上龍飛，籍應攀附，因憶在楚所望，身親剪紙，遂以楚望自號。嗣入金吾，直侍御，扈蹕南狩，督獄北司，凡二十年，叢脞無真見。及例授錦衣百戶，陛謝殊遇。清夜奮

〔註95〕〔明〕李攀龍：《滄溟先生集》，包敬第標校，上海：上海古籍出版社，2014年，第146頁。
〔註96〕〔明〕謝榛：《謝榛全集》，朱其鎧等校點，濟南：齊魯書社，2000年，第91頁。
〔註97〕〔明〕吳國倫：《甔甀洞稿》，《四庫全書存目叢書集部》第122冊，濟南：齊魯書社，1997年，第590頁。
〔註98〕〔明〕吳國倫：《甔甀洞稿》，第693頁。

省，至於泣下。竊意所望似協乎中而所志恐徇乎外，乃以艮齋易之，
誓當竭忠定志以止其所。〔註99〕

晴川劉君是陽明門人劉魁（1488～1552）。劉魁字煥吾，號晴川，泰和人。
正德舉人，曾任寶慶府通判、鈞州知州、潮州府同知和工部員外郎。嘉靖二
十一年，皇帝要在三大殿之外再建祐國康民雷殿，劉魁上疏反對，觸怒皇帝，
被廷杖。關在監獄前後七年。到了隆慶時，劉魁才得以平反。《明史》卷二百
九有傳。劉魁稱頌的戴伯常應是與他年紀差不多的人，也才有鄒守益所謂「督
獄北司凡二十年」云云。

錦衣衛，是明代的獨特建制。《明史‧刑法志》載：「錦衣衛升授勳衛、任
子、科目、功升，凡四途。嘉靖以前，文臣子弟多不屑就。萬曆初，劉守有以
名臣子掌衛，其後皆樂居之。士大夫與往還，獄急時，頗賴其力。」〔註100〕
戴經在嘉靖時期為錦衣衛的重要人物，在錦衣衛曾主詔獄事，救了不少人，
其中有陽明學人聶豹、劉魁等。這些人對戴經都非常感激。聶豹《艮齋記》：

> 戴子伯常，家世以校籍，隸錦衣衛。睿皇帝分封之國也，簡世
> 家相衛翼以行，而戴氏與焉，遂家承天，為承天戴也。承天舊有楚
> 臺，臺高峻，眺望可遠，戴子以考命讀書其上，暇則引領北向，瞻
> 雲戀日，而賓王之念油然以興。乃歎曰：「邦畿千里，惟民所止」，
> 遂號楚望。蓋即其地與志而寓意以自勵云。辛巳冬，今皇上龍飛江
> 漢，入紹大統。往從封諸臣工，咸雲從景附，大者鼎食，小者梅感，
> 食舊德而復自道者何限。時戴子甫弱冠，以穎拔負俊名，隱如也。
> 尋以積勞嬰劇疾，幾不免，淹屯數年而後復。乃遂厭薄舉子業，觀
> 頤自求，以上窺古人身心之學。久之，若有所得，駸駸嚮往也。嘉
> 靖庚子（十九年，1540），召補撫軍從事，督獄凡九載。是年，敘勞
> 績，奉恩例試職戶侯，牙璋虎服，翺翔於霓旌霜仗之間，天威不違
> 顏咫尺耳。復自歎曰：「豈若於吾身親見之哉。楚望之想像，失之遠
> 矣。」易號艮齋。蓋悟厥止，將圖所以報稱者，間就余質艮義以自
> 淑。……伯常家世出溫臺，其學三變，余往序其高節堂備之。〔註101〕

（《雙江聶先生文集》卷五）

〔註99〕 〔明〕鄒守益：《鄒守益集》，第484～485頁。
〔註100〕 〔清〕張廷玉等：《明史》，第2339頁。
〔註101〕 〔明〕聶豹：《雙江聶先生文集》，第421～423頁。

戴經追隨皇帝到北京，二十多歲即已經有了名聲。不過，有一段時間身體有問題，養病多年才再回到工作崗位。在三十多歲的時候就已經是錦衣衛負責詔獄的主事人。他原本號楚望，成為錦衣衛千戶之後改為艮齋，並由聶豹為之作記。戴經與陽明學人及嘉靖萬曆間的文人較為頗為密切。歸有光的文集中留下了好幾篇與戴經有關的文章，如《戴錦衣家傳》說：

> 戴錦衣者，父文潤。其先湖州之德清人，後為安陸人。安陸，今之承天府也。文潤家州郭外，為興府良醫，事睿宗皇帝。父戴隱君歿，文潤以毀滅性，郡中人以孟子之語題其廬曰「終慕」，故錦衣家有終慕之堂。夫人徐氏，夫亡時年二十九。子經，甫七歲，即錦衣也。家貧，克勵清操以拊其孤。及錦衣貴，終不改其淡泊，故錦衣家有高節之堂。今皇帝（嘉靖）以親藩入繼大統，國中舊臣皆用恩澤升。錦衣年甚少，補環衛，積功勞至指揮使。錦衣之職，於上十二衛最親貴，兼領詔獄。士大夫被逮者多見掠辱，少有全者，而錦衣恂恂然，為人尤仁恕。凡被繫者，往往從其人問學，常保護之。御史楊爵、給事中周怡員、外郎劉魁，禁繫累年。三人已赦出，相謂曰：「微戴君，吾等安得生至今日乎。」聶尚書豹亦在系，甚稱錦衣之德。謝都御史存儒巡撫河南，以師尚詔反。錦衣奉駕帖往逮，行數千里，衣破弊，謝公以一縑贈之，卻不受。錦衣今謝事家居，門庭寂然，其清素如此。錦衣名經，字伯常。歸子曰：余寓京師南薰坊，錦衣時過從，示余以家所藏文字，為芟其蕪而歸之質，作《戴錦衣家傳》。然余讀華亭楊奉常之《論終慕》，有旨哉，有旨哉。〔註102〕（《震川集》卷二十六）

歸有光還為戴經的文集做了序，即《戴楚望集序》。歸有光稱：「世宗皇帝自郢入繼大統，戴楚望以王家從來，授錦衛千戶。其後，稍遷至衛僉事，嘗典詔獄。當是時，廷臣以言事忤旨鞫繫者，先後十數人。楚望親視食飲、湯藥、衣被，常保護之，故少瘐死者，其後往往更赦得出。如永豐聶文蔚，以兵書被繫，楚望更從受《書》獄中，以故中朝士大夫籍籍稱其賢。嘉靖四十四年（1565），予中第，居京師，楚望數見過，示以所為詩。其論欲遠追漢魏，以近代不足為。余益異之。余既調官浙西，遂與楚望別。隆慶二年（1568）春，

〔註102〕〔明〕歸有光：《歸有光全集》第 6 冊，嚴佐之等主編，上海：上海人民出版社，2015 年，第 668～669 頁。

朝京師，楚望之子樞，哀其生平所為文百卷，謁予為序。」〔註103〕（《震川先生集》卷二）戴經的生卒年不可考，據歸有光此序可知，他在隆慶二年時，他的兒子戴樞出面刊刻《戴楚望集》。這時戴經尚在人世。

又，王世貞《戴金吾禦戎策序》云：

> 余守尚書刑部郎，而戴君伯常時以推擇為金吾緹騎長，間過從談藝甚適已。稍稍聞其直金吾獄，而故相夏忤旨係當死，相嚴恨之甚，以屬君，俾甘心焉，君謝勿應。而大司馬聶貞襄公，以平陽守事逮，君師事之，與談王氏良知之學。其帥陸撼之，君亦弗為動。余雅以賢戴君，而會余出憲青齊，罷歸里，再起藩臬，始入領太僕，別君者二十年，而君亦用勳，屢遷大校，遂擢裨其帥，而且罷矣。君業已六十餘，然鬚髮澤面，與促膝環堵，談說天下事，亹亹不倦已。出一編書示余，曰此所以志也。……余固惜戴君之不遇，而嘉其意之近厚而余忠，因為敘次其語。〔註104〕（王世貞《弇州四部稿》卷六十八，明萬曆五年世經堂刻本）

王世貞任刑部郎中在嘉靖三十二年（1553），升任山東按察司副使、兵備青州是嘉靖三十五年（1556）十月。王世貞於 1557 到青州赴任。萬曆二年（1574）王世貞任太僕寺卿，兩人別離約二十年。〔註105〕此時戴經六十出頭，則戴氏出生年歲當在正德五年（1510）前後。如此，嘉靖皇帝入京時，戴經也是少年，他們或為兒時玩伴亦未可知。

除了王世貞為戴經集有序文外，歐大任（1516～1595）也有《楚望集序》。歐氏說：

> 德清戴君伯常詩二卷，蓋初仕京師時作也。伯常先人良醫公提藥囊事獻皇帝於興藩，因家焉。楚望臺，其遊息之地也，集因以是名云。正德末，伯常從今皇帝龍飛江漢，錄先人功，授錦衣衛千戶，進指揮僉事，顯矣。然每飯意未嘗不在楚望下也。夫丹林綠水之遊，果可以係碩人考槃之念；而鐘鳴鼎食之歡，固不能奪嘐嘐蹢躅之思

〔註103〕〔明〕歸有光：《震川先生集》，周本淳校點，上海：上海古籍出版社，1981年，第 27～28 頁。

〔註104〕〔明〕王世貞：《弇州四部稿》，沈乃文：《明別集叢刊第三輯》第 34 冊，黃山書社，2016 年，第 149～150 頁。《景印文淵閣四庫全書》第 1280 冊，臺北：臺灣商務印書館，1986 年，第 180～181 頁。

〔註105〕酈波：《王世貞文學研究》，北京：中華書局，2011 年，第 259～261 頁。

哉。嘉靖初，上方興禮樂，以登閣至治，而伯常官禁近，備宿衛，親睹郊廟禮儀，聖明製作之盛，退而歌詠，頌述殆有意於樂府協律之作。兩從上陵，每在鈞陳鹵薄中。復扈蹕，幸郢涉郧，鄧望沅湘，尋童稚鈞遊之地，登降沿洄，遊行眺聽，瞻枌榆而攀桑梓，獲與里閭父老子弟，伏承宣諭，以為湯沐光寵。是時，蓋亦忼慨於大風雲起之歌，而希豔於陽春白雪之曲矣。居京師，周旋紈綺間，非其好也。問學於大司馬聶公，而時時從臨清謝茂秦、濟南李于鱗、長興與徐子與、武昌吳明卿、魏順甫諸君遊。暨余至，則伯常隱名跡，遠權勢，逍遙園居，實辱交焉。每過海籌亭，恒把酒賦詩，紀皇恩，述先德，相與談郢中故事，悠然於石城京嶺之外。問以是集命余為序。余聞張子孺，漢宿衛之臣也。謙退忠謹，夙夜不怠。將軍封侯，天子親焉。施及嗣人，延壽千秋。繆侯武始，咸有敬侯之風，漢人謂功臣之世，保國持寵，未有若富平者也。伯常魁岸鉅人，文武殆將為憲，其子孫多賢，蓋楚望基之矣，謂為今之富平，非耶。〔註106〕

（歐大任《歐虞部文集》卷四，北京大學圖書館藏清刻本）

總之，戴經的父親曾為正德時藩王府（興王府）醫生，故戴經與嘉靖皇帝（1507～1567）認識時年紀尚幼，屬於興王府舊人，後來跟隨皇帝入京，多年後升任錦衣衛指揮使。又曾跟隨皇帝出行，或奉命出使，屬於皇帝近臣。他任錦衣衛時保護了不少官僚大夫，在士人群體中有較高的聲譽。他又和陽明學人多有親近，這是陽明學在嘉靖時期得以廣為傳播的一個有力支撐。

後來，人們對戴經事蹟已不知其然。明末清初人沈佳撰《明儒言行錄》，該書卷八「劉魁」條云：「劉魁字煥吾，江西萬安人。嘉靖間鄉薦，仕至工部員外郎。初判寶慶，歷遷工部員外郎。上時務十事，皆嘉納。有詔徙雷壇禁中，公上疏諫。自分獲譴，先授家僮囊金三兩治後事。疏入，上震怒，杖之廷。入獄，創甚，有百戶戴經者，藥之得不死。」戴伯常就是戴經，是劉魁的救命恩人。

清代時，戴經的著述大都失傳。黃虞稷（1629～1691）《千頃堂書目》卷二十三：「戴經《戴楚望詩集》□卷。以王家從世宗入繼大統，授錦衣衛千戶，歷官衛僉事。在錦衣，常護視詔獄諸人。從聶豹受經於獄中。一時士大夫皆

〔註106〕　〔明〕歐大任：《歐虞部集》，《四庫禁燬書叢刊　集部》第47冊，北京：北京出版社，2000年，第82頁。

稱其賢。」〔註107〕從上述歐大任《楚望集序》可知，《戴楚望詩集》應為二卷。清丁宿章《湖北詩徵傳略》卷二十五錄歸有光《戴楚望集序》，並有按語稱：「案，經詩文不概見。邑志並其姓名而佚之。據震川文錄入。震川非漫言者，且言其子概哀其所為文百卷以乞序，當不等諸小言之詹詹，何竟一無可傳也。或亦菟羅之未至歟。」〔註108〕（清光緒七年孝感丁氏涇北草堂刻本）戴經曾經顯赫一時，不僅有陽明學人為之作文，還有文學史上有名的嘉靖後七子為之作詩文。百年後，即不見其蹤影，他的故事不再為陽明學人所講述，更不為學人所熟知。比如，民國時，有人從天一閣藏書中發現了一部戴氏的著作。羅振常《天一閣藏書經見錄》有這樣的記載：「《使楚稿》。前詩數十首，次文數首，多遊記。末一首為《奉使辭荊記》。戴子奉使至蒲圻，『諭縣尹以旨意，頃縣尹逮兵部侍郎謝君存儒至，乃與話平生，述事狀，知其為誠愨人也。是夜，持金以為贈，辭之，屢增而屢辭。次日，鄉大夫相繼來，亦以此輸。戴子曰：四海之內皆兄弟也。今人處此患難之地，有力者皆思恤之，此古今之通義也。予無力以周之，又從而取之，是不義也。若君命何』云云。以後為鳳山贈別，皆所贈之詩文（《送戴錦衣序》）。按其《荊門山行記》中，稱嘉靖癸丑十月奉使。」〔註109〕羅振常沒有說戴子為誰氏。其後王國維還為之做了細緻的考證。王氏《傳書堂藏書志》稱：「《使楚稿》一卷附《鳳山贈別》一卷。明鈔本。此嘉靖癸丑戴錦衣奉使蒲圻時作，附《鳳山贈別》一卷則楚人所贈詩文也。集中不見錦衣之名。按《千頃堂書目》云：戴經以王家從世宗入繼大統，授錦衣衛千戶，歷官衛僉事。在錦衣常護詔獄諸人，從聶豹受經於獄中，一時士大夫皆稱其賢。有《戴楚望詩集》。此稿中有《荊門山行記》云：『自憶從龍而北，歷十八年，始隨聖人大狩來茲，迄今又十四年矣』云云，是錦衣即戴經無疑。錦衣此行，實案蒲人故汴撫兵部侍郎謝存儒事，存儒餽以金，不受。有詩見集中，云『師門多至訓，再拜謝深情』，蓋猶不忘雙江之教也。天一閣藏書。」〔註110〕王國維查考《千頃堂書目》，找到戴經即戴錦衣，是聶豹

〔註107〕〔清〕黃虞稷：《千頃堂書目》，瞿鳳起等整理，上海：上海古籍出版社，2001年，第612頁。

〔註108〕〔清〕丁宿章：《湖北詩徵傳略》，《續修四庫全書》第1707冊，上海：上海古籍出版社，1996年，第512頁。

〔註109〕羅振常：《嘉業堂鈔校本目錄 天一閣藏書經見錄》，周子美編，上海：華東師範大學出版社，2000年，第208頁。

〔註110〕王國維：《傳書堂藏書志》，王亮整理，上海：上海古籍出版社，2014年，第1223頁。

的弟子，並且從《使楚稿》中找到了戴經忠於聶豹學說的證據。陳乃乾（1896
～1971）也曾見過戴經的這部書，其《明人別集書目題跋》云：「《使楚稿》，
明戴經。藍格鈔本。嘉靖癸丑奉使蒲圻所作。後附《鳳山贈別》諸詩文。」
〔註111〕

　　作為錦衣衛千戶、僉事的戴經，曾充當過陽明學人的保護人。歸有光說：
「蓋楚望之於道勤矣。始，楚望先識增城湛元明（湛若水），是時年甚少，已
有志於求道。既而師事泰和歐陽崇一、聶文蔚，至如安城鄒謙之、吉水羅達
夫，未嘗識面而以書相答問。及其所交親者，則毗陵唐以德、太平周順之、富
平楊子修，並一時海內有道高名之士。予讀其往來書，大抵從陽明之學。至
於往復辨難，必於自得，非苟為名者。」〔註112〕（《震川先生集》卷二）不止
如此，他還刊刻過幾種陽明著作，《陽明先生與晉溪司馬書》是其中之一。

　　為何戴經購買了陽明給王瓊的書信之後，要讓宋儀望寫一篇序文呢？這
應該與宋儀望是聶豹的門人，並有刊刻陽明著述的經驗有關。

五、河東重刻：覆刊陽明集

　　嘉靖三十二年（1553），在都察院任職的宋儀望出按河東（山西）鹽政。
在此期間，他為河津縣、猗氏縣縣學的重建寫了文章。宋氏《華陽館文集》卷
五載其《河津縣重修儒學記》一文：

　　　　今上癸丑春三月，予奉命出按河東。河東自冬徂春，皆不雨，
　　民乃大饑。是時河津令高文學來言修學事。予謂：古者興作苟不因
　　天度民，《春秋》必書以刺時事。然魯修泮宮，經乃不見。是政教之
　　本也，修之便雖然其少需乎。夏五月雨，是年大有秋。予乃檄縣舉
　　事，已得奸法者，褫其貲若干佐之。於是令文學以耆民二人督其功
　　而聽民釀金為助。未幾，廟廡堂奧、神廚牲所、齋舍門楔，存舊易
　　盡，煥焉大備已。又易學宮前民地，加宏敞焉。是年秋杪，予按行
　　郡國，自蒲阪歷華陰返自韓城抵於龍門，謁禹廟覽河山之勝，慨然
　　久之。遲明，趨學宮展事已顧而樂焉。於是令率其學宮弟子跽而請，
　　曰：河津之學敝且久矣。今幸徼福於下，執事願一言以詔多師多士，
　　且俾後之蒞茲土者知學校之為重而章臺臣之急教本也。予聞之，喟

〔註111〕陳乃乾：《陳乃乾文集上》，北京：國家圖書館出版社，2009年，第437頁。
〔註112〕〔明〕歸有光：《震川先生集》，第28～29頁。

> 然歎曰：爾令爾多師多士其知學校興建之緣與茲地昔時之盛
> 乎？……漢唐以來皆知重學校而宗孔氏，然其制莫備於我明。豈非
> 以孔子本仁義、述六經以教萬世？是故，廟祀孔子於學校，正以使
> 天下皆知尊孔氏，而後堯舜禹湯文武之緒得以不墜歟？……昔者子夏
> 蓋嘗學於夫子矣。出見紛華而未定，其後篤信夫子，返以其學授河
> 汾。是向之所戰至此而後勝焉。今吾與諸生且將從事於子夏之戰，
> 以求說於夫子之道，如臨深淵，如履薄冰，則雖未必至於夫子也，
> 其亦庶幾已乎於是。諸生聞之，唯唯而退。〔註113〕（宋儀望《華陽
> 館文集卷五·河津縣重修儒學記》）

宋儀望在山西巡查期間，重視學校的重建，以為此乃政教之本。曾寫下詩句抒發其書院情懷：「郊原過雨草煙新，滿院風光絕四鄰。深洞細云依斷壁，曲池流水引通津。到來幽徑花仍發，坐臥閒房鳥自親。最憶安陽張仲子，肯留文藻照青春。」〔註114〕（宋儀望《華陽館文集卷一七·初遊河東書院懷前臺長張仲修》）宋儀望認為作為學校的書院不僅事關政治，更事關民生，因此需要主官加以著重考量。通過學校的教化，通過孔孟之道的傳承，通過對於仁義道德的講求，才能真正實現聖人之道的不墜於地。他更強調要學校師生有一種如臨深淵、如履薄冰的態度，悉心講求，雖然未必能成為孔夫子那樣的聖人，但庶乎不遠矣。不過僅僅有了學校煥然大備的建築設施，並不能保證學校之多師多士能夠自然完成教萬世之主旨，重點在於相與講明正學，同時更需要本身傳遞著聖人之道的可靠文本可讀，因此，他積極刊刻陽明學相關著述。嘉靖三十二年（1553）秋天，宋儀望贊助刻印了「陽明先生文集」。他說：

> 陽明先生文集，始刻於姑蘇，蓋先生門人錢洪甫氏詮次之云。
> 自後刻於閩、於越、於關中，其書始漸播於四方學者。嘉靖癸丑春，
> 予出按河東。河東為堯舜禹相授受故地，而先生之學則固由孔孟以
> 沂堯舜，於是間以竊聞先生緒言，語諸人士而若有興者。未幾，得
> 關中所寄先生全錄，遂檄而刻之。〔註115〕（《華陽館文集》卷一）

〔註113〕〔明〕宋儀望：《華陽館文集》，第334～335頁。
〔註114〕〔明〕宋儀望：《華陽館文集》，第455頁。
〔註115〕〔明〕宋儀望：《華陽館文集》，第301頁、605頁；〔明〕王陽明：《王陽明
全集（新編本）》，第2157頁。《王陽明全集（新編本）》中有部分字詞與《四
庫全書存目叢書》本不同，此據《存目》本。下同。

所謂「關中所寄先生全錄」，當是閭東本。閭東《重刻陽明先生文集序》作於嘉靖二十九年（1550），其云：

> 《陽明先生文錄》，舊刻於姑蘇。《傳習錄》刻於贛。繼又有薛子者（薛侃），刻其《則言》。然相傳不多得，同志者未得合併以觀全書，每有餘憾。東按西秦，歷關隴，見西土俊髦，群然皆忠信之質也，因相與論良知之學，盡取先生《文錄》，附以《傳習錄》，並《則言》，共若干卷刻之，願與同志者共焉。〔註116〕

當時閭東是巡撫陝西監察御史。陝西即關中，所以宋儀望所據之本當是閭東本。宋儀望只說有關中刻本，不提閭東，或許這是他一貫的做法也未可知。

宋儀望重刊《陽明先生文集》二十四卷，包括《文錄》五卷，其中卷一至三書，卷四序、記、說，卷五雜著；《外集》九卷，其中卷一賦、騷、詩，卷二至四詩（卷二居夷詩、卷三廬陵詩 6 首、京師詩 24 首、歸越詩 5 首、滁州詩 36 首、南都詩 47 首、贛州詩 36 首，卷四江西詩 120 首、居越詩 34 首、兩廣詩 21 首），卷五書，卷六序，卷七記，卷八說、雜著，卷九墓誌銘、墓表、墓碑、傳、碑，《別錄》十卷，其中卷一至七奏疏，卷八至十公移。值得注意的是，這樣的文集排序是錢德洪所設計的，下文我們將對此進行說明。

宋儀望刊書時還對陽明學的發展情況作了評判。他說：「先生既歿，在門之徒有號稱脫悟，或稍變其師說而軼於繩墨，後進之士遂妄加訾議，而卒視聖人為不可及。嗚呼，是則可懼也已。今之讀先生書者，果能求先生之心，體先生用功之實，譬之衣服飲食，飽暖自知，若是則將終身從事，猶懼涉汪洋而茫無涯涘也。彼人之至與不至，訾與不訾，又何與我哉。是則先生之學也，是則重刻先生之集之意也。」〔註117〕（《華陽館文集》卷一）宋儀望認為，陽明學在當時已得到諸多士子的認可，但陽明去世之後陽明後學開始偏離師說，甚至有自立門戶的想像出現（值得注意的是，此文收入宋儀望《華陽館文集》卷一時將「自立門戶」等語句刪除，其緣由不可知）。宋儀望以為，陽明後學對陽明學的闡釋已造成很大爭議，乃至對陽明學本身也多有訾議，因此刊刻陽明本人的著述極為必要。當然，最重要的並不在於文本本身，而是透過文

〔註116〕〔明〕王守仁：《王陽明全集》，第 1766～1767 頁。
〔註117〕〔明〕宋儀望：《華陽館文集》，第 302 頁、606 頁；〔明〕王陽明：《王陽明全集（新編本）》，第 2158 頁。

本所傳達的聖人之道激發士人對於聖人可及這一理念的闡發和踐行，只有有了這種對聖賢的崇敬和信仰，自身謹慎行事，不斷磨礪，才能是真正的陽明學，也即是堯舜禹之心傳得以光大的基點。

其後，宋儀望又在隆慶六年（1572）贊助刊刻該書，是為建寧府知府邵廉重刊本。宋氏專為此事做序，稱：「是集予往按河東刻之。今復承乏視學閩中，適司諫南豐邵君守建寧。予過建，辱君過從署中，相與劇談陽明先生之學。司諫君曰：今所刻陽明全集直與孟氏七篇相表裏，蓋佛家所謂正眼法藏也。顧請前集翻刻之，以惠八閩士子如何？予謝曰：是不穀之志也。然必辱高序，庶幾來哲知吾二人所用心云。司諫君曰諾。遂書之以識歲月。時隆慶六載歲在壬申仲春廿有八日。宋儀望題。」〔註118〕宋儀望將他在山西運城巡鹽御史任上重刊的陽明文集交給建寧府知府邵廉。不過我們知道，到了隆慶年間，錢德洪等人編輯陽明文集及年譜的各項工作已經全部完成，宋儀望等人所謂的重刻全集，是否收錄了錢德洪等人後來編輯的陽明著作呢？邵廉為重刊本作《刻陽明先生全集序》。此序《王陽明全集》（新編本）未收錄。邵廉云：

> 天生出類之才，必從而諉屬之，使能尋究道原，立功立言，以垂照後世。當代若陽明先生者，非所謂出類之才耶。其功業以匡時，著述以捄世，具在是編。今其門人論述者，皆以為非其至也，而獨揭其所謂良知者。嗟夫古聖蹈迪在門、闡述萬世，孰逾孔孟氏哉。《論語》一書，轍跡所至，君相大夫交際，寓主隱約，覯接淹速，徑曲污隆。門人問答，進退川流，即德榮光斯照。故其自敘，曰無行不與二三子，曰述而不作，曰好古敏求忘時忘憂。其在門之士，知足知聖者，曰見禮知政，聞樂知德，未嘗外著述也；曰賢於堯舜，曰綏來動和，未嘗外事功也。其答問仁，曰克復，曰敬恕，曰認四教，曰文行忠信。至孟氏推尊孔氏，亦曰仕止久速，曰進退辭受而已。乃性與天道，雖穎悟之傑，且歎其不可得聞，而中人以下，夫子以為不可語上。蓋欲學者潛修而默識爾。夫人心之良，譬之佳種，根苗秀實，檃之一穀，而芟柞培溉，檃之一事而成德達才。國醫治病，溫寒燥濕，惟變所適，聖門諒同斯矣。明朝承元，斯道晦蝕，

〔註118〕 翟鳳奎、向輝：《陽明文獻彙刊》第 28 冊，成都：四川大學出版社，2015 年，第 32～33 頁。

習浮踵陋，志士僅抱遺文，璞玉礦金，閟而不顯。陽明先生揭致良知之學示人，本本元元，如起沉痾，如呼大寐，良以捄世而康濟生民、計安社稷。先生之實學孔門之宗派也。沿流之弊，或執靈明以為用而忘戒懼之為功；或自謂無意必弗信果以為體而不知恣肆而無忌。是於先生之全書，譬之食而不知其味，程子屋脊過之之喻，良若有慨於斯。今也余不敢謂知先生之學。今論宗旨，昭昭乎若揭日月行矣。顧念諸君子尊先生如孔孟氏而略行事著述或有異於孔氏，自敍與其徒之闡述也。此則督學宋公授刻先生全書意也。謹序。隆慶六年歲在壬申季春望日南豐後學邵廉書。〔註119〕（日本早稻田大學藏隆慶六年邵廉序刊本《陽明先生文集》）

　　邵廉主持或贊助刊印過《陳伯玉文集》十卷、《歐陽文忠公集》一百五十三卷、《南豐先生元豐類稿》五十卷、《翰林羅奎峰先生文集》十八卷、《遵岩先生文集》四十一卷等。《天祿琳琅書目》卷十「南豐先生元豐類稿」條云：「每卷標題，次行有南豐後學邵廉校刊八字，未詳邵廉為何人。而版式、紙質均係明制，無可掩襲。」〔註120〕邵廉是誰？他為何與宋儀望暢談陽明學？宋儀望說他曾任福建建寧府知府。邵氏去世後，陳文燭為之撰《墓表》，載陳文燭《二酉園續集》卷十九《成都府知府邵公墓表》；〔註121〕王弘誨為撰墓誌銘，載《太子少保王忠銘先生文集天池草重編》卷二十《中順大夫成都府知府圭齋邵公墓誌銘》。〔註122〕王弘誨（1542～1615）字紹傳，號忠銘，廣東安定（今屬海南）人。嘉靖四十四年（1565）進士，為邵廉同年，官至南京禮部尚書。〔註123〕據陳、王文字可知，邵廉（1528～1583）字養心，號圭齋，江西永豐人。邵廉是嘉靖三十四年（1555）舉人，三次參加會試不重，於嘉靖四十四年（1565）中進士。曾任工部虞衡司主事、兵科給事中、福建建寧知府、廣東肇慶府知府和四川成都知府。王弘誨還說：「初，公成進士，出新鄭

〔註119〕　翟鳳奎、向輝：《陽明文獻彙刊》第 28 冊，第 11～16 頁。
〔註120〕　〔清〕于敏中：《天祿琳琅書目》，徐德明標點，上海：上海古籍出版社，2007年，第 349 頁。
〔註121〕　〔明〕陳文燭：《二酉園文集》，《四庫全書存目叢書集部》第 139 冊，濟南：齊魯書社，1997 年，第 166～167 頁。
〔註122〕　〔明〕王弘誨：《太子少保王忠銘先生文集天池草重編》，《四庫全書存目叢書集部》第 138 冊，濟南：齊魯書社，1997 年，第 308～310 頁；〔明〕王弘誨：《天池草》，王力平點校，海口：海南出版社，2004 年，第 433～437 頁。
〔註123〕　〔明〕王弘誨：《天池草》，王力平點校，海口：海南出版社，2004 年。

高公門（高拱）。新鄭再相，兼理詮部，欲以己意去所不善者。公乘間具言，宰相當有休休量，不宜以恩怨示人。新鄭公陽頷其言而陰憾之。明年出知建寧。」在福建建寧府知府任上，邵廉曾建崇正書院，祭祀朱熹（考亭）、劉子翬（屏山）、謝枋得（疊山）等儒者。王氏說，邵廉「解官歸，不關外事。日與同志者講知行之學。好讀馬遷、董、賈文，陸宣公、蘇子瞻奏議，故疏草人爭傳之，而文不甚法遷、賈，要在攄所自得語，明習國朝典故，諸路便宜。著有《典志考義》二十卷，詩文二卷。」邵廉的著作今未見傳本。所知的只有他贊助刊行的若干種先賢著作。陳文燭文集中還有《邵圭齋先生集序》，其文曰：「往余同邵養心舉進士，觀吏部政，每論文及大江之西，則曰廬陵歐文忠、南豐曾文定、臨川王文公、廣昌何文肅、南城羅文肅此五大家者。……按牒而求，誰為文忠公之耳孫乎？誰為文定公之宗子乎？是在養心矣。昔人言詩有江西宗派，余於文亦云。養心有水部、諫垣、建陽、成都、山居諸告，總序而題曰《邵圭齋先生集》。」〔註124〕（陳文燭《二酉園續集》卷三）此書未見有傳本。王弘誨僅僅說邵廉晚年曾與人講知行之學，未提及王陽明。他寫作《邵公墓誌銘》的時間是萬曆十一年（1583）癸未，此時陽明尚未從祀，邵氏參與傳播陽明學之事也就不為作者所大書特書。

宋儀望《河東重刻陽明先生文錄》傳承至今，有多家收藏。崔建英《明別集版本志》著錄：

> 《河東重刻陽明先生文錄》五卷《外集》九卷《別錄》十卷，明王守仁撰，明嘉靖三十二年（1553）宋儀望刻本。十行二十字，白口，左右雙邊，魚尾下鐫「陽明文錄」。卷端不著撰人名氏。嘉靖乙未黃綰序，嘉靖丙申鄒守益序，嘉靖癸丑（三十二年）宋儀望《河東重刻陽明先生文集序》。宋儀望曰：「得關中所寄先生全錄，遂檄而刻之。」（上海，四川）〔註125〕

嚴紹璗《日藏漢籍善本書錄》著錄：

> 《河東重刻陽明先生文錄》五卷《外集》九卷《別錄》十卷，明王守仁撰，宋儀望編，明隆慶六年（1572）刊本。國會圖書館、早稻田大學圖書館藏本。按，國會圖書館藏本，《文錄》今存卷三至四，共殘本三卷；《外集》今存卷一之卷四，卷七至卷九，共九卷；

〔註124〕〔明〕陳文燭：《二酉園續集》，第444～445頁。
〔註125〕崔建英：《明別集版本志》，第96頁。

《別錄》存全本。原共十七冊，現合為八冊。早稻田大學圖書館藏本，共十冊。〔註126〕

《王陽明文獻普查目錄》著錄：

> 《河東重刻陽明先生文錄》五卷《外集》九卷《別錄》十卷，明王守仁撰，明嘉靖三十二年（1553）宋儀望刻本。國家圖書館、上海圖書館、安徽圖書館、四川大學圖書館藏。〔註127〕

對於《河東重刻陽明先生文錄》的版本情況，《王陽明著述提要》認為「對比此前已刊刻的嘉靖十四年聞人詮等刻本，是書實為宋儀望利用舊版修版重印。」〔註128〕據餘姚志書所載：

> 聞人詮，字邦正，號北江。王守仁姑表弟，執贄稱弟子。守仁在贛，詮與兄閎（字邦英），兩致書問學，守仁兩復之。嘗危病兄閎，祈死求代。未幾，閎卒，其母哭，喪明。守仁曰：「聞人氏可謂慈孝兼至。」詮舉嘉靖五年進士，知寶應縣。縣南有泛光湖，延袤三百里，風濤汩沒，軍民病之。詮議開越河以衛漕，輿論不決。乃試築一方，以一準十，工用不煩，卒成之。擢御史，巡視山海關，修城保四萬餘丈。論救都御史王應鵬，逮入，廷杖。十一年，視南直隸學政。時，守仁沒已六年，僅存《文錄》《傳習錄》《居夷集》，余或散亡訛錯，詮與德洪定《文錄》，刻之行世。世宗幸承天，後行宮尚存，人慮再幸，詮上疏撤之。十八年改河南道御史，已，出備兵辰、沅。請告歸。卒年六十四。〔註129〕（《〔光緒〕餘姚縣志》卷二十三）

如此，則聞人詮是在南直隸提學御史任內贊助刊行《陽明先生文錄》。陽明去世後六年是為嘉靖十四年。聞人詮之後，閻東於嘉靖二十九年（1550）重刊《陽明先生文集》也在都察院任內，閻東《重刻陽明先生文集序》題銜為「巡按陝西監察御史內江後學閻東」。宋儀望《河東重刻陽明先生文集序》題銜為「文林郎河南道監察御史廬陵後學宋儀望」，序文的撰寫時間則是「嘉靖癸丑」。宋儀望也是在都察院巡按任內刊行該書，但蘇州與河東相隔距離遙遠，是否能利用舊版尚難推測。但無論如何，從聞人詮、閻東到宋儀望刊本皆是

〔註126〕 嚴紹璗：《日藏漢籍善本書錄》，第 1682 頁。
〔註127〕 賈大偉等：《王陽明文獻普查目錄》，第 9 頁。
〔註128〕 李文潔等：《王陽明著述提要》，第 29 頁。
〔註129〕 〔清〕周炳麟：《〔光緒〕餘姚縣志》，臺北：成文出版社，1983 年，第 586 頁。

贊助人在都察院任職期間完成的，也就是說都察院是陽明文集的主要贊助機構。

六、御史刻書：都察院刊行

從書籍的製作而言，「有名一代書籍生產之盛，是它以前的任何時代所不可比擬的。」〔註130〕古籍版本學界在處理明刻本時，一般以刻書的主體分為政府刻書（官刻）、藩府刻書（藩刻）、私人刻書（家刻）和坊肆刻書（坊刻）等不同的類型。其中，政府刻書又分為內府刻書、中央政府刻書和地方政府刻書等。〔註131〕這種分類延續了明代人的認識，比如周弘祖《古今書刻》通行本上編是刻書，所呈現的周氏版刻分類是機構和地域二分法，機構區分中央機關，包括內府、禮部、兵部、工部、都察院、國子監、欽天監、太醫院、隆福寺、南京國子監、南京提學察院；地域則是各省，包括北直隸、南直隸、浙江、江西、福建、湖廣、河南、山東、山西、陝西、四川、廣東、廣西、雲南、貴州等，各省又分布政司、按察司、各府和藩王府。〔註132〕而下編是刻石，則只以地域劃分。在中央機關中，周氏著錄都察院刻書33種，包括：

《史記》《文選》《潛夫論》《杜詩集注》《詩林廣記》《千家注蘇詩》《盛世新聲》《太古遺音》《唐音》《臞仙神奇秘譜》《玉機微義》《詩對押韻》《武經直解》《孝經注疏》《適情錄》《算法大全》《琴韻啟蒙》《三國志演義》《水滸傳》《千金寶要》《太平樂府》《悟真篇》《雍熙樂府》《爛柯經》《萬化玄機》《披圖測海》《中原音韻》《參同契》《王氏家藏》《杜研岡集》等。〔註133〕

〔註130〕 李致忠：《中國古代書籍史》，北京：文物出版社，1985年，第112頁。

〔註131〕 趙前：《中國版本文化叢書 明本》，南京：江蘇古籍出版社，2003年；趙前：《明代版刻圖典》，北京：文物出版社，2008年。

〔註132〕 按照周弘祖的思路，今人編纂了《全明分省分縣刻書考》。該書較前人的不同處在於，以人繫書，比如宋儀望是江西永豐縣人，則其刊刻的《陽明先生文粹》《歐陽先生文選》等皆列入江西卷。該書又將都察院刻書列入北京市，並云：「都察院，明代中央監察機構。長官為左都御史，下屬十三道都監察御史，巡按州縣，提督各道，為天子耳目風紀之司，亦刻書笈。」（杜信孚、杜同書：《全明分省分縣刻書考·北京市卷》，北京：線裝書局，2001年，第2頁。）

〔註133〕 〔明〕周弘祖：《古今書刻》，上海：上海古籍出版社，2005年，第325頁。楊洪濤等人認為，周弘祖著錄的都察院刊書33種，可以確定其中14種並非都察院刊本。但周弘祖本人又曾為都察院御史，其編書目時應該參考了都察院藏書。為何他的書目中都察院刻書錯誤如此之多？由於《都察院書目》亡佚，亦未見周弘祖本人相關論述，詳情不得而知。關於周弘祖書目及都察院

　　周氏所記未必準確，也非常不詳盡。據書目記載，都察院書籍有《都察院書目錄》一卷一本。〔註134〕周氏是否看到過這部書目，我們不得而知。而他又據何種資料得到的都察院刻書清單，亦是一大謎題。據李開升《明嘉靖本研究》一書可知，周氏極有可能是以金臺汪諒的刻書廣告中抄錄了書目，並將其歸於都察院。李開升提到，國家圖書館藏汪諒刻《文選》後印本有汪氏刻書廣告：

　　　　金臺書鋪汪諒見居

　　　　正陽門內西第一巡警更鋪對門。今將所刻古書目錄列於左，及
　　家藏今古書籍不能悉載。願市者覽焉。

　　　　翻刻司馬遷正義解注《史記》一部。

　　　　翻刻梁昭明解注《文選》一部。

　　　　翻刻黃鶴解注《杜詩》一部，全集；

　　　　翻刻《千家注蘇詩》一部；

　　　　翻刻解注《唐音》一部；

　　　　翻刻《玉機微義》一部，係醫書；

　　　　翻刻《武經直解》一部，劉寅進士注。

　　　　俱宋元板。

　　　　重刻《名賢叢話詩林廣記》一部；

　　　　重刻《韓詩外傳》一部，十卷，韓嬰集；

　　　　重刻《潛夫論》，漢王符撰，一部；

　　　　重刻《太古遺音大全》一部；

　　　　重刻《臞仙神奇秘譜》一部；

　　　　重刻《詩對押韻》一部；

　　　　重刻《孝經注疏》一冊。

　　　　俱古板。

　　刻書，參見：崔文印：《〈古今書刻〉淺說》，《中國典籍與文化》，2007 年第1 期，第 4～10 頁；楊洪濤、賈二強：《明代都察院刊刻〈三國志演義〉〈水滸傳〉芻議》，《歷史文獻研究》，2019 年第 1 期，第 300～308 頁；楊洪濤：《〈古今書刻〉新探》，《古籍整理研究學刊》2019 年第 2 期，第 10～14 頁。

〔註134〕《述古堂藏書目錄》卷四、《千頃堂書目》卷十、《絳雲樓書目》卷一和《明史》卷一百三十四等著錄相同。《都察院書目》未見今存本，不知是藏書目錄，還是刻書目錄。

　　汪諒的刻書廣告的 14 部書，有 13 種被周氏《古今書刻》著錄為都察院刻書，僅有《韓詩外傳》被替換成了《盛世新聲》。〔註 135〕周氏《古今書刻》存在明刻本和明黃家善校刻本兩種不同的版本，今通行本未必就是周氏之書原貌。〔註 136〕因此，到底是周氏原稿即已如此，還是後來的編刊者造成的問題，我們已經無從考究。我們能夠確定的是，周弘祖《古今書刻》之通行本關於都察院刻書的著錄是有問題的，我們不能據此來分析都察院刻書的情況。對於都察院刻書，我們只能根據現有的古籍予以推進。陽明的著作恰為其中之一。

　　通行本《古今書刻》著錄了兩種陽明文獻，其一是《陽明文集》，有南直隸蘇州府和福建建寧書坊刻本。〔註 137〕其一是《陽明文錄》，有南京國子監和南直隸揚州府兩種刊本。〔註 138〕《陽明文集》和《陽明文錄》究竟是什麼書呢？南京國子監和揚州府的刊本則不知其所謂。我們所知的是，蘇州府曾幾次刊刻過陽明著作，其一是聞人詮贊助刊行的版本，其一是范慶主持刊行的重修本。我們看到，列入到「別集類」的陽明文集的品種較為複雜。據今人古籍的調查可知，現存陽明先生文集的早期刊本有若干種：

　　嘉靖十二年（1533）癸巳黃綰作《陽明先生存稿序》。〔註 139〕嘉靖十四至十五年（1535〜1536）乙未聞人詮刻本（《文錄》五卷《外集》九卷《別錄》十卷）、嘉靖二十六年（1547）丁未范慶刻本（《文錄》十七卷《語錄》三卷）、嘉靖二十九年（1550）庚戌閭東刻本（《文錄》五卷《外集》九卷《別錄》十四卷）、嘉靖三十二年（1553）癸丑宋儀望刻本（《文錄》五卷《外集》九卷《別錄》十卷）、嘉靖三十五年（1556）丙辰董聰刻本（《正錄》五卷《外錄》九卷《別錄》十四卷）、嘉靖三十六年（1557）丁巳胡宗憲刻本（《文錄》五卷《外集》九卷《別錄》十卷）、萬曆二十一年（1593）癸巳陳效刻本（《文錄》五卷《外集》九卷《別集》三卷《傳習錄》三卷《傳習續錄》二卷），以及不知年代的嘉靖刻本和明刻本等。這些刻本中，以聞人詮本存世最多。〔註 140〕但征諸前人書目著錄，情況略有不同。如，黃虞稷《千頃堂書目》著錄：

〔註 135〕李開升：《明嘉靖本研究》，第 92〜93 頁。
〔註 136〕陳清慧：《〈古今書刻〉版本考》，《文獻》，2007 年第 4 期，第 161〜168 頁；肖禹、陳清慧：《〈古今書刻〉續考》，《文獻》，2014 年第 6 期，第 15〜26 頁。
〔註 137〕〔明〕周弘祖：《古今書刻》，第 326、366 頁。
〔註 138〕〔明〕周弘祖：《古今書刻》，第 330、343 頁。
〔註 139〕〔日〕永富青地：《王守仁著作之文獻學的研究》，第 532〜533 頁。
〔註 140〕賈大偉等：《王陽明文獻普查目錄》，第 8〜9 頁。

　　王守仁《陽明文錄》二十卷，又《文錄別集》八卷，又《續錄》
八卷。又《陽明全書》三十八卷，又《居夷集》三卷，又《陽明寓廣
遺稿》二卷。（原注：字伯安，餘姚人，南京兵部尚書，以軍功封新
建伯，世襲，諡文成。）又《陽明先生文粹》十一卷，宋儀望輯。又
《陽明文選八卷》，王畿輯。（點校者注：《明史藝文志》只《陽明全
書》三十八卷，無其他各種。）〔註141〕（《千頃堂書目》卷二十一）

　　前述黃虞稷《千頃堂書目》所謂《陽明文錄》二十卷，與之相當的早期
刊本只有范慶刻本。明史研究者注意到，萬曆四年（1576），范慶之子范謙曾
因為上疏救被張居正處罰余懋學、傅應禎等人，被迫辭職回家，仍在萬曆九
年（1581）二月被張氏處分，貶謫為福建左參議分守漳南。而宋儀望雖然是
張居正同年，也因傅應禎等人處理問題而勸解張居正，但張氏不滿，宋儀望
被劾。〔註142〕也就是說，范謙（1534～1597）和宋儀望兩人因為張居正而聯
繫起來了。范慶之子范謙，字汝益，號涵虛，諡文恪。隆慶二年（1568）進
士，選翰林院庶吉士，與修《實錄》《大明會典》，官至禮部尚書。范謙在翰林
院期間寫過《擬新建文成侯諡議》的館課文章，有所謂「以理學澤身心，履道
坦坦；以儒術經世務，敷政優優」之說，對陽明及其學術的評價較為中肯，馬
自強（1513～1578）說該文「只此數言，可作陽明先生實錄」。〔註143〕可以
說，范慶父子二人都對陽明學的傳播有貢獻。范慶為重刊陽明文集寫了一篇
文章，他說：

　　　　陽明先生遺集傳於世者，有《存稿》《居夷集》《文錄》《傳習錄》，
　　門人緒山錢子乃並之，曰《文錄》。復取先生之奏疏、公移，釐為《別
　　錄》，合刻於吳郡。惟《傳習錄》別存焉。未幾，厄於回祿，版遂殘
　　缺。嘉靖甲辰，慶來守茲郡，亟求焉，僅得《文錄》版什之二三。
　　然魯魚亥豕，猶未免也。《別錄》蓋蕩然無存矣。爰重加校葺，而補

<hr>

〔註141〕〔清〕黃虞稷：《千頃堂書目》，第 537 頁。
〔註142〕南炳文、龐乃明：《「盛世」下的潛藏危機 張居正改革研究》，天津：南開大
　　　　學出版社，2009 年，第 205 頁。
〔註143〕〔明〕范謙：《范文恪先生雙柏堂集》卷十一，沈乃文：《明別集叢刊》第 3
　　　　輯第 61 冊，合肥：黃山書社，2016 年，第 501～503 頁。〔明〕王錫爵、沈
　　　　一貫：《增定國朝館課經世宏辭》，影印明萬曆十八年周曰校萬卷樓刻本，《四
　　　　庫禁燬書叢刊 集部》第 92 冊，北京：北京出版社，2000 年，第 112 頁；連
　　　　文萍：《明代館課評點與庶吉士培育──〈增定國朝館課經世宏辭〉的評點
　　　　初探》，《教育與考試》，2016 年第 1 期，第 49～57 頁。

其奏疏二十三篇，匯為《文錄》，以《傳習錄》附於卷後，別為《語錄》，凡為卷共二十，庶可以見先生全書云。於乎，先生之學，心學也；言語文章，先生之應酬也，學固不專在是也。然而道德於是乎寓焉，至教於是乎昭焉，經綸於是乎出焉，則亦莫非先生之學也。慶嘗三四誦讀，則見其隨事發揮，直指本體，明白簡易，人人可知可能，實學者入道之門。譬則菽粟布帛，未有食之弗飽，衣之弗暖者矣。彼所謂文自文、道自道者，可同日語耶。學者求之吾心而證之以先生之言，即先生之言而反觀於吾心，其於道幾矣。噫，先生有言，乃若致知則存乎心悟，學者當自得之。慶不敏，生也晚，不獲從先生之門，猶幸誦其遺訓，愧未之能學也。梓成，敢僭識於簡末。嘉靖丁未秋九月後學豐城范慶謹識。〔註144〕（《陽明先生文錄跋》）

　　文末署：「吳縣儒學教諭許贄，長洲縣儒學訓導華鎰、張良才重校。」有人據此題署將這一刻本著錄為張良才刻本。張良才等人是該刻本的具體執行人。《〔同治〕蘇州府志》卷五十四「長洲縣儒學訓導」條：「華鎰，遂昌人，歲貢，嘉靖二十二年任。張良才，新建人，歲貢，嘉靖二十六年任。」〔註145〕同書卷五十二載：「王廷，嘉靖二十一年以工部郎中任，有傳。范慶，豐城人。金城，歷城人。《補乘》云：林以嘉靖二十二年任，而金自撰《府學徂徠堂記》乃作嘉靖二十八年，則金當次林後。今案《記》云，嘉靖三十一年正月。《康熙志》謂林於三十二年任，則時恰相接。作二十二年者誤。《補乘》說非也。今於林題名下，從《康熙志》改二作三，前後自無齟齬矣。林懋舉，閩縣人。嘉靖三十二年以南戶科任。後升廣東副使。乾隆、道光《志》三作二，誤。」〔註146〕史志中沒有提及范慶任職時間，據范氏《陽明先生文錄跋》可知，他任蘇州府知府是嘉靖二十三年。而金城任職時間是嘉靖二十八年，則范氏自嘉靖二十三年至二十八年期間都在蘇州府知府任上。

　　又，《〔道光〕豐城縣志》卷十二：「范慶字元會，邑郭人。嘉靖進士，授刑部主事，歷員外郎中，斷核明允，決武弁奪爵事，不為權貴撓。奉使勘晉藩

〔註144〕　李文潔等：《王陽明著述序跋輯錄》，第98頁。《王陽明全集》（新編本）據某書志移錄改序文前半段。見：〔明〕王陽明：《王陽明全集（新編本）》，第2154頁。

〔註145〕　〔清〕李銘皖等：《〔同治〕蘇州府志》，《中國地方志集成・江蘇府縣志輯⑧》，南京：江蘇古籍出版社，1991年，第526頁。

〔註146〕　〔清〕李銘皖等：《〔同治〕蘇州府志》，第497頁。

獄，情法兩盡。出知蘇州，禁火葬，革酒航，捕樗博，止游女，惓惓以移風易俗為要。禱雨輒應，救荒全濟甚多。五載，升雲南副使，為仇隙所構。歸，日與同志講良知之學。卒，祀鄉賢。子謙。謙字汝益，隆慶戊辰進士。」〔註147〕如志書所記，范慶晚年也講陽明學。

又，明吳道南《吳文恪公文集》卷十九《明資政太夫禮部尚書兼翰林院學士贈太子少保范文恪公行狀》云：「公付諱慶，號存所，領嘉靖甲午鄉薦，乙未進士。由刑部郎守姑蘇，遷雲南憲副。」〔註148〕又云：「侍憲副公（范慶）從鄒文莊公（鄒守益）遊，有契乎陽明、增城二先生之旨，要以慎獨躬行為宗，故嘗語長公次公：吾生平無以過人，第自信此心可對天日。以故振鐸齊魯，司辟雍，導庶常，皆實學也。語具見《講業緒言》中。」〔註149〕由此可知，范慶是陽明後學當無疑問。他是鄒守益的門人，並且他曾帶著兒子范謙一起問學於鄒守益。鄒守益有《存所憲伯同子容淪之諸生九日登曲江亭》詩，「佳節卜勝境，振衣江亭曉」「誰為吾道砥，浩氣凌秋杳」云云。〔註150〕存所憲伯就是范慶。范慶為雲南按察副使，故稱憲伯。范慶之所以在蘇州府任上刊刻陽明文集也與他是陽明再傳弟子這一身份有關。不過，他在序文中沒有提及他問學鄒守益，是鄒氏門人這一特殊的身份，長期以來人們對他何以刊刻陽明著作的動機也就不得而知了。

范慶跋文中提到錢德洪編輯陽明遺集，定名為《文錄》。鄒守益說：「錢子德洪刻先師《文錄》於姑蘇，自述其衷次之意：以純於講學明道者為《正錄》，曰明其志也；以詩賦及酬應者為《外集》，曰盡其全也；以奏疏及文移為《別錄》，曰究其施也。於是先師之言燦然聚矣。」〔註151〕鄒守益此文寫於嘉靖十五年（1536）丙申，此序所提及的「刻於姑蘇」即蘇州，也就是范慶所謂的已經「厄於回祿」的蘇州府刻本。但從現存的陽明文集早期刊本來看，其中尚有可進一步考證處。據《陽明年譜》載，嘉靖六年「四月，鄒守益刻《文錄》於廣德州。」〔註152〕錢德洪說，這次刊刻的《文錄》共四冊，主要

〔註147〕〔清〕徐清選等：《〔道光〕豐城縣志》，臺北：成文出版社有限公司，1975年，第1197～1198頁。
〔註148〕〔明〕吳道南：《吳文恪公文集》，影印明崇禎間吳之京刻本，《四庫禁燬書叢刊 集部》第31冊，北京：北京出版社，2000年，第569頁。
〔註149〕〔明〕吳道南：《吳文恪公文集》，第572～573頁。
〔註150〕〔明〕鄒守益：《鄒守益集》，第1205頁。
〔註151〕〔明〕王守仁：《王陽明集》，第2頁。
〔註152〕〔明〕王守仁：《王陽明集》，第1098～1099頁。

以講學明道的文字為主旨，所錄文字按年月編排，不分體類。陽明去世後，錢德洪等人繼續編集陽明文集，直到嘉靖十四年方才刊刻新一版本的文錄。《陽明年譜》載：「十四年乙未，刻先生《文錄》於姑蘇。先是，洪、畿奔師喪，過玉山，檢收遺書。越六年，洪教授姑蘇，過金陵，與黃綰、聞人詮等議刻《文錄》。洪作《購遺文疏》，遣諸生走江浙、閩廣、直隸，搜獵逸稿。至是年二月，鳩工成刻。」〔註153〕錢德洪任蘇州府學教授，而贊助人就是都察院任職的聞人詮。

　　陽明去世後，他的文集刊刻首先是由都察院官員贊助刊行的。〔註154〕錢德洪在《刻文錄敘說》中收錄了他給聞人詮的一封書信——《復聞人邦正（聞人詮）書》。錢德洪在信中說：「哀刊《文錄》，諸同門聚義不同久矣。」〔註155〕黃綰（久庵）認為應該盡可能全，編輯者只需要把陽明文字按年月和體類編排就行；鄒守益（東廓）則認為陽明也並非聖人，他的學問主要是在提揭人心，也就是講道方面，凡是於此無涉的文字不必放進文集中。錢德洪本人本來是贊同鄒守益說法的，認為陽明晚年的講學與早期的並不太一致，晚年的精熟之文應當為學者所重，如果把非關講學的那些文字全部放在文集中，就不能反映陽明講學家的身份。他又覺得黃綰的說法也是有道理的，因為文章都是時代的文字，陽明的門人或許還能分清陽明講論的時代，後世未必就能區分清楚，況且以後陽明的文字在陽明門人這裡就已經難得收集齊全，後人想要再收集更多就更困難了。最後，他思來想去，決定同時採納兩

〔註153〕〔明〕王守仁：《王陽明集》，第 1124 頁。

〔註154〕黃綰《陽明先生存稿序》稱，陽明「不獲盡見行事大被斯世，其僅存者惟《文錄》《傳習錄》《居夷集》而已，其餘或散亡，及傳寫訛錯。撫卷泫然，豈勝斯文之慨。乃與歐陽崇一、錢洪甫、黃正之率一二子姪，檢稡而編訂之，曰《陽明先生存稿》。洪甫攜之吳中，與黃勉之重為釐類，曰《文錄》、曰《別錄》，刻梓以行。」（〔明〕黃綰：《黃綰集》，第 227 頁。）題署「嘉靖癸巳秋九月望日」之黃綰序中無「洪甫攜之吳中，與黃勉之重為釐類，曰《文錄》、曰《別錄》，刻梓以行。」（《王陽明著述序跋輯錄》，第 97 頁。）題嘉靖乙未春三月之黃綰序則云：「乃與歐陽崇一、錢洪甫、黃正之率一二子姪，檢稡而編訂之，曰《陽明先生存稿》。洪甫攜之吳中，與黃勉之重為釐類，曰《文錄》、曰《別錄》，謀諸提學侍御聞人邦正，刻梓以行。」（見國家圖書館藏嘉靖刻本《陽明先生文錄》卷首，索書號23048。）也即黃綰原序作於嘉靖十二年。在聞人詮刊刻該書時對序文做了修訂，加上了聞人詮的名號，並改動了作序時間。這樣的改動到底是黃綰本人所為，還是聞人詮所為，不得而知。但黃綰本人文集中無「謀諸提學侍御聞人邦正」，似乎表明了其態度。

〔註155〕〔明〕王守仁：《王陽明集》，第 12 頁。

人的意見，既要有精選，又要盡可能收全：「以文之純於講學明道者，裒為正錄，於則別為外集，而總題曰《文錄》。疏奏批駁之文，則釐為一書，名曰《別錄》。」〔註156〕（錢德洪《刻文錄敘說》）按照錢德洪的設想，陽明文集分為《文錄》《別錄》二集，其中《文錄》又分為《正錄》《外集》兩部分。《文錄》是陽明講學的定論定見，而《別錄》則是陽明事業的文字表達。但我們所見的《全書》並沒有按照錢德洪的這一設想編排，而是以《語錄》三卷《文錄》五卷《別錄》十卷《外集》七卷《續編》五卷《附錄》七卷的形式構成了《全書》三十八卷。如果按照錢德洪的設想應該是《文錄》《外集》《別錄》的次序。這也從一個側面說明，《全書》的編刊已經不由錢德洪所把握。

然而，范慶的序文和傳世陽明《文錄》之間存在明顯的矛盾。如果說嘉靖十四年的蘇州府刊本就是聞人詮刊本，而這一刻本的原版在范慶任蘇州府知府時就已經損毀了七七八八，范慶不僅重刻了《文錄》版片的十之七八，以及《別錄》的全部，那麼嘉靖二十六年（1547）范慶刻本完成以後，聞人詮本還能存在並且有幾十部傳承至今，當是後來有人依照聞人詮本翻刻過。翻刻本保留了聞人詮本的全部信息，以至於我們今天將後來覆刻的版本視為是此前的母本。因此，現存各收藏單位的著錄為聞人詮刻本有必要再研究。實際上，任文利已經考證，國家圖書館藏明嘉靖刻本《陽明先生文錄》五卷《外集》九卷《別錄》十四卷（索書號13354）才是真正的嘉靖十四至十五年聞人詮刻本。〔註157〕

解決聞人詮本《陽明先生文錄》疑問的答案，也和宋儀望有關。天津圖書館、青海省圖書館藏嘉靖刻本《陽明先生文粹》，首為孫昭《重刻陽明先生文粹敘》。孫氏說：「陽明先生全錄，山西孔子刻於浙，蜀闇子刻於河西，則先生之學，大明於世。」這裡的陽明先生全錄就是《文錄》《外集》《別錄》一起的二十八卷本陽明文集。蜀闇子即闇東。而山西孔子是孔天胤。孔天胤（1505～1581），字汝陽，號文谷。嘉靖十年（1531）舉人，次年中進士，曾任陝西

〔註156〕〔明〕王守仁：《王陽明集》，第12頁。

〔註157〕任文利：《〈陽明文錄〉聞人詮姑蘇刻本辯證》，《中國哲學史》2019年第4期，第50～58頁。任氏比勘了國家圖書館藏嘉靖本《文錄》與聞人詮本、范慶本，從文本內容、刻工等方面得出了國圖嘉靖本當為聞人詮本的結論。任氏又謂諸家所藏所謂的聞人詮本「刊刻於何地，也許並不重要，我們只要確定其為經錢德洪編訂、晚於國圖黃本（即索書號13354的嘉靖本）即可。」我們認為，還有必要進一步討論。

按察司僉事、提督學政，河南按察司僉事，嘉靖二十二年（1543）任浙江提學副使，嘉靖二十五年（1546）丁憂，嘉靖二十九年（1550）起復，任陝西布政司左參議，後任河南左布政使。〔註158〕《孔文谷集》卷三有其《刻朱子晚年定論序》。該書是他在浙江提學任內贊助刊刻的。他說：「適見陽明王子略取其言，稱其為定論也，且曰：世之學者徒守朱子中年未定之說，而不復知求其晚雖既悟之論，競相呶呶以亂正學，不自知其入於異端。信斯言也，則學者宜深省之。吾故刻其書以視同志。」〔註159〕此孔氏刊本今未見著錄。又，臺北央圖存薛蕙《薛詩拾遺》舊抄本一冊，有嘉靖二十四年（1545）孔天胤序稱：「往予在大梁，使人弔先生於墓，求書其家不得，得遺詩若干於朱灌甫所。至澠多暇，刻存往懿，謂之拾遺。」〔註160〕孔氏謂，薛蕙著作僅有《老子集解》《約言》和《考功集》，作為薛氏莫逆，他想為友人做點事情，把他搜集到的一些詩篇刻版傳播。而此書除了臺北央圖所藏抄本之外，未見刻本存藏。孫昭所謂孔天胤刊刻《陽明先生文錄》，揆之現存諸書，或即以聞人詮本重刊者，這也可以解釋何以聞人詮本原刻在范慶任蘇州知府時即已大規模重修而至今仍有多家存藏聞氏本的疑惑。

七、陽明文粹：弟子的傳承

宋儀望不僅刊刻了陽明文集，還編集了陽明文選，是陽明學著作的重要推廣人之一。編書人往往是愛書人，愛書人不外乎嗜書。嘉靖三十八年年底宋儀望告病回，期間修築了藏書樓，名曰南園書屋。藏書樓三楹，前有軒，軒前有池，從軒至樓則橫木為臺。藏書樓工程從嘉靖三十九年（1560）十月開始，到次年九月才告竣。書屋中存經籍、子史、百家、佛老、方伎、韜鈐、星曆諸書數千卷，又有金石碑帖數十家。嘉靖四十一年（1562），宋儀望做《南園書屋記》說：「予少也賤，於世味泊如。然性苦嗜書，常家貧不能得，每於士大夫家假貸以歸。跡壯入仕，途北居燕，東出吳會，西曆秦晉河陜。其道里往來，淮揚齊魯楚越之交，陸行水涉，蓋不特一二至焉。方是時，其所購六經、子史、百家諸書亦多。束之行李，或經旬月始一檢閱而已。自歷仕迄今，

〔註158〕張勇耀、韓兵強：《孔天胤評傳》，北京：商務印書館，2017 年。
〔註159〕〔明〕孔天胤：《孔文谷文集》卷三，《四庫全書存目叢書集部》第 95 冊，濟南：齊魯書社，1997 年，第 46 頁。
〔註160〕國立中央圖書館：《國立中央圖書館善本序跋集錄 集部》第 3 冊，臺北：中央圖書館，1994 年，第 171 頁。

十五六年，請告家居者二。今又以抗髒（原為肮髒，似誤）取妒於時，不得復踐省闥，參廷議。孔氏有言：『假我數年，五十以學《易》，可無大過。』予年近知命，齒髮漸衰，苟復區僂屈折，進取世資，孰若使予休老茲園，涉獵前聞，究心作者之林？少倦則散步園中，踞坐軒下，岫煙領雲之所變幻，浴鳧飛雁之所翔集，岩花石榴之所吐激，耳聽目接，心曠神怡，可以樂而忘老也哉。」〔註161〕（宋儀望《華陽館文集卷五　南園書屋記》）可見，宋儀望熱衷讀書、藏書是自小養成的習慣，在仕途中也依舊買書，但四處奔波，書籍「束之行李」，直到近五十歲才在家築樓讀書期間。我們也可以認為，宋儀望對書冊有一種發自其內心的敬仰之情，因此熱心刊刻書籍，以便後學。因為自身有過家貧無法購書只能借書的經歷，更使得他願意從事這一事業。這也是他要將陽明文字精選刊刻的另外一個緣由，即為了奔走的士人之便。文集或二十餘冊，而文粹只四冊矣。

　　據版本目錄學相關調查，《陽明先生文粹》一書現存情況如下：

現存《陽明先生文粹》書目信息

版　本	藏　地	備　註
嘉靖三十二年（1553）河東書院刻本	臺灣中央圖書館（2部）、南京圖書館、日本內閣文庫	半葉十行，行二十字，白口，白魚尾，四周雙邊。匡高 19.7 釐米×13.7 釐米。卷一卷端題「陽明先生文粹卷一」。有姚良弼跋。有據姚良弼跋作姚氏刊本。
嘉靖三十六年（1557）大梁書院刻本	臺灣中央圖書館、天津圖書館、青海民族學院圖書館	半葉十行，行二十字，四周雙邊，大黑口。有嘉靖三十六年孫昭《重刻陽明先生文粹敘》。有據跋作孫氏刊本。
嘉靖間河南府刻藍印本	中央民族大學圖書館	半葉十行，行二十字，白口，四周雙邊。
明嘉靖間刻本	國家圖書館	半葉十行，行二十字，白口，四周雙邊。章鈺舊藏。索書號：FGPG 86312
隆慶六年（1572）刻本（又作明隆慶六年宋儀望閩中刻本）	浙江圖書館、湖南圖書館、日本內閣文庫、東京都立中央圖書館	半葉十行，行二十字，白口，四周雙邊。匡高 19.1 釐米×14.0 釐米。卷一卷端首行上題「陽明先生文粹卷一」，下題「元冊」，次行下題「吉郡宋儀望選編」。書口魚尾上方題「陽明文粹」，中題卷之幾，下計葉數，最下方有刻工名姓。

〔註161〕〔明〕宋儀望：《華陽館文集》，第 340、655 頁。

隆慶六年（1572）刻本	南京圖書館	半葉九行，行十八字，白口，四周單邊。版心上鐫「陽明文粹」，卷一首葉版心下鐫「劉德」。
明刻本	浙江圖書館	半葉十二行，行二十字，四周雙邊。刻工：周吳（卷一首葉）、周欣（卷二第五葉）。

資料來源：中國古籍善本書目編輯委員會：《中國古籍善本書目　集部》，上海：上海
　　　　　古籍出版社，1989 年，第 619 頁；崔建英：《明別集版本志》，賈衛民等
　　　　　參訂，北京：中華書局，2006 年，第 99～100 頁；〔日〕永富青地：《王
　　　　　守仁著作之文獻學的研究》，東京：汲古書院，2007 年，第 202 頁；中國
　　　　　古籍總目編纂委員會：《中國古籍總目　集部》，北京：2012 年，第 639 頁；
　　　　　賈大偉等：《王陽明文獻普查目錄》，北京：學苑出版社，2019 年，第 18
　　　　　～19 頁。

　　南京圖書館藏明嘉靖三十二年（1553）刻本，有姚良弼跋文一則。姚良
弼字夢賢，錢塘（今屬浙江杭州）人。嘉靖十四年乙未（1535）進士，授南京
刑部主事，出知岳州、惠州，官至雲南按察司副使。〔註 162〕（《兩浙名賢錄》
卷三十八）姚良弼作此序時在河東鹽運運同任上，宋儀望為巡鹽御史。〔註 163〕
（《河東鹽政匯纂》卷四）姚氏謂：

　　　　刊《陽明先生文粹》者，我代巡宋公按歷河東，百度惟新，雅
　　　　造士類，相與諸士講明正學。慮諸士不能遍識也，刊先生《文集》；
　　　　慮諸士不能知要也，擇先生《序大學古本》《大學問》諸篇及《傳習
　　　　錄》《答諸君子論學》諸篇，訂為四本，名曰《文粹》，示良弼校刊。
　　　　良弼捧誦之，拜首揚言曰：「吁，休哉。陽明先生發明斯道之正傳，
　　　　我宋公嘉惠後學之勝心也。余小子不類，敢不僭言乎。夫道也者，
　　　　源於天、率於性、統於心，夫人皆有之也。堯舜禹之精一執中、湯
　　　　之建中、武之建極，皆是道也，皆是心也。三代衰，王道熄，霸道
　　　　焰，孔子、子思、孟子相繼講明斯道，曰求仁、曰忠恕、曰集義養
　　　　氣，皆是道也，皆是心也。孔孟歿，聖學晦而邪說橫，諸儒訓詁、

〔註 162〕〔明〕徐象梅：《兩浙名賢錄》，影印明天啟徐氏光碧堂刻本，《四庫全書存
　　　　　目叢書史部》第 114 冊，濟南：齊魯書社，1997 年，第 246 頁。
〔註 163〕「宋儀望，字望之，江西進士，永豐人，嘉靖三十二年任；姚良弼，武功衛
　　　　　人，進士，嘉靖三十二年任。」〔清〕蘇昌臣：《河東鹽政匯纂》，影印復旦
　　　　　大學圖書館藏清康熙間刻本，《續修四庫全書》第 839 冊，第 590、600 頁。

破裂斯道。夫道之不明，闇之者晦之也。我陽明先生云致良知，所
以發前聖賢之所未發。夫良知者，天命之性粹然至善、虛靈明覺之
謂也。致良知者，隨事隨物，精察此心之天理以致其本然之良知，
所謂廓然大公、物來順應之也。使天下之人皆知此道具於吾心，切
近精審，能於此心而致其良知焉。其詆侮悔謗之者，未知先生之心
也。先生獨見而詳說之，何暇計哉。我宋公獨得先生之心印，身體
而精察之。觀其法度之明勅、心之坦惻昭宣也；紀綱之振肅、心之
裁制之敷布也；儀度之雍容，心之品節之發越也；善惡之剖析，心
之好惡之明決也；文章之燦爛，心之英華顯著也；至於孝以事親，
忠以事君，又心之切近而精審者也。躬行心得之餘，又刊是集，以
與諸士講明斯道，以致其良知焉。先生云：「誠得豪傑同志之士，扶
持匡翼，共明良知之學於天下，使天下之人皆知自致其良知以相安
養，去其自私自利之蔽」，其我公之謂乎。弼忝屬末，承命，不能文，
贅其鄙說於簡末。屬下錢塘後學姚良弼頓首拜跋。〔註164〕（姚良弼
跋《陽明先生文粹》，南京圖書館藏）

　　姚氏所作跋文將聖賢相傳之學定義為心學，認為陽明的致良知之說提
出聖賢之道原本存於人心，無須向外考求，只需隨事隨物精察，知其本心之
良知即可證道，因此他明確將陽明學歸結聖賢之學。姚氏在文中從多方面
吹捧了宋儀望的學術水平和政治治理能力，甚至以「獨得先生之心印」為
說，這與後世陽明學研究者所述陽明學術史大不相同。從清代至今，宋儀望
幾乎就是無人問津的陽明後學之一。這或許與宋儀望的著作及其《陽明先
生文粹》等書皆少為人知有關。嵇璜《續文獻通考》卷一百九十三謂：「宋
儀望《華陽館文集》十七卷《續集》二卷《華陽文集》十二卷。儀望字望之，
永豐人，嘉靖進士，官至大理寺卿。臣等謹案，儀望所著其文，本名《華陽
館集》；其詩別名《河東集》。此本合為一編，總題曰《華陽館文集》，蓋後
人所併。又黃虞稷《千頃堂書目》載《華陽館文集》十二卷《詩集》十四卷。
今《文集》十二卷尚存，而《詩集》未見。考總集內僅詩五卷，則十四卷之
本已久佚矣。」〔註165〕清人就已經很少見到宋儀望的著作，他所編集的《陽

〔註164〕〔日〕永富青地：《王守仁著作之文獻學的研究》，第206頁。
〔註165〕〔清〕嵇璜等：《欽定續文獻通考》，《景印文淵閣四庫全書》第630冊，臺
　　　　北：臺灣商務印書館，1986年，第572頁。

明文粹》也未見有清代重刊本，因此他對陽明學的貢獻也就不為一般讀者所熟知。

　　宋儀望編集文粹十一卷，相較錢德洪編輯的文集體量大為縮減。文粹按「元亨利貞」分為四冊。據天津圖書館藏嘉靖本可知，該書前無目錄，首孫昭《重刻陽明先生文粹序》，次宋儀望《刻陽明先生文粹序》。元冊卷一至二，亨冊卷三至五，利冊卷六至八，貞冊卷九至十一。其中，卷一雜著 13 篇（《大學古本序》《修道說》《博約說》《示弟立志說》《禮記纂言序》《尊經閣記》《親民堂記》《山陰學記》《朱子晚年定論序》《紫陽書院集序》《象山文集序》《別湛甘泉序》）；卷二答書 1 首（《答人論學書》）；卷三答書 4 首（《答羅整庵少宰書》《答歐陽崇一書》《答聶文蔚書二首》）；卷四答書 2 首（《答周道通書》《答陸原靜書》）；卷五答書 12 首（答黃宗賢應元忠》《答汪石潭內翰》《答王虎谷》《答王純甫》《答王天宇二首》《答薛尚謙》《答倫彥式》《與楊仕鳴》《與陸原靜》《答舒國用》《答薛尚謙》，從本卷答書均著錄年代）；卷六答書 11 首（寄鄒謙之五首》《答歐陽崇一二首》《答友人問》《與黃勉之》《答南元善》《與陳惟濬》）；卷七雜著 38 首（《與辰中諸生》《答徐成之》《與黃宗賢、與王純甫二》《寄希淵二》《與戴子良》《寄李道夫》《與陸原靜》《與希顏臺仲明德尚謙原靜》《寄諸弟》《答方叔賢》《復唐虞佐》《與席元山》《答甘泉》《與唐虞佐》《答方叔賢》《與陸原靜》《答劉內重》《答友人》《答李明德》《與王公弼三首》《答以乘憲副》《答安福諸同志》《見齋說》《書魏師孟卷》《書石川卷》《書王天宇卷》《書王嘉秀請益卷》《書孟源卷》《書陳世傑卷》《書諸陽伯卷》《書中天閣勉諸生》《書林司訓卷》，本卷末附宋儀望跋）；卷八雜詩 52 首（《讀易四首》《憶昔答喬白岩二首》《夢與抑之》《長沙答周生》《觀傀儡》《春日花開》《霽夜》《睡起寫懷》《再過濂溪祠》《別方叔賢二首》《送蔡希顏》《與徽州程畢》《次欒子仁韻四首》《書悟真篇》《坐忘言岩》《書汪進之》《有僧坐岩中》《無題》《睡起偶成》《次謙之韻》《碧霞池夜坐》《秋聲》《臨汝桓》《月夜二首》《夜坐》《天泉樓夜坐》《詠良知四首》《示諸生》《答人問良知二首》《答人問道》《別諸生》《樓雲樓》《歸興》《重遊化城寺》《守文弟歸省》，本卷後附宋儀望跋）；卷九《傳習錄一》（《徐愛序》、徐愛錄語錄 14 條及《徐愛跋》〔「愛因舊說汩沒」〕）；卷十》《傳習錄二》（陸澄錄語錄 81 條）；卷十一《傳習錄三》（薛侃錄語錄 36 條及《徐愛序》〔「門人徐愛序曰門人有私錄陽明先生之言者」〕，卷末附宋儀望跋）。由此可知，該書乃是宋儀望據陽明詩文集選錄編纂加以刊行者。

　　宋儀望在任河東鹽政御史時，檄書要求刊刻《陽明先生文錄》，即前述《河東重刻陽明文集》。之後，又按照他的設想編輯了一部更為精選、便攜的陽明文選。為什麼還需要在已有的《陽明先生文集》的基礎上，再行編輯出版一部新的選集呢？也即該書的旨趣何在？書籍出版實際上是文化思想的傳播過程，這一過程受到若干因素的影響，特別是出版者對於文本的選擇傾向以及群體的敬的價值觀值得我們關注，因為「傳播有效的水平有時還受到人格結構的負面影響。樂觀、外向的人會盡量搜尋同氣相求的人，……就社群總體而言，對有效傳播構成最嚴重威脅的因素有權力、財富和尊敬等價值觀。」〔註166〕為回應相關的疑問，宋儀望作序一篇，以答問形式，闡述了他在《陽明先生文集》之後重新編輯《文粹》一書的緣由。宋儀望說：

> 《陽明先生文粹》若干卷，始刻於河東書院。蓋餘企諸人士相與講先生之學，故集而編之云。或曰：「先生之文，燦如日星，流若江河。子既檄刻其集，布之矣。茲編之選，則何居焉？」（予）〔宋儀望〕曰：「道有體要，學有先後。先生之學，以致良知為要。而其所謂文章功業云云，是特其緒餘耳，非學者所汲汲也。故餘推本先生之學，取其《〔序〕大學古本》《或問》等篇，他如門人所刻《傳習錄》《答諸君子論學》等書，要皆直吐胸中所見，砭人膏肓，啟人蔽錮，盡發千古聖賢不傳之秘。竊以為士而有志於學聖人者，則捨此何適矣。」〔註167〕（《華陽館文集卷一・刻陽明先生文粹序》，《王陽明全集（新編本）》卷五十三。〔〕中文字為嘉靖本原文，下同）

　　宋儀望認為，陽明學的主旨就是致良知，這是學者所要學，所能學的，至於陽明的文章功業，皆是致良知之學的餘緒，是致良知的效果，追求學的效果，乃是一種功利的學，不是真正的陽明學。要理解陽明學就需要追本溯源，看陽明是如何講述致良知之學，是如何破除功利主義的俗見，如何以本心本性的追求來延續聖賢之學，這才是學者所能所應學的陽明學。因此，《陽明文粹》開篇就是《大學古本序》《修道說》《博約說》《示弟立志說》等陽明

〔註166〕〔美〕拉斯韋爾：《社會傳播的結構與功能》，何道寬譯，北京：中國傳媒大學出版社，2012 年，第 52 頁。

〔註167〕〔明〕宋儀望：《華陽館文集》，第 302～303、606～607 頁；〔明〕王陽明：《王陽明全集（新編本）》，第 2158 頁。

論學文字，這是鄒守益、錢德洪等人所謂「純於講學明道者」。錢德洪等人編集陽明文字時，尚有陽明門人之間的相互爭議，對於全錄抑或選錄，門人之間意見不一。鄒守益等認為當精選，而黃綰等人則認為當收全。後來，錢德洪編《別錄》收錄陽明的奏疏、公移等工作文書，即有人批評說這樣的文字過於瑣細，與陽明學術似乎沒有太大的關聯。錢德洪不得不作辨解，他說：「《別錄》成，同門病其太繁者。德洪曰：若以文字之心觀之，其所取不過數篇。若以先生之學見諸行事之實，則雖瑣屑細務，皆精神心術所寓，經時贊化以成天下之事業。千百年來儒者有用之學，於此亦可見其梗概，又何病其太繁乎？」〔註168〕錢德洪的自我申辯當然有其理由，但對於普通讀者來說，全集性的文字，大部分人不會去細看，只有少部分人才有財力和精力去翻閱。作為鄒守益的弟子，宋儀望可能更傾向於以精選文字來傳播陽明之學。事實上，除了對陽明文集做了精選之外，他對鄒守益、聶豹兩人的著作都作了同樣的處理，只不過後兩者皆稱「文選」而已。宋儀望又說：

> 「若是，則《傳習錄》乃門弟子所撰記，故集不載。今子亦類
> 而編之，何也？」曰：「先生之學，著為文辭，吐為述答，實則一而
> 已，而又焉往而非先生之文也。」（同上）

《陽明文粹》最後三卷是薛侃編輯的《傳習錄》。既然是陽明的文粹，何以要附錄此書呢？宋儀望認為《傳習錄》實際上就是陽明思想的直接表達，不必因為是弟子記錄而忽視。宋儀望的解釋是，陽明之學，既包括他本人的著述，也包括他的講說，他本人親自講述與親筆書寫的話語，應當同樣視為陽明學術的表達，都是陽明之文。嘉靖六年，陽明門人南大吉重刊《傳習錄》時，對該書做了增補，將陽明書信若干篇加入其中，改變了《傳習錄》最初的語錄體樣式。宋儀望在山西刊刻《陽明文粹》時是否見過新編的《傳習錄》尚不得而知。今比勘《傳習錄》「愛因未會先生知行合一」條「某要說做一個」「某嘗說知是行的主意」「又不是某鑿空杜撰」之「某」嘉靖六年本皆為「守仁」。宋儀望又在卷十一末跋曰：「宋儀望曰：陽明先生《傳習錄》三卷，為先生門人徐曰仁、陸原靜、薛尚謙所錄，即孔門弟子記魯論之意，大有功於學者。茲並編之《文粹》卷中，庶四方同志得便覽焉。右序則曰仁敘所刻《傳習錄》本旨，其所得蓋深遠矣，故並刻云。」從此可以推測宋儀望編集《陽明文

〔註168〕〔明〕王守仁：《王陽明集》，第 11 頁。

粹》時所用底本是《傳習錄》的早期刊本，即南大吉新編本之前流傳的薛侃本《傳習錄》。

至於陽明學在儒學中的地位，宋儀望說：

> 曰：「先生錄中所云『致良知』一語，則以為超然獨悟，豈吾夫子之學，固猶有歉於此耶？」曰：「善乎而之問也。昔者聞之，上古之時人，（捨）〔含〕淳樸，上下涵浸於斯道，而不自知。是以宓羲氏始畫八卦，而未有文字。自堯舜有『精一』『執中』之訓，而萬世心學之傳，無有餘蘊矣。乃成湯、文武、周公數聖人者，其於斯道又各有所至，《書》《傳》所載，可考而知也。及至周末，聖人之學大壞，學者各以所見為學，紛紛籍籍，流〔入〕於異端而不自知者，不可勝紀。於是吾夫子始於群弟子相與講明正學。今考其指歸，大抵一以求仁為至。夫仁者，以天地萬物一體。欲立立人，欲達達人。心之本體，故如是耳。外是，即功業如五伯，要不免於失其本心。然當時傳夫子之學者，惟顏、曾氏與子思、孟子數人而已。是故曰『忠恕』、曰『慎獨』、曰『集義』『養氣』，是數子之學，又各自有所得。要之，莫非所以求仁也。是又數子之所以善學孔子也。嗚呼，觀乎此，則可以論先生之學矣。先生之學，求仁而已矣。求仁之要，致良知而已矣。何者？心一而已，自其全體而言謂之仁，自其全體之明覺而言謂之知，是故捨致良知則無學矣。孟子云：『智譬則巧，聖譬則力。』致良知以學聖，巧之至也。嗚呼，此非達天德者，其孰能知之。」「若是，則子之於先生之學奚若？」曰：「吾吉有三君子，皆先生門人，而予從而受學焉。學而未能，是則先生之罪人也。嘉靖癸丑孟秋後學廬陵宋儀望謹序。」（同上）

宋儀望自述其學得自陽明及門弟子鄒守益等人，又曾究心陽明學術，因此對於陽明學的理解有其心得。他認為學宜有先後次序，在陽明學，則首先要注重陽明發明道體的文本，即要通過對陽明直吐胸中所見、發揚聖賢真精神的啟發人心的論述而展開，而《文集》所選則多在文章功業即事關文學、政治之著述，雖然對於陽明學來說極為重要，但對於後學特別是有志於學聖賢者，陽明有關致良知之說的文本乃是入門之要津。

關於陽明學的宗旨，宋儀望認為是「致良知」，所謂致良知乃是萬世心傳之秘，因為聖賢所講明的學問實際上是一種全體的仁學，即仁者以天地萬物

為一體的學說，所謂正學就是求仁之學，孔子之後，顏曾思孟雖然根據自得於心的學問，指示了不同的聖賢之道，但歸結起來仍舊不脫求仁的範疇。從此一視域審視陽明學，其為求仁之學無疑，陽明學之求仁方法或路徑即致良知。聖賢學問與異端的區別之關鍵在於是否求仁，求仁則是學聖賢，因為致良知就是求仁，因此捨致良知就無所謂學了。

宋儀望編集《陽明先生文粹》有他的思考，為了讓讀者更明確他的想法，他分別在卷七、卷八和卷十一之末留下了跋文。其卷七跋文曰：

> 右《陽明先生文集》，海內雖多板行，然書帙繁多，四方同志未易便得。茲所刻《文粹》十一卷，皆以切於學者日用工夫，故校而編之。其答問諸篇中，或不專於論學者，則不嫌於斷章截取，亦薛、王二公所編《則言》之意也。惟同志者諒焉。宋儀望識。

宋儀望說，他編選《文粹》是效法薛侃（1486～1545）、王畿（1498～1583）編《陽明先生則言》。薛侃《陽明先生則言序》謂：「錄（即《陽明先生文錄》和《別錄》）既備，行者不易挾，遠者不易得。侃與汝中萃其簡切為二帙，曰《則言》。」又說：「先生之教貴知本也。……胡為而證其至也，考之書焉已矣，質諸聖焉已矣，資諸師友已矣，夫是之謂問學。學問之道無他，致其良知而已矣，此《則言》之意也。」〔註169〕為何不直接將薛侃等編《則言》直接刊行呢？或許是他手頭沒有這部書，抑或是他對《則言》尚不滿意。今存《陽明先生則言》二卷，有四種不同版本，每一種只有一至二家單位收藏。《文粹》的版本要更多一些，每一版本也只有一二家單位收藏。

其卷八後跋文為：

> 宋儀望曰：詩之道蓋難言哉。體天地之撰，類萬物之情，極鬼神之變。自《三百篇》以下，多淫辭矣，而奚可以言詩？陽明先生諸體詩，要旨皆涵詠性情，敷暢物理，讀之使人興起忘倦。茲篇之選則以其專於論學者，故附見焉。學者觀此而有得焉，則於斯道也，其殆庶幾乎。噫，此豈可與淺見俗聞者道哉。

〔註169〕〔明〕薛侃：《薛侃集》，陳椰編校，上海：上海古籍出版社，2014年，第208～209頁。李文潔等：《王陽明著述序跋輯錄》，第10～11頁。《薛侃集》中，該序末題：「嘉靖丁酉冬十二月門人薛侃序」，而國家圖書館藏嘉靖十六年薛侃刻本《陽明先生則言》此序末則題：「嘉靖十六年丁酉臘月朔門人薛侃識」。

　　宋儀望的詩作不少。清人編集明代詩選集時，有選宋氏詩篇。如清朱彝尊《明詩綜》卷四十八選宋儀望詩三首，分別是《初去吳門作》《自欒城趨柏鄉》《遊梅仙山》。陳田《明詩紀事·己籤》卷九錄宋儀望詩一首，即《滕王閣》。陳氏書中的宋儀望小傳較為簡要：「儀望字望之，吉安永豐人。嘉靖丁未進士，除知吳縣，徵授御史，擢大理丞。以忤嚴嵩旨，貶夷陵判官。嵩敗，擢霸州兵備僉事，進大名副使，改福建，左遷四川僉事，累遷大理少卿。以右僉都御史巡撫應天，進右副都御史，就遷南大理卿，改北。有《華陽館集》二十六卷。」〔註170〕或許因為宋儀望本人寫了很多詩篇，並且認為詩作是一個學者文字的重要項目，所以他在編輯《陽明文粹》時收錄了陽明的詩作若干首。

　　宋儀望又曾於隆慶六年（1572）重刊此書。在嘉靖原序後有附注云：

　　　　按：是編往予手自校選，刻於河東，嗣後刻於大梁、洛陽間。
　　顧海內學士多以不得先生刻本為恨。今年春，予視學閩中，乃重校，
　　刻之。期與八閩人士共勉焉。隆慶六載閏二月宋儀望續題於正學書
　　院。（日本內閣文庫藏本、浙江省圖書館藏本皆有此）

　　從上述跋文可知，宋儀望的編集思路是要著重凸顯陽明學切於日用實踐的面向，凡是無關日用之學的一概予以剔除，甚至採取了截取的方式，其實這一選編模式也符合諸如《近思錄》《朱子晚年定論》等書編纂的一貫宗旨，如朱子《近思錄》序文稱：「相與讀周子、程子、張子之書，歎其廣大閎博，若無津涯，而懼夫初學不知所入也。因共掇取其關於大體而切於日用者，以為此編。……蓋凡學者所以求端用力、處己治人，與夫所以辨異端、觀聖賢大略，皆粗見其梗概。以為窮鄉晚進有志於學，而無明師良友以先後之者，誠得此而玩心焉，亦足以得其門而入矣。」〔註171〕（朱熹《近思錄序》）這也是陽明本人的思路，他說：「僭不自度，嘗欲取《禮記》之所載，揭其大經大本，而疏其條理節目，庶幾器道本末之一致。又懼其德之弗任，而時亦有所未及也。間嘗為之說，曰：『禮之於節文也，猶規矩之於方圓也。非方圓無以見規矩之用，非節文則亦無從而睹所謂禮矣。然方圓者，規矩之所出，而不

〔註170〕〔清〕陳田：《明詩紀事》，影印天津圖書館藏清末貴陽陳氏聽詩齋刻本，《續修四庫全書》第1711冊，第378頁。
〔註171〕〔宋〕朱熹：《朱子近思錄》，嚴佐之導讀，上海：上海古籍出版社，2000年，第26頁。

可遂以方圓為規矩。故執規矩以為方圓，則方圓不可勝用；捨規矩以為方圓，而遂以方圓為之規矩，則規矩之用息矣。故規矩者，無一定之方圓；而方圓者，有一定之規矩。』」〔註172〕（《禮記纂言序》）

實際上，宋儀望在選編陽明先生文集時所帶有的情感傾向是十分明顯的，首先他認為良知之學乃是陽明學的真精神，凡是於此相關的重要文本都予以選錄，包括陽明的詩作，也認為不能僅僅以詩文等文字（文學）藝術的眼光放過；其次，他作為陽明再傳弟子，自認為不能做陽明學罪人，雖然極有可能造成不必要的爭議，但從後來此書一再重刊的情形來看，宋儀望的這一選編本，在傳播陽明學的過程中是有重要意義的；再次，宋儀望認為，尊重（尊敬、敬仰）聖賢道統之傳（即傳夫子之學統）需要進行有必要的甄別，否則就不可避免流於異端而不自知，真正的道統傳承者是歷史上的孔門諸賢，衡定的鵠的即在於是否是求仁之學，顯然陽明學是完全傳承了這一道統的並且在宋儀望看來，捨此之學之外並無其他正學可言。

宋儀望在督學福建時曾有申飭學政文。其中，關於陽明學的部分最引人注目。宋儀望提到的士子必讀書除了本業的《五經》之外，還需要讀：性理諸書，如《太極圖》《通書》《西銘》《定性》《程氏遺書》《近思錄》《性理大全》；史書，《史記》《漢書》《舊唐書》《司馬氏通鑒》《通鑒綱目》；子書，《六子》《戰國》諸書；文集，韓、柳、歐、蘇、曾南豐各大家集，《文選》《文粹》《文鑒》《文類》四大家集；古今類書，如《文獻通考》之類。最後，他說：

> 至於近代名儒，作者不一，求其直接孔孟不傳之緒，則陽明王
> 先生其一人也。今欲將《陽明全集》與《陽明文粹》刊布書肆，以
> 惠學者。諸生能熟讀先生之書，深究先生之學，則所謂道德功業文
> 章，皆舉之矣。諸生其慎聽勿忽。〔註173〕（宋儀望《華陽館文集續
> 刻卷二·學政錄》）

他明確提出了應舉考生要學習的書目，其中特別強調了《陽明全集》和《陽明文粹》這兩種他參與製作的書籍。又，宋儀望《校編鄒東廓先生文選序》：「予弱冠，獲從二先生（鄒守益、歐陽德）遊，得聞致良知之教，深愧薄劣，不能發明師承。今年春，奉璽書督學來閩，乃以嘗所校陽明《文粹》移諸

〔註172〕〔明〕王守仁：《王陽明集》，第 217 頁。

〔註173〕〔明〕宋儀望：《華陽館文集續刻》，《四庫全書存目叢書集部》第 116 冊，濟南：齊魯書社，1997 年，第 486～487 頁。

郡，刻之。其全錄則屬於建守司諫邵君。而又竊謂兩文莊公（鄒守益、歐陽德）集蓋與先生之學互相發明。方圖校訂，無何，鄒君繼甫（鄒善）起家八閩總憲，相對憮然，因縱言及此。鄒君曰：家君全錄已梓於東省，比建守又重刊焉。予矍然曰：有是哉，此吾黨之幸也。然予見淮南李公編校歐公文選四冊，今欲君選先師集專於學問者，亦如其數，予將命公並刻焉，庶幾三公之言，尤便流佈。」〔註 174〕（宋儀望《校編鄒東廓先生文選序》）無怪乎葉向高後來說：「自東越倡良知之學，大行於江右，而鄒文莊、歐陽文莊二先生其最著者。稍後，則有華陽宋先生，嘗從二先生遊，聞良知之說，而深好之者，為《或問》以發明其旨。其宦遊所至，必聚徒講論，垂老而不休。嘗為吾閩學使者，諸生中有能為良知言者，皆置高等。吾閩人素篤信紫陽，於東越之學不甚相入。初聞先生言而疑，久之稍信，其後乃益服習，覺訓詁支離之為非。然是時言良知者甚多，而率皆空虛無實，言青天而行污池，至使人以此相詬病而諱言學。乃宋先生禔躬守道，一稟於繩墨，進退去就，大節皦然，屢挫不撓，蓋可謂真有見於良知之體而善致之者。」〔註 175〕（《大廷尉華陽宋先生傳》）政令的發布，書籍的刊行，取士的傾向，以及他本人的表率，讓陽明學在朱子學的故鄉得以推廣開來。〔註 176〕這是宋儀望在陽明學傳播於福建的貢獻，值得一書。

八、覆刻文粹：士大夫群體

　　宋儀望之後，都察院御史們又有多人踵其後，刊刻宋氏所編陽明著述。中央民族大學藏嘉靖河南府刻藍印本，每半葉十行，行二十字，白口，四周雙邊，版心題「陽明文粹」。有嘉靖癸丑宋儀望《刻陽明先生文粹序》，嘉靖三十三年甲寅葛縉《陽明先生文粹後序》。葛縉曰：「茲守河南，摶心楖志，憂與

〔註 174〕〔明〕宋儀望：《華陽館文集》，第 306 頁。

〔註 175〕〔明〕葉向高：《蒼霞續草》，影印福建師範大學圖書館藏明萬曆天啟間遞刻本，《四庫禁燬書叢刊集部》第 125 冊，北京：北京出版社，2000 年，第 228 頁。

〔註 176〕陽明學在福建的傳承，參見：張山梁：《漳州陽明學發展階段探析》，《教育文化論壇》，2021 年第 1 期，第 48～54 頁；林曉峰、張山梁：《陽明學與福建地域文化》，《閩臺文化研究》，2020 年第 4 期，第 20～29 頁；錢明：《陽明學傳入福建的路徑、時間及影響》，《贛南師範大學學報》，2017 年第 1 期，第 67～72 頁；錢明：《閩中王門考略》，《福建論壇（人文社會科學版）》，2007 年第 1 期，第 60～66 頁。

時積。有我陽山公按晉及陝洛，不棄縉之愚，而以陽明先生著作之精者授之，縉始昭然若發蒙矣。」〔註 177〕葛縉字仲榮，號雙石，嘉靖十四年（1535）進士，先後任山西壞坦縣令，兵部武選司主事，嘉靖三十年任廬州府同知，〔註178〕嘉靖三十五年任山西按察司副使，嘉靖三十七年（1558）由山西按察使遷都察院右僉都御史巡撫山西，嘉靖三十九年（1560）升左副都御史，再升兵部左侍郎，嘉靖四十一年（1562）督視遼東軍務。〔註179〕葛縉序文中所謂「守河南」不是為河南府主官，而是葛縉任廬州府同知。據蘇昌臣《河東鹽政匯纂》卷四所記河東巡鹽御史名錄可知，宋儀望在此職位上僅嘉靖三十二年一年時間，次年即由李楨（字材用，江西舉人，新昌人）接任。宋儀望休假回家，將該書給了廬州府知府葛縉，葛氏立即刊行之。〔註180〕這是該書第一次重刻。

嘉靖三十六年，都察院監察御史孫昭在河南大梁書院重刊《陽明先生文粹》，並有作序。這是該是再次重刊。孫氏說：

> 陽明先生全錄，山西孔子刻於浙，蜀閣子刻於河西，則先生之學，大明於世。今之士大夫率知談論而崇尚之。茲江右宋子出巡河東，復擇其言之精純者，類成一編，附以《傳習錄》，名曰《粹言》。學者一展卷可知入門正路，則茲編又烏可少也。予自河浮洛間，集雋士校閱，其時義類，皆通解訓釋，質以先生之學，則悵乎若罔聞知，予甚悶焉，故重刻於大梁書院。俾士子服習，久之，庶有神解心悟，繼陽明先生而興者，至於微詞奧旨，則自孔門之克復、虞廷之精一，源淵泓遠。蓋嘗備敕於全錄云。時嘉靖三十六年夏四月之吉。賜進士第巡按河南監察御史永嘉省庵孫昭拜書。（孫昭《重刻陽明先生文粹序》，天津圖書館藏本）

如宋儀望一樣，孫昭也是都察院的御史。他之所以重刊《陽明先生文粹》也是因為他注意到宋儀望編輯該書時是盡心編纂的，將陽明學之精純者萃於

〔註177〕 崔建英：《明別集版本志》，100 頁。

〔註178〕 國家圖書館藏《〔萬曆〕廬州府志》卷六載：「葛縉字仲榮，昌邑人。由進士，三十年以通判升任。」

〔註179〕 劉廷鑾、孫家蘭：《山東明清進士通覽 明代卷》，濟南：山東文藝出版社，2015 年，第 152 頁。

〔註180〕 〔清〕蘇昌臣：《河東鹽政匯纂》，影印復旦大學圖書館藏清康熙間刻本，《續修四庫全書》第 839 冊，第 590 頁。

一編，極有益於初學者，可謂陽明學之入門正途。從此孫氏敘亦可見宋儀望
在傳播陽明學上的功績。當然，最為重要的還在於，此書宋儀望原刻刊於學
校（書院），孫氏重刻亦於書院，其根本目的就在於讓書院求學之士子講習誦
讀，通過切身體驗，最後達到神解心悟、繼陽明先生而起。孫昭重刊《陽明先
生文粹》一書，還有都察院御史亢思謙所作《重刻陽明先生文粹後敘》。亢氏
說：

> 侍御斗城孫公之監豫也，省方布度，肅法弸違，日孜孜罔暇逸
> 矣。間即進諸生，談經論道，考德講業，終日無怠容。諸生亦莫不
> 惕然省、躍然興，欣欣然若有所得也。公乃曰：「文詞日競而心身之
> 學不求，是枝葉繁而本實〔質〕撥矣，謂有能生耶？」遂刻《陽明
> 先生粹言》於大梁，俾知適從焉。刻既成，諸生若琪璧是獲，相率
> 告於厶（某）〔謙〕。厶（某）〔謙〕曰：「甚盛哉，斗城公嘉惠爾多
> 士之仁乎。夫學所以致道也。道惟一致，學貴得師，故的立而射者
> 趨焉，途坦而由者樂焉。匪是，則茫然求、泛然索，精神徒敝，其
> 奚能淑哉。陽明先生，學道之宗也；粹言〔文粹〕者，非若的與途
> 乎。緊昔先生倡道東南，英才翕集，一經指授，隨質有成。故浙、
> 粵、荊、揚之間，仁賢彬彬然盛矣。經歷之化，獨未逮中州，乃今
> 得斗城公躬示言傳，既明且盡。復是編刻焉，則望而趨，出而由者，
> 尚俟他求耶。蓋先生之學，簡易要約，直究本原。編中剖幾析微、
> 萃精聚奧，又人人易知易從者。爾多士誠奉持服習，師保如臨，則
> 所以格其非心、致其良知者，可勝用哉。嗚呼，法言要道，統會在
> 心，力踐深思，為之自我。爾多士尚其懋哉。毋忝斗城公嘉惠之仁
> 哉。」〔註181〕（〔明〕亢思謙《慎修堂集》卷四《重刻陽明先生文
> 粹後序》。〔〕中文字是《陽明先生文粹》跋文原文。）

古籍編目者以亢氏序中所謂「斗城孫公」將館藏之本定為「明嘉靖三十
六年孫斗城大梁刊本。」〔註182〕那麼，斗城孫公是誰呢？他就是永嘉孫昭。
斗城是永嘉的別稱。《〔雍正〕浙江通志》卷二十四「溫州府城池」條云：「《〔萬

〔註181〕 〔明〕亢思謙：《慎修堂集》，影印明萬曆間詹思虞刻本，《四庫未收書輯刊》
第 5 輯第 21 冊，北京：北京出版社，第 78 頁。
〔註182〕 國立中央圖書館：《國立中央圖書館善本序跋集錄 集部》第 3 冊，臺北：中
央圖書館，1994 年，第 5 頁。

曆〕溫州府志》：晉明帝大寧元年置郡，始城，悉用石甃，東西附山，北臨江，南環會昌湖。始議建時，郭璞登西郭山，望海壇、華蓋、松臺、積穀諸山錯立如北斗，謂父老曰：若城繞山外，當驟富盛，然不免兵戈水火，城於山則寇不入斗，可長保安逸。因跨山為城，名斗城。時有白鹿銜花之瑞，故又名鹿城。」〔註183〕因此，這部書就是孫昭刻本，天津圖書館藏本佚去此序，臺北央圖又只存六序，故判定版本時各據所見定之。

　　亢氏文集中按照慣例去掉了刻書序的時間及題銜，即「時嘉靖三十六年夏六月之吉，欽差提督學校、河南按察司副使河汾亢思謙頓首書。」〔註184〕亢氏在此闡述了《陽明先生文粹》一書的意義，陽明學精粹盡在此書之中，人人易知易從，是故此書就是學問之道的望趨出由之本。亢氏認為陽明學在陽明在世時可能並未傳遞至中州河南，此書刊行不僅能讓學子知曉陽明學的精粹，更能讓人知曉學道之簡易路徑，若能以此為據，究心於真正的學問，即致道之學，無異於得一良師，足以令人得以不在茫然無措，因此此書之刊行可謂意義重大。

　　另，又有趙貞吉（1508～1576）序刊者，其序為：

> 初編《陽明文粹》而刊之者，都御史宋陽山氏也。今重刻於扶風者，僉事帶川梁君也。梁君名許，昔為御史，請從祀王先生，今復刊其書。二君子皆以一日之長視予，宿知予之不能藏其狂言也。序曰：是編多錄與聞論意指異者，蓋王先生學入理界最初之論，故能廓摧理路之礙，而曉然示人以行也。嗟乎，吾生有知，即知誦說先生之言。見世之儒生，始駭王先生之異，而攻之；中喜王先生之為異，而助之攻；終羨王先生之持異，乃欲駕其說。於是，王氏之學又若自異矣。有童子聞予言之進，曰：「聞之天下無二道，聖人無兩心，學奚貴異哉？」予曰：「嘻，小子何知。夫學未至於聖人之地，而假名言以修心，其勢不容於不異也。昔閩洛之儒異唐漢矣，唐漢之儒異鄒魯矣。三千七十之流，各持其異入孔門而欲爭之，皆喪其名言而如愚以歸，故曰『雖欲從之，末由也已。』然後異者合，而

〔註183〕〔清〕嵇曾筠等：《浙江通志》，《景印文淵閣四庫全書》第519冊臺北：臺灣商務印書館，1986年，第658頁。

〔註184〕國立中央圖書館：《國立中央圖書館善本序跋集錄　集部》第3冊，第5～6頁；〔日〕永富青地：《王守仁著作之文獻學的研究》，第684頁。

道術一矣。此曷故耶？以得聖人為之依歸也。是故聖人者，群言之
家，而道之岸也。夫眾車離麗馳於康莊，而前卻之異者，策使之也；
眾舟沿溯於廣津，而洄突之異者，柂使之也；眾言淆亂於名言，而
喧聒於是非之異者，見使之也。至若行者抵家，則並車釋之矣，何
有於策；渡者，抵岸則並舟釋之矣，何有於柂；學者而至於聖人之
門，則並其名言喪矣，何有於見。故知聖人者，以自度為家也，不
令己與人異也；以度人為岸也，不令人與己異也。如使閩、浙二大
儒遇孔子而事之，必有以塞其異之源，而不令其末之流也。童子曰：
「大人何以知之？」曰：「予嘗觀夫子答問群弟子，而知道術之可一
也。」噫，希矣，可易言哉。班固曰：「仲尼沒而微言絕，七十子逝
而大義乖。於是百家之異論又競起，遂至不可勝究矣。」孟子興折
以雄辯，而不能熄也；莊子休和以天籟，而不能齊也。使後生者不
幸而不睹古人之純全，紛紛借借，以至於今，悲夫。〔註185〕（趙貞
吉《趙文肅公文集卷十六‧重刻陽明先生文粹序》）

　　趙貞吉提到此書乃都察院御史梁許所刊。梁許，字君可，號帶川，河南
孟津人，隆慶二年（1568）進士，曾為都察院御史，官至陝西苑馬寺少卿。明
陝西兵備道苑馬寺卿監察御史梁許墓今在孟津會盟鎮雙槐村。〔註186〕「今重
刻於扶風者，僉事帶川梁君也」說的是，此時梁許已經升任陝西按察司僉事。
這部書也就有了陝西刊本。清沈青峰《〔雍正〕陝西通志》卷十四有「萬曆二
年僉事梁許檄知縣楊以漸」云云，則梁許刊此書在萬曆二年左右。

　　趙貞吉在《陽明文粹》的序文中，以一般士人接受陽明學的觀察出發，
論述了刊行該書的意義。他認為儒生拘於舊說，多從新奇異說的角度來看待
陽明學，認為與朱子學（即文中所謂閩論）有差異，不理解時就大肆攻擊，稍
有瞭解則又以之來攻擊朱子學，最後又不免流於自持異說、自以為是。這種
異見是否毫無道理呢？或者說人人持異見的話，如何才能達成聖人之道？在
趙氏看來，道非而是一，但正如《論語‧子罕》：「顏淵喟然歎曰：仰之彌高，
鑽之彌堅；瞻之在前，忽焉在後。夫子循循然善誘人，博我以文，約我以禮。

〔註185〕〔明〕趙貞吉：《趙文肅公文集》，影印明萬曆十三年趙德仲刻本，《四庫全
　　　　書存目叢書　集部》第 100 冊，濟南：齊魯書社，1997 年，第 468～469 頁；
　　　　〔明〕王陽明：《王陽明全集》（新編本），第 2116～2117 頁。
〔註186〕李永貴：《孟津文化大觀　陵墓》，鄭州：河南人民出版社，2014，第 338 頁。

欲罷不能，既竭吾才，如有所立卓爾。雖欲從之，末由也已。」〔註187〕即便是孔門高第亦是從有異議開始，漸漸理會，最後皈依於聖道者，即朱子所謂「蓋悅之深而力之盡，所見益親，而又無所用其力也」。〔註188〕我們所見之異者乃是求道之路上的工具，切不可將工具作為目的，工具的意義在於使人以各自不同、契合各自條件的最佳方式達到道的境域，因此，我們的眼光要放在道的合一上，而對於方法和工具的選擇，則不能過於執著，否則就是失去了目標，從而也就不可避免地無法理解聖人之道。至於趙貞吉為何要給宋儀望編輯的著作寫一篇序文呢？我們看到，嘉靖三十八年（1559）趙貞吉為嚴嵩《鈐山堂集》寫過序，稱嚴嵩「功言並隆，才遇兼美」。在趙貞吉之前為嚴氏文集作序的人，還有湛若水（嘉靖三十年，1551）、張治（嘉靖二十四年，1545）、王廷相（嘉靖十二年，1533）、唐龍（嘉靖十年）、黃綰（嘉靖十二年，1533）、崔銑（嘉靖十八年，1539）、孫偉（正德十年，1515）、王維楨（嘉靖二十五年，1546）、楊慎（1546）。這些未必皆是嚴嵩黨人，但他們與嚴嵩的關係當是比較密切的，至少他們在某些方面是有著不一般的聯繫。至於趙貞吉本人，史籍多記載其與嚴嵩的矛盾關係，以及他與高拱的爭執，他和徐階似乎保持了更為和諧的關係，趙氏也被認為是陽明後學中堅分子，被視為泰州學派一系。〔註189〕趙貞吉之所以為宋儀望編輯的《陽明先生文粹》重刻本作序，或許也就可以想像了。另外，趙氏曾在隆慶二年執掌都察院，〔註190〕為都察院人編纂的書寫序也在情理之中。

由此可知，宋儀望編輯《陽明先生文粹》刊刻源流為：嘉靖三十二年山西河東書院刻本，初刻；嘉靖三十三年盧州府刊本，重刻；嘉靖三十六年河南大梁書院刻本，再刻；隆慶六年福州正學書院刻本，再刻；隆慶萬曆間陝西刻本，再刻。這些刻本多在當地書院完成，可稱之為書院刻本；同時，這些刻本的贊助人基本上都是都察院御史，這些刻本亦可視為都察院刻本。

九、得其指歸：宋儀望或問

宋儀望編集《陽明先生文粹》在晚明時期反覆刊刻，在明清以來的藏書

〔註187〕〔宋〕朱熹：《四書章句集注》，北京：中華書局，2011年，第107頁。
〔註188〕〔宋〕朱熹：《四書章句集注》，第107頁。
〔註189〕〔清〕黃宗羲：《明儒學案》（修訂本），第747頁。
〔註190〕張德信：《明代職官年表》第1冊，合肥：黃山書社，2009年，第605頁。

目錄中多有著錄。如清代藏書家丁丙（1832～1899）在《善本書室藏書志》中
記錄如下：

> 《陽明先生文粹》十一卷，嘉靖刊本。潘叔潤藏書。明王守仁
> 撰。文成有《陽明文錄》二十卷、《文錄別集》八卷，又《續錄》八
> 卷，又《陽明全書》三十八卷，又《居夷集》三卷，又《陽明寓廣
> 遺稿》二卷，又《陽明文選》八卷。與此《文粹》，皆著錄於《千頃
> 堂書目》。是書十一卷：一卷雜著十三篇，二至六卷答書，七卷雜著，
> 八卷詩，九至十一卷為《傳習錄》。嘉靖癸丑廬陵宋儀望刻於河東書
> 院，自為序。屬下錢塘後學姚良弼跋稱：「代巡宋公按歷河東，講明
> 正學，慮諸士不能遍識也，刊先生文集。慮諸士不能知要也，擇先
> 生《序大學古本》《大學問》諸篇及《傳習錄》《答諸君子論學》諸
> 篇，訂為四本，名曰《文粹》，示良弼校刊焉。有「趙氏鑒藏」「潘
> 介祉印」「玉筍」「潘叔潤圖書記」諸印。〔註191〕（清丁丙《善本書
> 室藏書志》卷三十六）

錢塘丁氏家族八千卷樓藏書頗豐，丁丙《善本書室藏書志》著錄宋元明
刊本及明清抄校本二千餘種。丁丙之子丁立中編《八千卷樓書目》亦著錄了
這部書。其卷十六載「《陽明先生文粹》十一卷，明王守仁撰，宋儀望編，明
刊本。」〔註192〕不過，丁氏父子一則著錄嘉靖本，一則著錄明刊本，不知是
否為同一部書。丁丙注意到黃虞稷《千頃堂書目》已著錄該書。丁氏藏書如
今大部分在南京圖書館，此《陽明先生文粹》亦在列，即入選《國家珍貴古籍
名錄》之 05984 號。丁氏書志提到黃虞稷《千頃堂書目》有著錄。在黃氏之
前亦多見著錄，如明人孫能傳《內閣藏書目錄》卷三載：「《陽明文集》，二十
冊，全。正德間王守仁著。」「《陽明先生文粹》，四冊，全。嘉靖間廬陵宋儀
望選編。」〔註193〕內閣書庫中收藏的陽明著作兩種，其一即宋儀望所編集的版
本。《海王村古籍書目題跋叢刊》所收書目中，著錄《陽明文粹》一書的有：清
徐乾學（1631～1694）《傳是樓書目》載「陽明文粹十一卷，四本。」〔註194〕

〔註191〕〔清〕丁丙：《善本書室藏書志》，北京：中華書局，1990 年，第 859 頁。
〔註192〕中國書店：《海王村古籍書目題跋叢刊》第 4 冊，北京：中國書店，2008 年，
　　　　第 256 頁。
〔註193〕馮惠民：《明代書目題跋叢刊》，北京：書目文獻出版社，1994 年，第 515、
　　　　517 頁。
〔註194〕中國書店：《海王村古籍書目題跋叢刊》第 1 冊，第 405 頁。

清嵇璜（1711～1794）等編《續文獻通考》卷一百九十二載：「王守仁《文成全書》三十八卷。臣等謹案，守仁是集，為隆慶間謝廷傑裒合諸集刊板以傳。仿《朱子全書》之例名之。外多選輯別本，如宋儀望《陽明文粹》十二卷，王畿《陽明文選》八卷，葉紹顒《陽明要書》八卷《附錄》五卷，其裔孫貽樂刊《王陽明集》十六卷，張問達編《陽明文抄》二十卷，俞璘編《陽明全集》二十卷《傳習錄》一卷《語錄》一卷，皆缺略，不及是編之詳備。」〔註195〕宋儀望選編的陽明文集，在後世學者看來是較為重要的陽明著作版本，值得一提。

　　其實宋儀望本人正有此種自期。他在《遊白鹿洞》詩中寫道：「宮牆何森邃，顧瞻發遐思。采蘋潤水中，薦之明信辭。自從混闢來，大道坦且夷。如何中世士，荊棘相蔽虧。仲尼起周末，刪述折群疑。上下千餘載，異端互相持。剖析良為勤，真性日以離。默誦無欲篇，斯言豈我欺。」〔註196〕（《華陽館詩集》卷三《遊白鹿洞四首》其四）作為科舉出身的明代士人，宋儀望在出仕方面期待的是報君恩、實現理想；同時，他也有儒者的自我期許，希望能夠為學術做出某種貢獻。只是，他自認為原創並非他所長，他願意效法古聖先賢，以刪述為著述。因此，他對陽明著作的認識與同時代的人有著顯著的差異，當陽明學人在以講會為傳承陽明學，以振鐸築壇為續道之方，樹宗旨、辨同異，紛紛呶呶，成為一時之風。故黃宗羲謂：「有明事功文章，未必能越前代，至於講學，余妄謂過之。」〔註197〕當然，在嘉靖年間，講學風潮正勁時，宋儀望也一直參與其中。宋儀望在給呂光洵的贈別序文中說：

　　　　正德間，陽明先生起自於越，講致良知之學，大夫士始聞其說，
　　　　莫不駭且疑。久之，則又翻然以悟已，乃相率從之，而其教遂盛行
　　　　於江之南北。以為雖聖人復起，其說不能易也。其後門人各守其說
　　　　傳授，學者幾遍海內。嘉靖初，士大夫仕於兩都者，則又聯屬同志
　　　　為會，會必根極先生緒言，而各發明之。至今蓋三十餘年。其間亦
　　　　以諸君子能力任斯道，精神意氣薰蒸灌注，一時聞者莫不奮發興起，
　　　　然後斯會始得藉以不廢。予自丁未登第，則有若南野歐公為禮侍，
　　　　與諸同志為會，辯論切劘，至日昃不暇休。乃後，諸君子亦去來無

〔註195〕〔清〕嵇璜等：《欽定續文獻通考》，《景印文淵閣四庫全書》第 630 冊，臺
　　　　　北：臺灣商務印書館，1986 年，第 549 頁。
〔註196〕〔明〕宋儀望：《華陽館文集》，第 523 頁。
〔註197〕〔清〕黃宗羲：《明儒學案》（修訂本），第 4 頁。

　　常，而同志之會歲或舉行之已輒罷去。丙辰冬，予與沃舟呂君相遇
　　於淮，慨然以斯會散落為念。至則吉陽何君為太僕少卿，乃與羅子
　　惟德、胡子正甫、鄒子繼甫輩復訂前會，自卿寺以下，常至六七十
　　人。而又間為小會，則惟予與何、呂二君企二三子也。未幾，何君
　　以大中丞（僉都御史）撫江西，眾乃謀於呂君，為文贈之。〔註198〕
　　（《華陽館文集卷二·贈大理友少卿呂公遷南光祿卿序》）

　　陽明在世時，他以講學傳播良知之學。追隨陽明的學者們從疑惑到信從，
確立了陽明學術的初步影響範圍。陽明去世後，陽明門人四處講學，傳播陽
明思想，特別是講會活動在北京、南京有組織的舉行，讓陽明學在國家文化
中心保持著長期的影響。這些講會以陽明學為主旨，不斷交流和發明陽明學
的理論體系，陽明學成為一時最富創造力的學術思想。三十年間，陽明的主
要門人各自講說，成為陽明學的靈魂人物，他們通過講會等組織活動，吸引
年輕學者的加入，陽明學成為這個時代的精神象徵。宋儀望本人年輕時參加
陽明學人講會，受到了直接的鼓勵；中進士之後，他更積極參與陽明學人的
講會活動，成為陽明學人群體中的一員，他在陽明學中所扮演的角色則尚待
進一步的考察。

　　嘉靖三十五年（1556），宋儀望在北京任職。這一年冬，時任光祿寺卿的
何遷（1501～1574，字益之，號吉陽）組織宋儀望、羅汝芳（1515～1588，字
惟德，號近溪）與新科進士胡直（1517～1585，字正甫，號廬山）、鄒善（1521
～1600，字繼甫，號潁泉）等舉辦講會活動，大會常有六七十人。同一時期，
何遷與呂光洵（1508～1580，字信卿，號沃洲）、宋儀望等時常小規模聚會，
私交甚篤。何遷是湛若水弟子，又被視為是嚴嵩黨羽而罷官。

　　宋儀望一生都是陽明學的擁躉，為陽明學的發展所做的最後貢獻是他晚
年所做的從祀文字。這篇文章並沒有立即發表，而是經過審慎的思考之後，
變成了刻本書籍。相對於上章的奏疏樣式，宋儀望選擇了另外一種文體和另
外一種策略。而且，他的這一策略在一定程度上來說是取得了效果的，當然
宋儀望生前並未見到。宋儀望《陽明先生從祀或問並序》謂：「僕閒居，日與
同志講古人之學，頗悉今昔學術之辨，以為我朝理學，敬齋薛公倡之，白沙
陳公繼之。至於力求本心，直悟仁體，則餘姚王陽明公敘致良知一脈，直接
孔孟不傳之秘，自濂溪、明道以後，一人而已。近聞科臣欲舉薛、陳、王三公

　　〔註198〕〔明〕宋儀望：《華陽館文集》，第312、618頁。

從祀孔子廟庭，甚盛典也。未幾，下禮部，集諸儒臣會議。時刑部侍郎鄭公（鄭世威），因見議論紛起，遂上疏深詆餘姚，其事遂寢。同志中因究論陽明之學，與宋儒所以異同之故，言人人殊。僕乃作為《或問》，反覆辯難，以極折衷之旨。雖於先生之學，未敢謂盡其底蘊，而於古今學術之辯，或亦得其梗概云爾。隆慶己巳（三年，1569）十月朔記。」〔註199〕何喬遠《名山藏》卷八十一《臣林記》謂：「鄭世威字中孚，福建長樂人，嘉靖八年進士。……隆慶初，擢都察院右僉都御史、左副都御史。華亭相階為王守仁學，廷議有舉守仁從祀者。世威言：王守仁治世能臣也。謂其紹周程、宗孔孟，則平生庸德有不足矣。且其率天下徑趨直行，使聖門講學明理之功屏不用，將有毫釐差千里失者。與守仁同時講學者，泰和羅欽順、惠安張岳，世稱賢大夫，兩相指，擊共謬，守仁辨不能絀。蓋守仁以名勝，欽順、嶽以實勝。實之與名相去遠矣。階不是也，顧其事亦寢。轉南京侍郎改刑部侍郎。」〔註200〕據何喬遠的記載，鄭世威曾經也與宋儀望一樣彈劾過嚴嵩，也因此在仕途受阻，直到嚴嵩倒臺才復出。鄭世威雖然曾為都察院官員，但並非陽明學的服膺者。對於徐階等人嘗試推動陽明從祀之事極為反感。鄭世威於隆慶元年七月任都察院右僉都御史，十一月遷南京吏部右侍郎；隆慶二年三月改刑部右侍郎，隆慶三年二月致仕，〔註201〕則鄭世威上疏反對陽明從祀的時間是隆慶二年三月至次年二月間。

　　隆慶三年（1569），針對大臣鄭世威的奏疏，宋儀望提出了更富學理的辯論意見。當時，宋儀望並沒有直接上疏表示反對，而是繼續文稿的撰寫。《華陽館文集續刻》卷一，前有宋儀望序文：「按《從祀或問錄》一卷，往予家居，因與同志互相究難，慨然有感於人品、學術之辨，遂設為或問，以究極折衷之旨，然未敢以示人也。萬曆癸酉（元年，1573），予佐大理，輒擬一疏欲上之。會言者方指斥為偽學，同志中力止之，以俟定論。明年夏，出撫南畿，日理轉輸，議軍旅，諸務紛沓，毀譽利害，日交乎前，獨賴早從父師，與聞此學，時時藉以持循，不至墮落。然後益歎先生之功，世豈可以忘報也哉。《學政錄》，予督學時，發明聖朝教化大旨，以告諸生。與所聞於先生，互相證驗，

〔註199〕〔明〕宋儀望：《華陽館文集續刻》，第 469 頁。
〔註200〕〔明〕何喬遠：《名山藏》，影印明崇禎間刻本，《四庫禁燬書叢刊史部》第 47 冊，北京：北京出版社，2000 年，第 685～686 頁。
〔註201〕張德信：《明代職官年表》第 1 冊，第 887～889 頁。

並刻置署中，與四方同志共焉。」〔註202〕也就是說，《從祀或問錄》和《學政錄》的刊行是在萬曆二年以後事。〔註203〕按照宋儀望的說法，他是在南京任職時將《學政錄》和《從祀或問錄》刻板的。不過此書單刻本今未得見，惟有收錄《華陽館續集》的版本。他的這一著作為後來陽明從祀提供了較為重要的理論文獻，也成為宋儀望生前最為重要的學術著作。

對此，他的友朋比較清楚。宋儀望去世後，曾同亨撰《明故嘉議大夫大理寺卿華陽宋公墓誌銘》，對宋儀望在陽明學方面的貢獻做了大篇幅的文章，云：

> 自世風日下，士懼實踐之難，往往避讒畏忌，以講學為諱。公自早歲聞教於從兄滁江君，慨然有意其間，因師聶貞襄、鄒歐兩文莊，最後觀摩於羅文恭，益得其指歸，自是家食與宦跡，所至孜孜，會友不廢寒暑。按醴時，建河東書院，首揭河汾宗旨，以風示學者。督學閩南，課藝之暇，時時進諸生，語以《大學》致知入門正脈。摘取諸先輩集中語關理學者，刻為《陽明文粹》《鄒歐二先生文選》，頒示學宮，使其曉然知正學俗學之辨。歲甲戌，四方縉紳及諸挾冊士，雲集闕下。時學禁愈屬，公益倡會靈濟宮，亹亹多所發明。廷議王文成公從祀者，眾議紛紜，莫知所決策。公曰：此未可口舌爭也，著為《或問》一篇，大意謂堯舜開精一之傳，未嘗求理於物，牾心於外。孔門《大學》一書，首言明明德。明德者，即吾此心之靈覺不昧者，故明德之功，要在致知。後儒誤訓致知為推極其知，殊失《大學》知本之旨。故王公指以示人，曰：「所謂致知者，乃致知吾心之良知」，而非以知識先也。證諸孟子所言「孩提之知愛知敬」，「顏子有善未嘗不知」之知，無不吻合。持論侃侃，無所顧忌，聞者悚服。故公之存心，人以為世道人心咸有賴，藉沒而相與諮嗟悼惜，不獨交遊死生之感而已。所著有《督撫奏議》《華陽館集》若

〔註202〕〔明〕宋儀望：《華陽館文集續刻》，第 469 頁。

〔註203〕朱鴻林注意到了宋儀望這部著作的重要價值，指出：「宋儀望雖然沒有參加萬曆十二年（1584）的陽明從祀議案，但其所著《陽明先生從祀或問並序》，應該曾為此次一些與議者所閱讀和參考。因此除了其本身的學術價值之外，也是研究陽明從祀事情的重要文獻。」只不過朱氏尚未注意到宋儀望的《從祀或問錄》和《學政錄》兩部著作是單獨刊行的著作。（朱鴻林：《孔廟從祀與鄉約》，第 190 頁。）

千卷，藏於家。其所為詩若文，汪洋浩海不可窮以詞，大抵師心自用，僕使秦漢，不規矩名一家，而本諸性情，揆自道德，發於忠信之所誠。〔註204〕

墓誌銘算是對人一生的蓋棺定論。曾同亨用五百餘字細緻講述了宋儀望在陽明學方面的貢獻。按照曾氏的說法，其貢獻包括以下幾個方面：

第一，師出名門。陽明學人中，聶豹、鄒守益和羅洪先是除了王畿、王艮和錢德洪之外最有聲望的陽明門人。〔註205〕黃宗羲以地域區分了幾個學派，其中江西籍的江右派以嫡傳。他說：「姚江之學，惟江右為得其傳，東廓、念菴、兩峰、雙江其選也。」〔註206〕宋儀望為聶豹和鄒守益撰行狀（《華陽館文集》卷十一，第 400～414 頁），可見宋氏確為聶、鄒二人的親近之人。

第二，贊助編輯陽明學著作。其主持贊助編刊的陽明作品有他領銜的《陽明先生文粹》和《鄒守益歐陽德文選》等。將陽明學著作刪繁就簡，便於傳播。同時，他還以督學身份將這些著作作為教學參考書，擴大了讀者群體。

第三，為陽明從祀事撰寫專文。陽明從祀一事事關陽明本人的政治與學術認可，特別是陽明學術，如何將其與儒學性理傳統脈絡關聯起來，是宋儀望《陽明先生從祀或問錄》的主題。「持論侃侃，無所顧忌，聞者悚服。」但，這部《從祀或問錄》並沒有在當時刊行，也沒有變成上疏的文字。據說是有人力勸他不要上疏。在這一時期，王畿等人正在設法動員陽明學人和支持陽明學的官僚上疏。王畿在給耿定向的書信中明確說：「先師從祀一節，知元老注念，事在終濟。平泉以病去，履庵同志，可無差池？幸吾丈上下周旋，多方以贊成之，固所自盡也。」〔註207〕顯然，宋儀望沒有進入到王畿等人的政治

〔註204〕陳柏泉編著：《江西出土墓誌選編》，第 426 頁。

〔註205〕相關文獻很多，如：嵇文甫：《左派王學》，上海：開明書店，1934 年；侯外廬等：《宋明理學史》，北京：人民出版社，1997 年；張學智：《明代哲學史》，北京：北京大學出版社，2000 年；岡田武彥：《王陽明與明末儒學》，上海：上海古籍出版社，2000 年；牟宗三：《從陸象山到劉蕺山》，上海：上海古籍出版社，2001 年；錢明：《陽明學的現成與發展》，南京：江蘇古籍出版社，2002 年；吳震：《陽明後學研究》，上海：上海人民出版社，2003 年；鮑世斌：《明代王學研究》，成都：巴蜀書社，2004 年；彭國翔：《良知學的展開：王龍溪與中晚明的陽明學》，北京：生活讀書新知三聯書店，2005 年；張昭煒：《陽明學文獻整理與研究的新進展》，上海：上海古籍出版社，2018 年。

〔註206〕〔清〕黃宗羲：《明儒學案》（修訂本），第 331 頁。

〔註207〕〔明〕王畿：《王畿集》，第 240 頁。

圈子之中。但宋儀望通過刊刻著作的方式起到了擴大宣傳的效果，為其後陽明從祀的最後定案提供了理論依據。

　　至於宋儀望的詩文之名，其友朋多有溢美之詞。王世貞《華陽館詩集序》謂：「公繇令高第拜御史，間一再過論詩，公氣完而才高，所造語必驚其坐人。而自是出按齷河中，移疾歸，超為廷尉丞，出牧方州僉臬，事進為副。再躓再起，入佐太僕，復佐廷尉，以至今官凡十餘政。自少而壯而且老，幾三十年。所經繇秦、晉、梁、燕、趙、魏、閩、蜀、吳、楚之地，數千萬里。其旅予旅，奮軒輊牢騷，傴蹇異態，公時得之，以益吾變江山之詭特險絕；土風物候之羯羠柴虒，莫可詰究，公又時採之，以益吾奇而中不汩。」〔註208〕皇甫汸《華陽館詩集序》謂，宋儀望「詩傳海內，副在京師。才忌眾口，歷試諸艱。然轍跡不越乎三輔間也。比兩至閩中，一為監軍，一為督學，文武吉甫，於斯再覿。」〔註209〕雖然語多譽詞，但宋儀望的詩文在當時的士大夫看來自有其特點。這說明宋儀望的文章的確有人所未及之處。這也是何以黃宗羲《明儒學案》將其《從祀或問》一文予以全文收錄的原因所在。

　　從陽明學的歷史發展譜系來說，宋儀望無論在學術的原創能力、人生經歷的豐富程度、官階的世俗理解，以及陽明後學的位置等方面來說，都不算特殊之人，然而，從古籍版本而言，他卻因為《河東重刻陽明先生文錄》《陽明先生文粹》等書而具有了無可替代的作用。如果我們把陽明學的諸多作者視為這一學術思想運動的作者，那麼我們可以真實地看到儘管他們使出了渾身解數，在書籍的世界中，他們的作品僅有一部分成了古籍書庫中的不朽者。「能力、知識、社會特權都不能保證作者的成功，但他也不是因為本真性、因為它接近真實、世俗和真理而成功的。」〔註210〕都察院的官員刊刻了無數典籍，而如今絕大部分都不為我們所知；陽明學人中的中堅分子，大部分也都煙消雲散，那些著名的講學家、會講家，那些曾經顯赫一時的陽明門徒，大多都消失在歷史的塵埃之中。宋儀望本也不例外。在書籍世界的循環之中，由於當代人的古籍保護行動，他和他的書寫又重新回到了歷史的現場。

〔註208〕 〔明〕宋儀望：《華陽館文集》，第498頁。

〔註209〕 〔明〕宋儀望：《華陽館文集》，第497頁。

〔註210〕 〔德〕格羅伊斯：《論新：文化檔案庫與世俗世界之間的價值交換》，潘律譯，重慶：重慶大學出版社，2018年，第174頁。

小結

宋儀望在陽明後學中，並不是一位核心的人物。他只是陽明的再傳弟子，是陽明門人聶豹、鄒守益的眾多弟子中的一員。但他的經歷頗有特點：首先，他是陽明講會活動的參與者。早年因為地域的便利關係，參與到了陽明門人的在吉安府組織的講會活動，是嘉靖時期陽明講會的見證人之一；後來，宋儀望也曾組織陽明講會，參與陽明學的研討。其次，他是陽明著作的編集者和刊行贊助人。宋儀望在其仕途的不同階段，將錢德洪等陽明門人編集的陽明文獻加以重刊，且不止一次；他又編輯了陽明的文選，在都察院御史任上將其所編著作刊行，為陽明學傳播於山西和福建等他所任職之地都有著重要的作用。第三，他是陽明學的作者。宋儀望在其晚年撰寫《陽明先生從祀或問錄》一卷，為陽明的從祀成功做出了貢獻。

宋儀望在諸多陽明後學中，不以講學著稱，也不以提出了獨特的見解著稱。這導致了他在陽明後學中的聲名不彰。我們認為，宋儀望的主要貢獻在於刊刻陽明著述，幾乎是在何處任職即在何處刊刻陽明著作。加上他是都察院御史的特殊身份，為他刊刻陽明學著作提供了職務上的便利，隨著他在南北不同地域任職，他將陽明學傳播到這些地方，並通過書籍的形式讓更多的人能夠接觸陽明學、理解陽明學。

學者之所以能夠購買、閱讀《陽明先生文粹》一書，乃因當時有若干陽明後學士人作為贊助者反覆翻刻此書。這些贊助者中，都察院官員佔了很大比重，都察院御史不僅掌握對官員的監察職權，更對地方學校有監管職責。在他們的推動下，陽明學之「學」與明代學校之「教」密切相關，也與當時諸多執掌或主管學校事務的都察院有了密切相關，雖然葛兆光提醒我們要注意：隨著城市、商業、交通以及印刷術和造紙技術的發達，知識傳播更加容易，也越來越超出官方意識形態允許的邊界，士紳與市民所擁有的財富資源，也使得另外開闢思想表達和知識傳播的渠道成為可能。〔註211〕但從《陽明先生文粹》的編纂、刊行來看，更多的是作為官員的士人為傳播陽明學的努力，特別是在政府體系之下宣傳和教育官僚所進行的這類活動，因為直接面向在學校中求學的士子，也直接影響在地方任職的各級官僚，無疑是極大的加快了陽明學在士人階層中的影響。正如杜威在《民主與教育》中所說：「社會不

〔註211〕 葛兆光：《中國思想史》第二卷，上海：復旦大學出版社，2007年，第300頁。

僅通過傳遞（transmission）與傳播（communication）而存在，更確切地說，它就存在於傳遞與傳播中。」〔註212〕正因為有了尊奉陽明學的士人（特別是那些將陽明學視為道的傳承者的儒者）不斷將其學說傳遞和傳播，才使得陽明學成為一種可能。

　　如果我們只是把宋儀望作為陽明著作的一個編輯者，陽明著述刊行的贊助人，將他視為無足輕重的陽明學人，我們或許就會錯過了對陽明學本身的歷史洞察。陽明毫無疑問是陽明學的創立者，是陽明學、陽明思想的作者，但陽明學之所以成為陽明學，之所以成為我們今天所見到的陽明學，離開不一代代學人的努力。他們在某種意義上來說，也是陽明學的作者，這一作者「既是傳統，同時也是創新的代言人：他的身份因為在文化經濟策略中所扮演的角色已經被充分定義了。」〔註213〕他不僅為陽明學的文化生產提供了創新的文本，也為陽明學的傳播提供了便利的資源，更重要的是，通過他的努力，陽明學能夠以一種新的樣貌在新的歷史時期延續下去，古籍善本的價值即為其中之一。

〔註212〕 Society not only continues to exists by transmission, by communication, but it may fairly be said to exist in transmission, in communication.（Dewey, John. Democracy and Education, The Macmillan Company, 1916：5）中譯本譯為：「社會不僅通過傳遞、通過溝通繼續生存，而且簡直可以說，社會在傳播中、在溝通中生存。」〔美〕杜威：《民主與教育》，王承緒譯，北京：人民教育出版社，2001 年，第 9 頁。
〔註213〕 〔德〕格羅伊斯：《論新：文化檔案庫與世俗世界之間的價值交換》，潘律譯，重慶：重慶大學出版社，2018 年，第 172 頁。

參考文獻

1. 〔漢〕司馬遷：《史記》，北京：中華書局，2011 年。

2. 〔魏〕王肅：《孔子家語》，北京大學《儒藏》編纂與研究中心：《儒藏精華編一八○》，北京：北京大學出版社，2014 年。

3. 〔宋〕程顥、程頤：《二程集》，王孝魚點校，北京：中華書局，2006 年。

4. 〔宋〕程顥、程頤：《二程遺書》，潘富恩導讀，上海：上海古籍出版社，2000 年。

5. 〔宋〕道原：《景德傳燈錄譯注》，顧宏義譯注，上海：上海書店出版社，2010 年。

6. 〔宋〕普濟：《五燈會元》，北京：中華書局，1981 年

7. 〔宋〕唐庚：《眉山集》，《景印文淵閣四庫全書》第 1124 冊，臺北：臺灣商務印書館，1986 年。

8. 〔宋〕楊簡：《慈湖先生遺書》，《儒藏精華編二三七》，北京：北京大學出版社，2014 年。

9. 〔宋〕張邦基：《墨莊漫錄》，《景印文淵閣四庫全書》第 864 冊，臺北：臺灣商務印書館，1986 年。

10. 〔宋〕鄭樵：《通志二十略》，北京：中華書局，1995 年。

11. 〔宋〕朱熹：《四書章句集注》，北京：中華書局，2011 年。

12. 〔宋〕朱熹：《朱子近思錄》，上海：上海古籍出版社，2000 年。

13. 〔宋〕朱熹：《朱子全書》，朱傑人等主編，上海：上海古籍出版社，2010 年。

14.〔明〕陳文燭：《二酉園文集》，《四庫全書存目叢書集部》第 139 冊，濟南：齊魯書社，1997 年。

15.〔明〕范謙：《范文恪先生雙柏堂集》，沈乃文：《明別集叢刊》第 3 輯第 61 冊，合肥：黃山書社，2016 年。

16.〔明〕馮夢龍：《王陽明出身靖亂錄》，杭州：浙江古籍出版社，2015 年。

17.〔明〕高攀龍：《高子遺書》，《景印文淵閣四庫全書》，臺北：臺灣商務印書館，1986 年。

18.〔明〕高廷愉：《〔嘉靖〕普安州志》，上海：上海古籍書店，1961 年。

19.〔明〕耿定向：《耿定向集》，傅秋濤點校，上海：華東師範大學出版社，2015 年。

20.〔明〕歸有光：《歸有光全集》，嚴佐之等主編，上海：上海人民出版社，2015 年。

21.〔明〕歸有光：《震川先生集》，周本淳校點，上海：上海古籍出版社，1981 年。

22.〔明〕過庭訓：《本朝京省人物考》，《四庫禁燬書叢刊史部》第 61～62 冊，北京：北京出版社，2000 年。

23.〔明〕何喬遠：《名山藏》，《四庫禁燬書叢刊史部》第 47 冊，北京：北京出版社，2000 年。

24.〔明〕何三畏：《雲間志略》，《四庫禁燬書叢刊‧史部》第 8 冊，北京：北京出版社，2000 年。

25.〔明〕侯一元：《侯一元集》，陳瑞贊編校，合肥：黃山書社，2011 年。

26.〔明〕胡維霖：《胡維霖集》，《四庫禁燬書叢刊‧集部》第 165 冊，北京：北京出版社，2000 年。

27.〔明〕胡應麟：《少室山房筆叢甲部‧經籍會通》，上海：上海書店出版社，2001 年。

28.〔明〕胡直：《胡直集》，張昭煒編校，上海：上海古籍出版社，2015 年。

29.〔明〕黃綰：《黃綰集》，張宏敏編校，上海：上海古籍出版社，2014 年。

30.〔明〕焦竑：《澹園集》，李劍雄整理，北京：中華書局，1999 年。

31.〔明〕亢思謙：《慎修堂集》，《四庫未收書輯刊》第 5 輯第 21 冊，北京：北京出版社，1997 年。

32.〔明〕孔天胤：《孔文谷文集》,《四庫全書存目叢書集部》第 95 冊,濟南：齊魯書社,1997 年。

33.〔明〕郎瑛：《七修類稿》,上海：上海書店出版社,2001 年。

34.〔明〕雷禮：《國朝列卿紀》,《四庫全書存目叢書史部》第 93 冊,濟南：齊魯書社,1995 年；周駿富：《明代傳記叢刊》第 39 冊,臺北：明文書局,1991 年。

35.〔明〕李攀龍：《滄溟先生集》,包敬第標校,上海：上海古籍出版社,2014 年。

36.〔明〕李紹文：《皇明世說新語》,《續修四庫全書》第 1173 冊,上海：上海古籍出版社,2002 年。

37.〔明〕劉宗周：《劉宗周全集》,吳光主編,杭州：浙江古籍出版社,2012 年。

38.〔明〕陸容：《菽園雜記》,北京：中華書局,1985 年。

39.〔明〕羅欽順：《困知記》,閻韜點校,北京：中華書局,2013 年。

40.〔明〕馬自強：《馬文莊公集選》,沈乃文：《明別集叢刊》第 2 輯第 93 冊,2015 年。

41.〔明〕聶豹：《聶豹集》,吳可為編校整理,南京：鳳凰出版社,2007 年。

42.〔明〕聶豹：《雙江聶先生文集》,北京大學儒藏編纂與研究中心：《儒藏精華編二五八》,北京：北京大學出版社,2017 年。

43.〔明〕歐大任：《歐虞部集》,《四庫禁燬書叢刊集部》第 47 冊,北京：北京出版社,2000 年。

44.〔明〕宋儀望：《華陽館文集》,《四庫全書存目叢書集部》第 116 冊,濟南：齊魯書社,1997 年。

45.〔明〕宋儀望：《華陽館文集續刻》,《四庫全書存目叢書集部》第 116 冊,濟南：齊魯書社,1997 年。

46.〔明〕萬廷謙：《〔萬曆〕龍游縣志》,《中國方志叢書·華中地方》,臺北：成文出版社有限公司,1983 年。

47.〔明〕王弘誨：《太子少保王忠銘先生文集天池草重編》,《四庫全書存目叢書集部》第 138 冊,濟南：齊魯書社,1997 年。

48.〔明〕王弘誨：《天池草》,王力平點校,海口：海南出版社,2004 年。

49. 〔明〕王畿：《王畿集》，吳震編校整理，南京：鳳凰出版社，2007 年。

50. 〔明〕王世貞：《弇山堂別集》，北京：中華書局，1985 年。

51. 〔明〕王世貞：《弇州史料後集》，《四庫禁燬書叢刊史部》第 49 冊，北京：北京出版社，2000 年。

52. 〔明〕王世貞：《弇州四部稿》，沈乃文：《明別集叢刊第三輯》第 34 冊，黃山書社，2016 年；《景印文淵閣四庫全書》第 1280 冊，臺北：臺灣商務印書館，1986 年。

53. 〔明〕王守仁：《王文成公全書：郭朝賓本》，揚州：廣陵書社，2020 年。

54. 〔明〕王守仁：《王陽明集》，北京：中華書局，2016 年。

55. 〔明〕王守仁：《王陽明集》，王曉昕等點校，北京：中華書局，2016 年。

56. 〔明〕王守仁：《王陽明全集》，吳光等編，上海：上海古籍出版社，2014 年。

57. 〔明〕王守仁原著、〔明〕施邦曜輯評：《陽明先生集要》，王曉昕、趙平略點校，北京：中華書局，2008 年。

58. 〔明〕王陽明：《居夷集》，李半知校注，貴陽：貴州人民出版社，2020 年。

59. 〔明〕王陽明：《王陽明全集（新編本）》，吳光等編校，杭州：浙江古籍出版社，2010 年。

60. 〔明〕王陽明：《王陽明先生珍稀文獻二種》，杭州：西泠印社，2018 年。

61. 〔明〕王廷相：《王廷相集》，王孝魚點校，北京：中華書局，1989 年。

62. 〔明〕王錫爵、沈一貫：《增定國朝館課經世宏辭》，《四庫禁燬書叢刊集部》第 92 冊，北京：北京出版社，2000 年。

63. 〔明〕王宗沐：《敬所王先生文集》，沈乃文主編：《明別集叢刊》第 3 輯第 24 冊，合肥：黃山書社，2015 年。

64. 〔明〕吳道南：《吳文恪公文集》，《四庫禁燬書叢刊集部》第 31 冊，北京：北京出版社，2000 年。

65. 〔明〕吳國倫：《甗甀洞稿》，《四庫全書存目叢書集部》第 122 冊，濟南：齊魯書社，1997 年。

66. 〔明〕謝東山刪正、張道編集：《貴州通志》（點校本），貴陽：貴州人民出版社，2015 年。

67. 〔明〕謝榛：《謝榛全集》，朱其鎧等校點，濟南：齊魯書社，2000 年。

68.〔明〕徐咸：《皇明名臣言行錄》，《續修四庫全書》第 520 冊，上海：上海古籍出版社，2002 年。

69.〔明〕徐象梅：《兩浙名賢錄》，《四庫全書存目叢書史部》第 114 冊，濟南：齊魯書社，1997 年。

70.〔明〕徐學謨：《世廟識餘錄》，《四庫全書存目叢書史部》第 49 冊，濟南：齊魯書社，1997 年。

71.〔明〕徐中行：《徐中行集》，王群栗點校，浙江：浙江古籍出版社，2012 年。

72.〔明〕薛侃：《薛侃集》，陳椰編校，上海：上海古籍出版社，2014 年。

73.〔明〕陽思謙：《〔萬曆〕泉州府志》，臺北：臺灣學生書局，1987 年。

74.〔明〕葉向高：《蒼霞續草》，《四庫禁燬書叢刊集部》第 125 冊，北京：北京出版社，2000 年。

75.〔明〕張四維：《張四維集》，張志江點校，上海：上海古籍出版社，2018 年。

76.〔明〕張萱：《西園聞見錄》，《續修四庫全書》第 1168 冊，上海：上海古籍出版社，2002 年。

77.〔明〕趙貞吉：《趙文肅公文集》，《四庫全書存目叢書集部》第 100 冊，濟南：齊魯書社，1997 年。

78.〔明〕周弘祖：《古今書刻》，上海：上海古籍出版社，2005 年。

79.〔明〕鄒守益：《鄒守益集》，董平編校整理，南京：鳳凰出版社，2007 年。

80.〔清〕曾國藩：《曾國藩全集》，長沙：嶽麓書社，2011 年。

81.〔清〕曾國藩：《經史百家雜鈔》，北京：中華書局，2013 年。

82.〔清〕陳田：《明詩紀事》，《續修四庫全書》第 1711 冊，上海：上海古籍出版社，2002 年。

83.〔清〕程嗣章：《明儒講學考》，《四庫全書存目叢書子部》第 29 冊，濟南：齊魯書社，1997 年。

84.〔清〕丁丙：《善本書室藏書志》，《宋元明清書目題跋叢書》第 9 冊，北京：中華書局，2006 年。

85.〔清〕丁丙：《善本書室藏書志》，北京：中華書局，1990 年。

86.〔清〕丁日昌：《持靜齋書目》，路子強等標點，上海：上海古籍出版社，2008 年。

87. 〔清〕丁宿章：《湖北詩徵傳略》，《續修四庫全書》第 1707 冊，上海：上海古籍出版社，1996 年。

88. 〔清〕方苞編、王同舟等校注：《欽定四書文校注》，武漢：武漢大學出版社，2009 年。

89. 〔清〕顧炎武著、黃汝成集釋：《日知錄集釋》，欒保群等校點，上海：上海古籍出版社，2014 年。

90. 〔清〕顧炎武著、黃汝成集釋：《日知錄集釋》，上海：上海古籍出版社，2006 年，第 1068 頁。

91. 〔清〕胡培翬：《研六室文鈔》，《續修四庫全書》第 1507 冊，上海：上海古籍出版社，2002 年。

92. 〔清〕黃虞稷：《千頃堂書目》，瞿鳳起等整理，上海：上海古籍出版社，2001 年。

93. 〔清〕黃宗羲：《明儒學案》（修訂本），沈芝盈點校，北京：中華書局，2013 年。

94. 〔清〕嵇曾筠等：《浙江通志》，《景印文淵閣四庫全書》第 519 冊，臺北：臺灣商務印書館，1986 年。

95. 〔清〕嵇璜等：《欽定續文獻通考》，《景印文淵閣四庫全書》第 630 冊，臺北：臺灣商務印書館，1986 年。

96. 〔清〕黎庶昌：《拙尊園叢稿》，《續修四庫全書》第 1561 冊，上海：上海古籍出版社，2002 年。

97. 〔清〕李銘皖等：《〔同治〕蘇州府志》，《中國地方志集成・江蘇府縣志輯⑧》，南京：江蘇古籍出版社，1991 年。

98. 〔清〕莫有芝：《持靜齋藏書記要》，李淑燕點校，上海：上海古籍出版社，2009 年。

99. 〔清〕錢泳：《履園叢話》，張偉點校，北京：中華書局，1997 年。

100. 〔清〕沈佳：《明儒言行錄》，臺北：臺灣明文書局，1991 年。

101. 〔清〕守忠：《〔同治〕沅陵縣志》，《中國地方志集成湖南府縣志輯 62》，南京：江蘇古籍出版社，2002 年。

102. 〔清〕蘇昌臣：《河東鹽政匯纂》，《續修四庫全書》第 839 冊，上海：上海古籍出版社，2002 年。

103.〔清〕王士禎:《王士禎全集》,袁世碩主編,濟南:齊魯書社,2007 年。

104.〔清〕文慶等:《欽定國子監志》,郭亞南等點校,北京:北京古籍出版社,1998 年。

105.〔清〕徐開任:《明名臣言行錄》,《續修四庫全書》第 521 冊,上海:上海古籍出版社,2002 年。

106.〔清〕徐清選等:《〔道光〕豐城縣志》,臺北:成文出版社有限公司,1975 年。

107.〔清〕葉德輝:《書林清話》,北京:華文書局,2012 年。

108.〔清〕永瑢等:《四庫全書總目》,北京:中華書局,2003 年。

109.〔清〕于敏中:《天祿琳琅書目》,徐德明標點,上海:上海古籍出版社,2007 年。

110.〔清〕俞長城《可儀堂一百廿名家制藝解題》,《古代文學理論研究》(第四十輯),上海:華東師範大學出版社,2015 年。

111.〔清〕張廷玉等:《明史》,北京:中華書局,2011 年。

112.〔清〕張之洞撰、范希增補正:《書目答問補正》,北京:中華書局,2018 年。

113.〔清〕周炳麟:《〔光緒〕餘姚縣志》,臺北:成文出版社有限公司,1983 年。

114.〔奧〕米塞斯:《人的行為》,夏道平譯,上海:上海社會科學院出版社,2015 年。

115.〔德〕格羅伊斯:《論新:文化檔案庫與世俗世界之間的價值交換》,潘律譯,重慶:重慶大學出版社,2018 年。

116.〔德〕胡塞爾:《歐洲科學的危機與超越論的現象學》,北京:商務印書館,2017 年。

117.〔美〕杜威:《民主與教育》,王承緒譯,北京:人民教育出版社,2001 年。

118.〔美〕富路特、房兆楹:《明代名人傳》,北京:北京時代華文書局,2015 年。

119.〔美〕拉斯韋爾:《社會傳播的結構與功能》,何道寬譯,北京:中國傳媒大學出版社,2012 年。

120.〔美〕雷可夫、詹森:《我們賴以生存的譬喻》,臺北:聯經出版事業股份有限公司,2006 年。

121. 〔美〕羅蒂：《哲學和自然之鏡》，李幼蒸譯，北京：商務印書館，2017 年。

122. 〔日〕大木康：《明末江南的出版文化》，周保雄譯，上海：上海古籍出版社，2014 年。

123. 〔日〕島田虔次：《中國近代思維的挫摺》，甘萬萍譯，南京：江蘇人民出版社，2005 年。

124. 〔日〕多和田葉子：《和語言漫步的日記》，金曉宇譯，鄭州：河南大學出版，2017 年。

125. 〔日〕岡田武彥：《王陽明大傳：知行合一的心學智慧》，楊田等譯，重慶：重慶出版社，2014 年。

126. 〔日〕岡田武彥：《王陽明與明末儒學》，上海：上海古籍出版社，2000 年。

127. 〔日〕忽滑谷快天：《王陽明與禪學》，李慶保譯，長春：時代文藝出版社，2018 年。

128. 〔日〕荒木見悟：《佛教與儒教》，杜勤等譯，鄭州：中州古籍出版社，2005 年。

129. 〔日〕永富青地：《王守仁著作之文獻學的研究》，東京：汲古書院，2007 年。

130. 〔日〕佐藤一齋：《傳習錄欄外書》，黎業明點校，上海：上海古籍出版社，2017 年。

131. 〔瑞士〕耿寧：《人生第一等事：王陽明及其後學論致良知》，倪梁康譯，商務印書館，2014 年。

132. 〔英〕崔瑞德、牟復禮：《劍橋中國明代史》，北京：中國社會科學出版社，2006 年。

133. 《明世宗實錄》，臺北：中央研究院歷史語言研究所校印，1962 年。

134. 《明神宗實錄》，臺北：中央研究院歷史語言研究所校印，1962 年。

135. 《相臺書塾刊正九經三傳沿革例》，景印北京大學圖書館藏影鈔本，2019 年古典文獻學新生代研討會紀念本。

136. 鮑世斌：《明代王學研究》，成都：巴蜀書社，2004 年。

137. 北京大學古文獻研究所：《全宋詩》，北京：北京大學出版社，1995 年。

138. 北京大學哲學系中國哲學教研室：《中國哲學史（第二版）》，北京：北京大學出版社，2015 年。

139. 北京師範大學圖書館古籍部：《北京師範大學圖書館古籍善本書目 1902～2002》，北京：北京圖書館出版社，2002 年。

140. 北京圖書館：《北京圖書館藏珍本年譜叢刊》，北京：北京圖書館出版社，1999 年。

141. 北京圖書館：《北京圖書館古籍善本書目》，北京：書目文獻出版社，1987 年。

142. 北京圖書館古籍出版編輯組：《北京圖書館古籍珍本叢刊》第 64 冊，北京：書目文獻出版社，2000 年。

143. 北京圖書館善本部：《北京圖書善本書目》，北京：中華書局，1959 年。

144. 北京圖書館業務研究委員會：《北京圖書館館史資料彙編：1909～1949》，北京：書目文獻出版社，1992 年。

145. 蔡仁厚：《王陽明哲學》，北京：九州出版社，2012 年。

146. 昌彼得：《蟫庵論著全集》，臺北：國立故宮博物院，2007 年。

147. 陳柏泉編著：《江西出土墓誌選編》，南昌：江西教育出版社，1991 年。

148. 陳繼生：《禪宗公案》，天津：天津古籍出版社，2008 年。

149. 陳來：《有無之境：王陽明哲學的精神》，北京：北京大學出版社，2013 年。

150. 陳來：《中國近世思想史研究》，北京：生活·讀書·新知三聯書店，2010 年。

151. 陳乃乾：《陳乃乾文集》，北京：國家圖書館出版社，2009 年。

152. 陳榮捷：《近思錄詳注集評》，上海：華東師範大學出版社，2007 年。

153. 陳榮捷：《宋明理學之概念與歷史》，臺北：秀威信息科技股份有限公司，2004 年。

154. 陳榮捷：《王陽明傳習錄詳注集評》，重慶，重慶出版社，2017 年。

155. 陳榮捷：《王陽明與禪》，臺北：臺灣學生書局，1984 年。

156. 陳榮捷：《中國哲學文獻選編》，南京：江蘇教育出版社，2006 年。

157. 陳先行、郭立暄：《上海圖書館善本題跋輯錄附版本考》，上海：上海辭書出版社，2017 年。

158. 陳玉蘭等：《中國學術編年·明代下》，上海：華東師範大學出版社，2013 年。

159. 成乃凡：《增編歷代詠竹詩叢》，太原：山西人民出版社，2010 年。

160. 崔建英：《崔建英版本目錄學文集》，南京：鳳凰出版社，2012 年。

161. 崔建英：《明別集版本志》，北京：中華書局，2006 年。

162. 鄧艾民：《傳習錄注疏》，上海：上海古籍出版社，2012 年。

163. 鄧艾民：《朱熹王守仁哲學研究》，上海：華東師範大學出版社，1989 年。

164. 鄧邦述：《群碧樓善本書錄》，金曉東整理，上海：上海古籍出版社，2014 年。

165. 鄧洪波等：《中國狀元殿試卷大全》，上海：上海教育出版社，2006 年。

166. 鄧志峰：《王學與晚明的師道復興運動（增訂本）》，上海：復旦大學出版社，2020 年。

167. 董康：《書舶庸譚》，朱慧整理，北京：中華書局，2013 年。

168. 杜維明：《青年王陽明》，朱志方譯，北京：生活・讀書・新知三聯書店，2013 年。

169. 杜信孚、杜同書：《全明分省分縣刻書考》，北京：線裝書局，2001 年。

170. 杜信孚：《明代版刻綜錄》，揚州：江蘇廣陵古籍刻印社，1983 年。

171. 多倫多大學鄭裕彤東亞圖書館：《加拿大多倫多大學東亞圖書館藏中文古籍善本提要》，桂林：廣西師範大學出版社，2009 年。

172. 范邦甸：《天一閣書目》，上海：上海古籍出版社，2010 年。

173. 范鳳書：《中國私家藏書史》，鄭州：大象出版社，2001 年。

174. 范景中：《附庸風雅和藝術欣賞》，杭州：中國美術學院出版社，2009 年。

175. 方東美：《中國哲學精神及其發展》，孫智燊譯，北京：中華書局，2012 年。

176. 方旭東：《理學九帖：以朱子學為圓心的研究》，北京：商務印書館，2016 年。

177. 馮爾康：《史料學研究》，天津：天津人民出版社，2019 年頁。

178. 馮惠民：《明代書目題跋叢刊》，北京：書目文獻出版社，1994 年。

179. 馮友蘭：《南渡集》，北京：中華書局，2017 年。

180. 馮友蘭：《中國哲學簡史》，趙復三譯，北京：生活・讀書・新知三聯書店，2009 年。

181. 馮友蘭：《中國哲學史》，北京：生活・讀書・新知三聯書店，2009 年。

182. 傅旋琮：《續修四庫全書總目提要史部》，上海：上海古籍出版社，2014年。

183. 傅亞庶：《孔叢子校釋》，北京：中華書局，2011年，第96頁。

184. 傅增湘：《藏園群書經眼錄》，北京：中華書局，2009年。

185. 傅增湘：《藏園群書題記》，上海：上海古籍出版社，2008年。

186. 葛兆光：《中國思想史》，上海：復旦大學出版社，2007年。

187. 龔鵬程：《中國文學史》，北京：東方出版社，2015年。

188. 龔曉康等：《王陽明年譜輯存》，貴陽：貴州大學出版社，2018年。

189. 龔延明主編：《天一閣藏明代科舉錄選刊登科錄：點校本》，方芳點校，寧波：寧波出版社，2016年。

190. 龔延明主編：《天一閣藏明代科舉錄選刊會試錄下：點校本》，寧波：寧波出版社，2016年。

191. 郭秉文：《中國教育制度沿革史》，儲朝暉譯，北京：商務印書館，2014年。

192. 郭立暄：《中國古籍原刻翻刻與初印後印研究》，上海：中西書局，2015年。

193. 國家圖書館古籍館：《西諦藏善本圖錄附西諦書目》，北京：中華書局，2008年。

194. 國立中央圖書館：《國立中央圖書館善本書目甲編》，臺北：中華叢書委員會，1958年。

195. 國立中央圖書館：《國立中央圖書館善本序跋集錄集部》，臺北：中央圖書館，1994年。

196. 何炳棣：《明清社會史論》，臺北：聯經出版事業股份有限公司，2013年。

197. 侯外廬、邱漢生、張豈之：《宋明理學史下》，北京：人民出版社，1997年。

198. 胡吉勳：《大禮議與明廷人事變局》，北京：社會科學文獻出版社，2007年。

199. 黃裳：《春回簡記》，福州：福建人民出版社，2001年。

200. 黃裳：《黃裳文集》，上海：上海書店出版社，1998年。

201. 黃裳：《來燕榭書跋》（增訂本），北京：中華書局，2011年。

．

202. 黃裳：《來燕榭文存二編》，北京：生活‧讀書‧新知三聯書店，2011 年。

203. 黃秀文：《中國年譜辭典》，上海：百家出版社，1997 年。

204. 黃永年：《古籍版本學》，南京：江蘇古籍出版社，2009 年。

205. 嵇文甫：《左派王學》，上海：開明書店，1934 年。

206. 績溪縣地方志編纂委員會編：《績溪縣志》，合肥：黃山書社，1998 年。

207. 賈大偉等：《王陽明文獻普查目錄》，北京：學苑出版社，2019 年。

208. 金程宇：《東亞漢文學論考》，南京：鳳凰出版社，2013 年。

209. 來新夏：《近三百年人物年譜知見錄（增訂本）》，北京：中華書局，2010 年。

210. 勞思光：《新編中國哲學史》，北京：生活‧讀書‧新知三聯書店，2015 年。

211. 黎業明：《明儒思想與文獻論集》，北京：商務印書館，2017 年。

212. 李國慶：《明代刊工姓名全錄上》，上海：上海古籍出版社，2014 年。

213. 李弘祺：《學以為己：傳統中國的教育》，上海：華東師範大學出版社，2015 年。

214. 李開升：《明嘉靖本研究》，上海：中西書局，2019 年。

215. 李四龍等編：《哲學、宗教與人文》，北京：商務印書館，2004 年。

216. 李文潔等：《王陽明著述提要》，北京：學苑出版社，2019 年。

217. 李文潔等：《王陽明著述序跋輯錄》，北京：學苑出版社，2019 年。

218. 李永貴：《孟津文化大觀陵墓》，鄭州：河南人民出版社，2014 年。

219. 李玉安、黃正雨：《中國藏書家通典》，香港：中國國際文化出版社出版有限公司，2005 年。

220. 李月傑：《王陽明詩歌研究》，廈門大學碩士論文，2008 年。

221. 李致忠：《昌平集》，上海：上海古籍出版社，2012 年。

222. 李致忠：《圖鑒宋元本敘錄》，北京：北京聯合出版公司，2019 年。

223. 李致忠：《中國古代書籍史》，北京：文物出版社，1985 年。

224. 李致忠：《中國國家圖書館館史資料長編》，北京：國家圖書館出版社，2009 年。

225. 酈波：《王世貞文學研究》，北京：中華書局，2011 年。

226. 林夕等：《中國著名藏書家書目彙刊》，北京：商務印書館，2005 年。

227. 劉波：《趙萬里先生年譜長編》，北京：中華書局，2018 年。

228. 劉夢溪：《中國現代學術經典・陳師曾卷》，石家莊：河北教育出版社，1996 年。

229. 劉廷鑾、孫家蘭：《山東明清進士通覽明代卷》，濟南：山東文藝出版社，2015 年。

230. 劉悅等：《王陽明著述篇目索引》，北京：學苑出版社，2019 年。

231. 倫明：《辛亥以來藏書紀事詩》，北京：北京燕山出版社，1999 年。

232. 羅光：《羅光全書》，臺北：學生書局，1996 年。

233. 羅振常：《嘉業堂鈔校本目錄天一閣藏書經見錄》，周子美編，上海：華東師範大學出版社，2000 年。

234. 呂妙芬：《陽明學士人社群：歷史、思想與實踐》，臺北：中央研究院近代史研究所，2003 年。

235. 牟宗三：《從陸象山到劉蕺山》，上海：上海古籍出版社，2001 年。

236. 南炳文、龐乃明：《「盛世」下的潛藏危機張居正改革研究》，天津：南開大學出版社，2009 年。

237. 歐陽哲生編《胡適文集》（第 2 版），北京：北京大學出版社，2013 年。

238. 彭國翔：《良知學的展開：王龍溪與中晚明的陽明學》，北京：生活・讀書・新知三聯書店，2005 年。

239. 錢基博：《明代文學》，北京：商務印書館，2011 年。

240. 錢明：《陽明學的現成與發展》，南京：江蘇古籍出版社，2002 年。

241. 錢穆：《孔子與論語》，長沙：嶽麓書社，2020 年。

242. 錢穆：《王守仁》，上海：商務印書館，1947 年。

243. 錢穆：《陽明學述要》，北京：九州出版社，2015 年。

244. 錢穆：《中國近三百年學術史》，北京：九州出版社，2011 年頁。

245. 秦家懿：《王陽明》，北京：生活・讀書・新知三聯書店，2015 年。

246. 瞿冕良：《中國古籍版刻辭典》，蘇州：蘇州大學出版社，2009 年。

247. 上海圖書館：《中國叢書綜錄》，上海：上海古籍出版社，1982 年。

248. 邵懿辰：《增訂四庫簡明目錄標注》，上海：中華書局，1959 年。

249. 沈津：《美國哈佛大學哈佛燕京圖書館中文善本書志》，上海：上海辭書出版社，1999 年。

250. 石昌渝：《中國古代小說總目文言卷》，太原：陝西教育出版社，2004 年。

251. 舒大剛：《儒學文獻通論》，福州：福建人民出版社，2012 年。

252. 束景南、查明昊輯編：《王陽明全集補編》，上海：上海古籍出版社，2016 年。

253. 束景南：《王陽明年譜長編》，上海：上海古籍出版社，2017 年。

254. 束景南：《王陽明佚文輯考編年（增訂版）》，上海：上海古籍出版社，2015 年。

255. 束景南：《陽明大傳：心的救贖之路》，上海：復旦大學出版社，2020 年。

256. 宋佩韋：《明文學史》，上海：商務印書館，1934 年。

257. 孫楷第：《孫楷第全集》，北京：中華書局，2012 年。

258. 孫楷第：《中國通俗小說書目》，北京：國立北平圖書館，1932 年。

259. 湯志波等：《明人年譜知見錄》，上海：中西書局，2020 年。

260. 唐文治：《唐文治文選》，王桐蓀等選注，上海：上海交通大學出版社，2005 年。

261. 唐文治：《陽明學術發微》，林慶彰主編：《民國時期哲學思想叢書》第一編第 91 冊，臺中：文聽閣圖書有限公司，2010 年。

262. 田啟霖：《八股文觀止》，海南：海南出版社，1996 年。

263. 田澍：《嘉靖革新研究》，北京：中國社會科學出版社，2015 年。

264. 王傳龍：《陽明心學流衍考》，廈門：廈門大學出版社，2015 年。

265. 王國維：《傳書堂藏書志》，王亮整理，上海：上海古籍出版社，2014 年。

266. 王謇：《續補藏書紀事詩》，李希泌點注，北京：書目文獻出版社，1987 年。

267. 王學范：《王世貞撫鄖詩文集》，武漢：長江出版社，2010 年。

268. 王勇：《書籍之路與文化交流》，上海：上海辭書出版社，2009 年。

269. 王重民：《中國善本書提要》，上海：上海古籍出版社，1983 年。

270. 魏同賢：《馮夢龍全集》，南京：鳳凰出版社，2007 年。

271. 聞一多：《神話與詩》，上海：上海人民出版社，2005 年。

272. 翁連溪：《中國古籍善本總目》，北京：線裝書局，2005 年。

273. 吳孟復、蔣立甫：《古文辭類纂評注》，合肥：安徽教育出版社，1995 年。

274. 吳仁安：《明清江南著姓望族史》，上海：上海人民出版社，2009 年。

275. 吳宣德：《中國教育制度通史明代卷》，濟南：山東教育出版社，1999 年。

276. 吳震：《明代知識界講學活動：1522～1602》，上海：學林出版社，2003 年。

277. 吳震：《聶豹羅洪先評傳》，南京：南京大學出版社，2001 年。

278. 吳震：《陽明後學研究》，上海：上海人民出版社，2003 年。

279. 向輝：《采采榮木》，上海：上海古籍出版社，2020 年。

280. 向輝：《王陽明的教化哲學研究》，新北：花木蘭文化事業有限公司，2017 年。

281. 謝貴安、謝盛：《明代宮廷教育史》，北京：故宮出版社，2015 年。

282. 謝國楨：《謝國楨全集》，北京：北京出版社，2013 年。

283. 謝國楨：《增訂晚明史籍考》，北京：北京出版社，2014 年頁。

284. 謝巍：《中國歷代人物年譜考錄》，北京：中華書局，1992 年。

285. 辛德勇：《中國印刷史研究》，北京：生活・讀書・新知三聯書店，2016 年。

286. 熊十力：《因明大疏刪注》，上海：上海書店出版社，2008 年。

287. 徐復觀：《中國思想史論集續編》，北京：九州出版社，2013 年。

288. 徐凌志：《中國歷代藏書史》，南昌：江西人民出版社，2004 年。

289. 嚴紹璗：《日藏漢籍善本書錄》，北京：中華書局，2007 年。

290. 楊國榮：《王學通論》，上海：上海三聯書店，1990 年；華東師範大學出版社，2018 年。

291. 楊立華：《宋明理學十五講》，北京：北京大學出版社，2017 年。

292. 楊廷福、楊同甫編：《明人室名別稱字號索引乙編》，上海：上海古籍出版社，2002 年。

293. 楊正顯：《覺世之道：王陽明良知說的形成》，北京：北京師範大學出版社，2015 年。

294. 葉德輝：《葉德輝詩文集》，長沙：嶽麓書社，2010 年。

295. 余重耀：《陽明先生傳纂》，上海：上海中華書局，1923 年。

296. 余嘉錫：《四庫提要辯證》，北京：中華書局，2007 年。

297. 余英時：《余英時文集》，沈志佳編，桂林：廣西師範大學出版社，2014 年。

298. 余樟華：《王學編年》，長春：吉林大學出版社，2010 年。

299. 俞樟華等：《古代假傳和類傳研究》，哈爾濱：黑龍江人民出版社，2015 年。

300. 翟鳳奎、向輝：《陽明文獻彙刊》，成都：四川大學出版社，2015 年。

301. 張岱年：《中國哲學大辭典》（修訂本），上海：上海辭書出版社，2015 年。

302. 張岱年：《中國哲學大綱（增訂版），北京：中華書局，2017 年。

303. 張德信：《明代職官年表》，合肥：黃山書社，2009 年。

304. 張建業等編：《李贄全集注》，北京：社會科學文獻出版社，2010 年。

305. 張晉藩：《中國古代監察法制史》（第 2 版），南京：江蘇人民出版社，2017 年。

306. 張君勱：《王陽明：中國十六世紀的唯心主義哲學家》，江日新譯，臺北：東大圖書股份有限公司，1991 年。

307. 張美蘭：《祖堂集校注》，北京：商務印書館，2009 年。

308. 張清河：《王陽明貴州詩譯詮》，貴陽：貴州人民出版社，2017 年。

309. 張顯清主編：《孫奇逢集》，鄭州：中州古籍出版社，2003 年。

310. 張心澂：《偽書通考》，上海：上海書店出版社，1998 年。

311. 張秀民：《中國印刷史》，杭州：浙江古籍出版社，2006 年。

312. 張學智：《明代哲學史》（修訂版），北京：中國人民大學出版社，2012 年。

313. 張藝曦：《陽明學的鄉里實踐》，北京：北京師範大學出版社，2013 年。

314. 張勇耀、韓兵強：《孔天胤評傳》，北京：商務印書館，2017 年。

315. 張昭煒：《陽明學文獻整理與研究的新進展》，上海：上海古籍出版社，2018 年。

316. 章太炎：《章太炎全集》，上海：上海人民出版社，2015 年。

317. 趙福海等：《〈昭明文選〉與中國傳統文化第四屆文選學國際學術研討會論文集》，長春：吉林文史出版社，2001 年。

318. 趙前：《明代版刻圖典》，北京：文物出版社，2008 年。

319. 趙前：《中國版本文化叢書明本》，南京：江蘇古籍出版社，2003 年。

320. 趙所生、薛正興：《中國歷代書院志》，南京：江蘇教育出版社，1995 年。

321. 趙萬里：《北平圖書館善本書目：一九三三年》，北京：人民文學出版社，2009 年。

322. 趙萬里：《趙萬里文集》，北京：國家圖書館出版社，2011 年。

323. 鄭鶴聲、鄭鶴春：《中國文獻學概要》，上海：上海古籍出版社，2001 年。

324. 鄭振鐸：《鄭振鐸全集》，石家莊：花山文藝出版社，1998 年。

325. 中國古籍善本書目編輯委員會：《中國古籍善本書目‧史部》，上海：上海古籍出版社，1991 年。

326. 中國古籍總目編纂委員會：《中國古籍總目‧集部》，北京：中華書局，2012 年。

327. 中國國家圖書館、中國國家古籍保護中心編：《第三批國家珍貴古籍名錄圖錄》，北京：國家圖書館出版社，2012 年。

328. 中國書店：《海王村古籍書目題跋叢刊》，北京：中國書店，2008 年。

329. 朱寶炯等：《明清進士題名碑索引》，上海：上海古籍出版社，1998 年。

330. 朱鴻林：《孔廟從祀與鄉約》，北京：生活‧讀書‧新知三聯書店，2015 年。

331. 朱五義：《王陽明在黔詩文注釋》，貴陽：貴州教育出版社，1996 年。

332. 朱一玄等：《中國古代小說總目提要》，北京：人民文學出版社，2005 年。

333. 鄒建鋒：《陽明夫子親傳弟子考》，北京：中國社會科學出版社，2017 年。

334. 左東嶺：《王學與中晚明士人心態》，北京：人民文學出版社，2000 年；商務印書館，2014 年。

贅 語

　　本書是我研究陽明學的第二部著作，也是我研究古籍善本的第二部著作。它的完成實屬意外。

　　首先，陽明格竹和宋儀望《陽明文粹》兩章皆由本人博士論文殘次品（The Bad Batch）而來。2015 年 1 月，我博士學業的第四個學期。博士論文開題，我先以《陽明學創生時期的教育思想研究》這個題目報告師長。我試圖完成的研究議題是：「以敬為中心，在教育與文化場域中整體考察陽明學創生時期的教育思想及其機理，進而探討他們的教育理念與實踐活動。」隨後，我將論文題目改訂為《敬道心銓：王陽明教育思想研究》。接下來的兩年多時間裏，我圍繞「敬」字展開對陽明學的初步探索。借助豐富的數據庫資源和便利的網絡資源，我先完成了《十三經》中與「敬」相關的文本梳理，再完成了錢德洪《陽明年譜》、黃宗羲《明儒學案》以及《王陽明全集》的文本校訂，作為自己研究的基本文獻庫。在翻閱陽明學文獻時，我一直在思考如何能完成論文的寫作。這一過程較為漫長和煎熬，不知道能夠做成一個什麼樣的作品，只能不斷地探索，而能做的和一直做的，無非就是在工作之餘去看書、查資料和敲鍵盤。在不知不覺間，陽明格竹和陽明文粹兩篇文章先後完成了草稿，各有兩萬字左右。可是，這兩篇文字只是 The Bad Batch，沒有納入到最後的定稿之中，因為這兩篇文章的主題看起來與「敬」字本身有點距離。而且，無論從文字的工夫，材料的處理，還是思辨的程度來看，都不足以成為《敬道心銓》的一部分，即便後來我的書稿去掉了「敬道心銓」這四個字仍舊如此。就這樣，這兩篇文字在電腦硬盤中保存著。三四年後，我將它們翻檢出來，修改完善，並最終完成了。雖然這兩篇文字的初稿是一部書稿的剩餘物，但若當時沒有思索過，並且寫成了初稿，我想就沒有接下來的這部《王陽明的

書籍世界》書稿成型的任何可能。所以，我把這兩篇文章安排在本書的首尾。陽明的書籍世界從格物開始，而以後世讀者的閱讀和傳播為尾聲。我們要理解陽明的書籍世界，就要透過書籍的歷史，考察陽明如何利用書籍、如何製作書籍，又如何認識書籍。對他而言，書籍的世界是一名學者的立身安命之理想境域，而要在這個世界裏有所發現，有所闡發，也是學者的天職所在。

其次，2017 年 5 月，我博士學業的第八個學期末以《王陽明的教化哲學研究》這個題目向答辯委員會報告，最終順利過關，四年的學習研究狀態結束，為我的求學生涯畫上了一個句號。次年 4 月，我聯繫了花木蘭文化事業有限公司謀求出版。6 月 8 日，收到楊嘉樂博士的肯定回覆，表示經總編輯審閱，我的論文可以由該社出版。轉年 4 月，該論文書稿正式變成了一冊精裝書。這部書的出版，算是為我的博士階段的學習和研究留下了一本紀念冊。之後，我並沒有繼續進行陽明學研究，沒有計劃，更沒有設想。兩三年的時間裏，我開始了《孟子》和《詩經》世界的跋涉，我打算也希望今後在古典學或者書籍學的世界裏找尋到一個立足的支撐點。

人生總要有所為，有所不為。但世間總有很多意外，我接著寫陽明書籍世界的文字也是如此。友人王強先生這些年以一己之力完成了陽明學文獻的大規模影印工作，幾乎將所知且能獲取到的陽明相關的古籍文獻一網打盡了。他不惜工本四處找底本，先後從日本購得《陽明先生年譜》《傳習錄》的早期刊本影像數據，我也得以一睹為快。這是前人研究陽明學很難想像得到的，他建議我寫點小文章，因為這些都是孤本秘籍，此前不僅版本學家少有人知，就連陽明學研究者也少有人有涉獵，大部分人只是聽說過罷了。於是，我就試著撰寫了《學術贊助人》《教錄可得》這兩篇小文章。其中一篇蒙沈乃文先生不棄，刊於《版本目錄學研究》，另一篇則截取部分刊於《文津學誌》。

除了這幾篇小文章之外，我還寫過兩篇關於陽明學文獻的文字，即關於《居夷集》和陽明年譜的考證文章。這兩篇文章曾先後在《國學季刊》發表。由於沒有想過要出一部從書籍史角度研究陽明學的小書，這兩篇文章被我選入我的第一部版本目錄學研究小書——《采采榮木：中國古典書目與現代版本之學》——之中。這部書是我從事古籍工作的十多年的見證，也是我思考如何進行古籍研究的初步成果。

上面這些小文章全部完成，在體量上足夠成為一部新的小冊子了。於是我花了點工夫，把它們重新整理一番，整齊排比，也就成了現在所見到的這

個樣子。這七篇文字全部圍繞陽明學書籍世界展開，這部書也就想以陽明的詩句為題，故擬題：《篋中枯蠹豈相謀：陽明書籍史七論》。陽明是一個灑脫而博學的讀書人，他的書籍世界其實不僅僅是我們所理解的琳琅古籍，更加重要的是陽明學人不斷的探索，因而改題《枝條再榮》，出陶淵明詩：「東園之樹，枝條再榮。」今所見元刻本「枝條再榮」，而宋刻本作「枝條載榮」，兩者各有所本，是文字之流動性之見證。枝條，為小枝成長，《禹貢》「厥草惟繇，厥木為條」，《汝墳》篇「遵彼汝墳，伐其條枚」，《采菽》篇「惟柞之枝，其葉蓬蓬」，《國語・晉語》「枝葉益長，本根益茂」，《廣韻・支韻》「枝，枝柯」，《說文解字・木部》「條，小枝也」。本書對我而言，也是如此。陽明學是不斷發展的學說，也是需要不斷探究的學問，恰如東園之樹。陽明是個讀書人，他的書籍世界圖景非常絢爛，我只是無意中窺見了其中的一束光、拾取了其中一縷條柯罷了，而我所寫就的這部書稿，從陽明學的書籍世界來揭示傳統的學問，故可謂之枝條再榮。

我沒有想過能夠完成這麼樣的一部書稿，也未曾料到過自己還能在陽明學的研究道路上出版又一部小書。然而，它就這樣在時間的綿延中變成了真實。未來，我是否還會做出第三部關於陽明學的著作，我不知道。

書稿的寫作，得到了很多友人的幫助，沒有你們的支持和鼓勵，這部書稿沒有成型的可能。按理說我應該把所有為此書做過貢獻的人全部列出來，那將會是一個很長的名單。我想，為了給以後的回憶加一點難度，這個名單就保留在我的心底吧。

書稿完成後，我再次聯繫了花木蘭文化事業有限公司，很快就得到了楊嘉樂博士、杜潔祥總編輯的回覆，慨允納入該社出版計劃。本書從電子版到紙版的夢想得以實現。再次感謝花木蘭文化事業有限公司。

最後，與我上一部陽明研究小書一樣，本書也用一首詞來結束，寄調《桂枝香》：

長安月滿，數院落繁星，青衫書卷。多少韶光逝去，所知猶淺。陳年往事風吹散，轉回眸、崇山江岸。嶺頭雲影，溪平似鏡，杜鵑鷖燕。

念自昔、晴雲乍展。閱故老之書，文津樓館。今古之間倒轉，賦詞消遣。鄉關依舊花溪遠，鏡中霜鬢紛紛染。二十餘載，燕京過客，魏公橋畔。

2021 年 8 月 28 日，於北京海淀